MINISTÈRE DE LA MARINE ET DES COLONIES.

RECUEIL

DES LOIS ET DÉCRETS

CONCERNANT

LA DOTATION DE L'ARMÉE.

PARIS.

IMPRIMERIE IMPÉRIALE.

1866.

RECUEIL

DES LOIS ET DÉCRETS

CONCERNANT

LA DOTATION DE L'ARMÉE.

MINISTÈRE DE LA MARINE ET DES COLONIES.

DOTATION DE L'ARMÉE.

RECUEIL

DES

LOIS ET DÉCRETS

CONCERNANT LA DOTATION DE L'ARMÉE,

ET

DES PRINCIPALES DÉCISIONS MINISTÉRIELLES

RELATIVES

A L'APPLICATION DE CES ACTES

AUX DIFFÉRENTS CORPS ORGANISÉS DE LA MARINE

QUI SE RECRUTENT PAR LA VOIE DES APPELS

PARIS.

IMPRIMERIE IMPÉRIALE.

1866.

RECUEIL

DES ACTES PORTANT RÈGLEMENT

SUR

LA DOTATION DE L'ARMÉE.

Le Ministre de la marine aux Préfets maritimes; Vice-Amiral commandant en chef l'escadre de la Méditerranée; Contre-Amiral commandant temporairement en chef l'escadre de la Méditerranée; Contre-Amiral commandant en chef l'escadre de la Baltique; Contre-Amiral commandant l'escadre du Levant et le corps d'occupation des troupes de la marine en Grèce.

(Direction du personnel : bureau des corps organisés.)

Paris, le 15 février 1856.

Application de la loi du 26 avril 1855 et du décret du 9 janvier 1856 aux différents corps de l'armée de mer qui se recrutent par la voie des appels. — Envoi d'exemplaires.

Messieurs, j'ai l'honneur de vous transmettre des exemplaires d'un décret en date du 9 janvier dernier, portant règlement d'administration publique pour l'exécution de la loi du 26 avril 1855, relative à la création d'une dotation de l'armée, au rengagement, au remplacement et aux pensions militaires.

Ce décret étend aux différents corps de l'armée de mer, qui se recrutent par la voie des appels, tous les bénéfices de la loi précitée.

Il résulte de cet état de choses que les actes du 26 avril 1855, du 9 janvier 1856, ainsi que les instructions du ministre de la guerre qui s'y trouvent annexées, sont immédiatement applicables, non-seulement aux corps de troupe de la marine men-

Dotation de l'armée.

tionnés dans ma circulaire du 3o juin 1855, mais encore aux différentes catégories du personnel maritime dont la nomenclature est contenue dans la seconde section du tableau n° 1, faisant suite au Règlement d'administration publique.

Il ne vous échappera pas que l'application immédiate aux équipages de ligne de cette législation nouvelle modifie complétement le système actuellement en vigueur pour les rengagements des marins provenant du recrutement, et que l'une des conséquences de la loi est d'abroger virtuellement, à l'égard de ces marins, les dispositions de la circulaire du 5 novembre 1850.

Cependant, il convient de ne pas perdre de vue qu'il n'y aurait pour la flotte aucun intérêt à conserver indistinctement, avec primes et annuités, tous les marins du recrutement qui, ayant accompli le temps de service exigé par la loi, se présenteraient pour contracter un rengagement.

Il m'a donc paru nécessaire d'imposer des conditions restrictives au maintien, dans le personnel de la flotte, des marins de cette provenance, et, dans ce but, j'ai décidé que la faculté de souscrire des rengagements serait provisoirement limitée aux catégories suivantes, savoir :

Les officiers-mariniers et quartiers-maîtres de toutes professions provenant du recrutement, les fourriers, les gabiers, les canonniers brevetés, les fusiliers (1), les timoniers sondeurs, et, s'il s'en trouvait, les matelots charpentiers, voiliers et calfats appartenant aussi au recrutement.

Les uns et les autres devront produire, à l'appui de l'acceptation du commandant de la division des équipages de ligne du port, des certificats de bonne conduite et d'aptitude, établis d'après les modèles n°ˢ 18 et 19 annexés au décret du 15 août 1851, sur le service à bord des bâtiments de la flotte.

Les gabiers, les fusiliers et les timoniers sondeurs seront, en outre, tenus de justifier qu'ils ont été maintenus, sans interruption, en jouissance du supplément attaché à ces fonctions pendant la dernière année d'embarquement.

Les mécaniciens et ouvriers chauffeurs, étant compris dans la 2ᵉ section du tableau n° 1, pourront souscrire des rengagements, sous les conditions générales d'aptitude imposées par l'ordonnance du 28 novembre 1846.

---

(1) Circulaire du 3o mai 1854. (Bulletin officiel, n° 178, page 745.)

Sont seuls appelés à jouir des bénéfices de la loi du 26 avril les infirmiers maritimes liés au service par le fait d'un rengagement militaire contracté en vertu de la loi sur le recrutement, et désignés sous le nom d'infirmiers permanents.

Par application du principe qui fait l'objet du troisième paragraphe de l'article 45 du Règlement d'administration publique, les marins, les mécaniciens et chauffeurs, et les infirmiers permanents en cours de campagne qui sont retenus au service au delà de la période légale, ne seront admis à contracter un rengagement qu'après leur retour dans un port de France ; mais, dans ce cas, les effets du rengagement remonteront au jour de l'expiration du service.

Par suite de cette disposition, les actes de rengagement des marins du recrutement seront exclusivement contractés, dans les cinq ports militaires, devant les commissaires aux armements, dans les formes voulues par les lois et ordonnances rappelées en l'article 45 du Règlement d'administration publique, et sous les conditions mentionnées dans la présente circulaire.

Quant aux rengagements des militaires des corps de troupe de la marine, ils continueront à être reçus par les commissaires aux revues dans les ports et dans les colonies, en conformité des prescriptions du décret du 9 janvier dernier.

En ce qui concerne les marins et les mécaniciens et chauffeurs, les engagements volontaires après libération ne pourront être contractés qu'à Paris ou dans l'un des cinq ports militaires, et sous l'obligation de produire les mêmes justifications que celles qui sont exigées pour être admis à se rengager.

La loi de dotation n'a pu, à mon grand regret, être rendue applicable aux marins de l'inscription maritime, dont la situation est l'objet de ma constante sollicitude. Déjà un décret a concédé provisoirement aux inscrits maritimes l'augmentation de pension résultant de la nouvelle loi. Je recherche, en outre, les moyens d'accorder aux hommes spéciaux de cette catégorie des avantages à peu près analogues à ceux dont les marins du recrutement peuvent être appelés à bénéficier pendant la durée de leurs services.

Il vous sera écrit prochainement, sous le timbre *Invalides*, relativement au concours que la caisse de cet établissement est appelée à donner pour l'exécution de plusieurs articles de la loi et du Règlement d'administration publique.

Je vous invite à donner des ordres pour assurer l'exécution immédiate des dispositions contenues dans la loi et les actes qui la complètent.

Recevez, etc.

L'Amiral Ministre Secrétaire d'État de la marine et des colonies,
Signé HAMELIN.

ANNEXE.

—

(B. O. p. 480.) *LE MINISTRE DE LA GUERRE aux Généraux commandant les divisions et les subdivisions territoriales et actives; Préfets et Sous-Préfets; Intendants et Sous-Intendants militaires; Chefs de corps et Conseils d'administration de toutes armes; Colonels et Commandants de gendarmerie; Commandants des dépôts de recrutement et de réserve.*

(Direction du personnel : bureau du recrutement.)

Paris, le 26 janvier 1856.

Envoi du décret portant règlement d'administration publique pour l'exécution de la loi du 26 avril 1855. — Instructions complémentaires.

MESSIEURS, le 9 de ce mois, l'Empereur a approuvé, sur ma proposition, le *Règlement d'administration publique* pour l'exécution de la loi du 26 avril 1855, relative à la création d'une dotation de l'armée, au *rengagement*, au *remplacement* et aux *pensions militaires*.

Ce Règlement, que j'ai l'honneur de vous adresser ci-joint avec le texte de la loi elle-même, embrasse dans son ensemble toutes les prescriptions fondamentales et de principe.

Les dispositions d'un ordre secondaire, qui déjà ont fait l'objet d'instructions provisoires émanées de mon département,

ont paru, de l'avis du Conseil d'État, rentrer plus particulièrement dans le domaine de la réglementation ministérielle. A cet
effet, et comme les mesures précédemment prescrites n'étaient
d'ailleurs exécutoires que jusqu'à la promulgation du Règlement
d'administration publique, je reproduis ici, en les complétant,
toutes celles qui doivent être maintenues, de manière que,
réunis, la loi du 26 avril 1855, le décret du 9 janvier 1856 et
les présentes instructions puissent dès aujourd'hui servir en
quelque sorte de code sur la matière.

Pour plus de précision et de clarté, ces dernières dispositions sont classées dans l'ordre même et sous les titres adoptés
par le Règlement d'administration publique.

PAYEMENT DES ALLOCATIONS ET DES HAUTES PAYES ATTRIBUÉES AUX RENGAGEMENTS
ET AUX ENGAGEMENTS VOLONTAIRES APRÈS LIBÉRATION.

Le Règlement d'administration publique s'est approprié la
plupart des dispositions contenues sous ce titre dans ma circulaire du 27 avril 1855, n° 417; mais les cinq modèles qui ac-
compagnaient celle-ci n'ayant pas dû être compris dans le Règlement, leur place naturelle se trouve à la suite de la présente
circulaire (*Modèles A, B, C, D, E, pages 80, 81, 82, 83 et 84*).
Un seul, le modèle A, a reçu des modifications dont l'expérience a fait connaître la nécessité.
N° 1.
Articles 26, 27 et 29
du Règlement
d'administration publique.

La portion de la prime de rengagement payable comptant
doit être soldée au moment où le rengagement est contracté,
que les militaires aient terminé ou non leur temps de service.
N° 2.
Article 26 du Règlement.

Les portions d'annuités payables comptant, d'après les arrêtés
ministériels de fixation, sont payées de la même manière que
les portions de prime attribuées au premier rengagement de
sept ans.
N° 3.
Article 26 du Règlement.

Les hautes payes de rengagement de 10 et de 20 centimes
appartiennent aux militaires en toute position de présence et
d'absence légale. Elles ne commencent et ne sont touchées qu'à
l'expiration du temps pour lequel les militaires servaient précédemment.
N° 4.
Article 27 du Règlement.

<table>
<tr><td width="30%" valign="top">

N° 5.
Articles 16, 16 et 17 de la loi
du 26 avril 1855.
Article 26 du Règlement.

</td><td valign="top">

Les portions de prime de rengagement ou d'engagement, et les portions d'annuités payées par anticipation, ne sont pas sujettes à répétition, lorsque, dans le cas prévu par les articles 16 et 17 de la loi du 26 avril 1855, leur quotité excède la part proportionnelle à la durée du service accompli par le militaire dont la position vient à se modifier avant l'expiration de son rengagement ou de son engagement. Les sommes ainsi payées par anticipation demeurent acquises, dans tous les cas, aux militaires qui les ont reçues.

</td></tr>
<tr><td valign="top">

N° 6.
Articles 16 et 17 de la loi
Article 26 du Règlement

</td><td valign="top">

Lorsque, au contraire, la part proportionnelle est plus élevée que le montant des avances que les militaires ont déjà perçues, la différence est liquidée à leur profit.

</td></tr>
<tr><td valign="top">

N° 7.
Articles 16 et 17 de la loi
Article 26 du Règlement.

</td><td valign="top">

Le décompte de la part proportionnelle est établi par jour, en prenant pour base la totalité de la prime ou des annuités.

</td></tr>
<tr><td valign="top">

N° 8.
Articles 16 et 17 de la loi
Article 26 du Règlement.

</td><td valign="top">

Les mêmes dispositions sont applicables aux sous-officiers rengagés qui sont nommés à l'un des emplois civils qui leur sont dévolus par les lois et les règlements.

</td></tr>
<tr><td valign="top">

N° 9.
Article 17 de la loi.

</td><td valign="top">

Lorsque des militaires passent d'un corps dans un autre, un bulletin constatant leur situation sous le double rapport du recrutement et des allocations qu'ils ont touchées, ainsi que de celles qu'ils auront à percevoir ultérieurement, est adressé au conseil d'administration du corps sur lequel ils sont dirigés, conformément à la règle générale prescrite par l'ordonnance du 10 mai 1844, sur l'administration intérieure des corps de troupe.

</td></tr>
<tr><td valign="top">

N° 10.
Article 17 de la loi.

</td><td valign="top">

Les allocations auxquelles ils peuvent avoir droit, selon leur position, leur sont payées, par les soins du conseil d'administration du nouveau corps, suivant les formes et dans les proportions déterminées par le Règlement d'administration publique.

</td></tr>
<tr><td valign="top">

N° 11.
Article 12 de la loi.

</td><td valign="top">

Les fractions d'année de service des militaires admis, en vertu de la loi du 26 avril 1855, à contracter des rengagements ou des engagements volontaires après libération, doivent être décomptées suivant les règles observées par le département de la guerre pour la liquidation des pensions de retraite.

En conséquence, la fraction excédant une année n'est pas

</td></tr>
</table>

admise dans le décompte des services, lorsqu'elle est de moins de quinze jours.

A partir de quinze jours, et jusqu'à six mois et quatorze jours inclus, la fraction d'année est comptée pour six mois (1).

Enfin, la fraction est admise pour un an, lorsqu'elle est de six mois et quinze jours au moins (2).

---

(1) *Exemple*, en prenant comme base le prix de l'annuité fixée à 230 francs pour l'année 1858 :

Un militaire ayant accompli huit ans cinq mois et dix-sept jours de service, à l'époque où commence à courir un rengagement qu'il a contracté pour une durée de sept ans, a droit, jusqu'à quatorze ans de service :

1° A la haute paye journalière de dix centimes pendant cinq ans six mois et quatorze jours, soit.. 202^f 15^c

2° Pour cinq années entières, à cinq annuités de 230 francs, dont 100 francs payables le jour du rengagement ou de l'incorporation, 30 francs à la même époque ou pendant le cours du service, sur l'avis du conseil d'administration du corps, et 100 francs à la libération définitive, soit.. 1,150 00

3° Pour six mois et quatorze jours comptés pour six mois, à la moitié d'une annuité de 230 francs, soit.................................. 115 00

dont 50 francs payables le jour du rengagement ou de l'incorporation, 15 francs à la même époque ou pendant le cours du service, sur l'avis du conseil d'administration du corps, et 50 francs à la libération du service ;

Après quatorze ans de service, ce militaire reçoit seulement la haute paye de 20 centimes, soit, pour une période d'un an cinq mois et dix-sept jours, 106 fr. 80 cent., ci.. 106 80

Total.................. 1,573 95

(2) *Exemple*, en prenant comme base le prix de l'annuité fixée à 230 francs pour l'année 1856 :

Un militaire comptant onze ans cinq mois et quatorze jours de service, au moment où commence à courir un rengagement qu'il a contracté pour une durée de cinq ans, a droit, jusqu'à quatorze ans de service :

1° A la haute paye journalière de 10 centimes, soit, pour deux ans six mois et seize jours.. 92^f 85^c

2° Pour les deux ans six mois et seize jours, comptés pour trois années entières, à trois annuités de 230 francs, payables dans les proportions et aux époques déterminées dans l'exemple précédent (page 2), soit.. 690 00

Après quatorze ans de service, ce militaire reçoit seulement la haute paye journalière de 20 centimes pendant deux ans cinq mois et quatorze jours, soit.. 179 20

Total.................. 962 05

N° 12.
Article 14 de la loi.

Dans la supputation des annuités attribuées aux rengagements et aux engagements après libération, chaque période admise pour six mois donne droit à la moitié d'une annuité.

N° 13.
Article 34 du Règlement.

Lorsqu'il y a nécessité, les avances effectuées par les corps, pour le compte de la dotation de l'armée, sont remboursées tous les dix jours par la caisse des dépôts et consignations, à la charge par les corps de prévenir dix jours à l'avance les préposés de cette caisse qui doivent effectuer le remboursement.

Dans le cas où le remboursement des avances faites par les corps éprouverait des difficultés, il en serait rendu compte au ministre de la guerre par les soins de l'intendance militaire qui aurait à lui adresser (*Bureau du recrutement*) le bordereau récapitulatif et les pièces à l'appui, afin que le remboursement pût être concerté avec la caisse des dépôts et consignations.

N° 14.
Article 30 du Règlement.

Le registre journal prescrit par l'article 30 du Règlement n'est, au point de vue de l'administration générale du corps, qu'un livre auxiliaire au moyen duquel on doit pouvoir se rendre compte, à tout instant, des opérations intéressant spécialement la caisse de la dotation.

Il ne dispense pas d'inscrire *sommairement* au registre journal du corps les sommes payées ou encaissées pour le service de la dotation, et, par suite, de les porter au registre de centralisation, qui, aux termes de l'article 126 de l'ordonnance du 10 mai 1844, doit présenter *toutes les recettes et toutes les dépenses* faites au titre des corps. En conséquence, deux colonnes de ce dernier registre doivent être affectées aux comptes à ouvrir pour le service de la dotation de l'armée.

EXONÉRATION DES JEUNES GENS COMPRIS DANS LE CONTINGENT.

N° 15.
Article 36 du Règlement.

Au moment du tirage, les sous-préfets, outre les questions habituelles qu'ils sont chargés d'adresser aux jeunes gens appelés à y concourir, demandent à ceux qui n'ont pas à faire valoir de causes légales d'exemption, s'ils sont ou non dans l'intention de s'exonérer du service au moyen du versement de la prestation individuelle.

Il est pris note de la réponse en regard de chaque nom, et l'état dressé par canton des jeunes gens inscrits sur la liste de tirage indique le chiffre de ceux qui sont disposés à réclamer l'exonération (*Modèle F, p. 85*).

En même temps que le préfet délivre le certificat d'inscription dans le contingent, prescrit par l'article 38 du Règlement, mention est faite, en regard de chaque nom, sur la liste du contingent cantonal, de l'intention annoncée par les jeunes gens de réclamer le bénéfice de l'exonération.

N° 16.
Article 38 du Règlement.

Les récépissés constatant les versements faits avant l'appel, ou la déclaration délivrée en exécution de l'article 39 du Règlement d'administration publique, et le certificat de non-opposition spécifié par l'article 40, restent déposés dans les archives du conseil de révision.

N° 17.
Article 7 de la loi.
Articles 39 et 40 du Règlement.

Les jeunes gens compris conditionnellement dans le contingent, ou qui auront obtenu des délais, conformément aux articles 26 et 27 de la loi du 21 mars 1832, seront admis à profiter du bénéfice de l'exonération jusqu'au dixième jour qui suivra la décision définitive dont ils auront été l'objet de la part du conseil de révision.

N° 18.
Article 7 de la loi.
Articles 39 et 40 du Règlement.

EXONÉRATION DES MILITAIRES SOUS LES DRAPEAUX.

Pour les militaires sous les drapeaux, la demande d'exonération, visée par l'officier commandant la compagnie, l'escadron ou la batterie, et par le chef du corps, est soumise au général commandant la brigade ou la subdivision, qui inscrit son autorisation ou son refus sur ladite demande (*Modèle G, p. 86*).

N° 19.
Article 8 de la loi.
Article 43 du Règlement.

Il est statué, suivant le même mode, sur les demandes qui seraient formées par des militaires dans la réserve ou en congé, sans que ceux-ci soient obligés de se rendre à leur corps.

N° 20.
Article 8 de la loi.
Article 43 du Règlement.

Les récépissés de versement, produits conformément aux prescriptions de l'article 43 du Règlement d'administration publique, restent annexés à l'acte spécial d'exonération.

N° 21.
Article 8 de la loi.
Article 43 du Règlement.

Pour le payement du prix de l'exonération, toute fraction d'année de service à accomplir est comptée comme une année entière.

N° 22.
Article 8 de la loi.
Article 43 du Règlement.

N° 22.
Article 8 de la loi.
Article 42 du Règlement.

Dans le prix de l'exonération fixé en vertu de l'article 8 de la loi de 26 avril 1855, sont comprises les indemnités d'habillement et de petit équipement précédemment exigées des militaires admis à se faire remplacer au corps.

N° 23.
Article 8 de la loi.
Article 43 du Règlement.

Les dispensés appelés à l'activité comme ayant perdu leur droit à la dispense ne peuvent, s'ils le demandent, être exonérés qu'au corps dans lequel ils ont été primitivement immatriculés, ou, pour éviter des déplacements onéreux, dans l'un de ceux qui se trouvent le plus rapprochés de leur résidence.

N° 24.
Article 4 de la loi.
Article 45 du Règlement.

Le prix d'exonération que ces dispensés ont à payer est le même que celui qui est fixé pour les militaires sous les drapeaux, pendant l'année où a cessé le droit à la dispense.

N° 25.
Article 4 de la loi.

N° 26.
Article 4 de la loi.

Les conseils d'administration ne doivent pas perdre de vue que la loi du 26 avril 1855 ne crée pas, comme pour les jeunes gens de chaque classe au moment où ils sont compris dans le contingent, un droit absolu à l'exonération en faveur des militaires sous les drapeaux; elle ne leur accorde qu'une faculté, dont l'exercice est nécessairement subordonné aux circonstances et soumis à l'appréciation de leurs chefs hiérarchiques. De là, l'impérieuse obligation, pour les militaires, d'appuyer sur des motifs graves et sérieux les demandes d'exonération du service, et, pour les conseils d'administration des corps, de ne les admettre que dans les limites commandées par une sage réserve.

DES RENGAGEMENTS.

N° 27.
Article 11 de la loi.

La loi du 21 mars 1832, sur le recrutement de l'armée, permettait des rengagements de deux à cinq ans; la loi du 26 avril 1855 n'admet plus que des rengagements de trois ans au moins et de sept ans au plus.

N° 28.
Article 11 de la loi.

Toutefois, la durée des rengagements doit être réglée de manière que les militaires ne soient pas maintenus sous les drapeaux après l'âge de quarante-sept ans.

N° 29.
Article 11 de la loi.
Article 45
et 49 du Règlement.

Les engagés volontaires qui, dans leur quatrième et dernière année de service, sont admis à contracter des rengagements de trois à sept ans, ont droit à la prime, comme les militaires qui se sont rengagés dans leur septième année de service; mais la haute paye journalière de dix centimes ne leur est due qu'après l'expiration des sept années de service exigées par la loi du 11 mars 1832.

Les militaires qui, quels que soient leur âge et la durée de leurs services, n'avaient pas encore achevé le temps de leur dernier rengagement au moment de la promulgation de la loi, sont tenus de l'accomplir entièrement, à moins que, dans l'intérêt du service, ils ne soient admis d'office à faire valoir leurs droits à la pension de retraite.

Les quatorze ans de service après lesquels les rengagés n'ont plus droit qu'à une haute paye journalière de vingt centimes commencent à courir du jour où les militaires ont été liés au service pour la première fois, c'est-à-dire, pour les appelés, du premier jour de l'année pendant laquelle ils ont été inscrits sur les matricules des corps dans les dépôts de recrutement.

Dans chaque corps ou portion de corps, il est dressé un état nominatif des militaires qui contractent des rengagements sous les conditions prescrites par la loi du 26 avril 1855 (*Modèle H*, p. 87). Un double de cet état est adressé directement, et sans lettre d'envoi, au ministre de la guerre (*Bureau du recrutement*), le 1ᵉʳ de chaque mois.

DES ENGAGEMENTS VOLONTAIRES APRÈS LIBÉRATION, AUTORISÉS PAR L'ARTICLE 13 DE LA LOI DU 26 AVRIL 1855.

En principe, les engagements volontaires après libération, comme les autres engagements, ne peuvent être contractés pour moins de sept ans, si un décret spécial ne les a autorisés, par exception, pour une durée plus restreinte (1).

Le maire de la commune chef-lieu de canton adresse directement, au sous-intendant militaire chargé du recrutement dans le département où l'engagement a eu lieu, une ampliation

---

(1) Le décret du 1ᵉʳ mai 1855 est le seul qui autorise des engagements après libération d'une durée exceptionnelle (trois ans), et uniquement pour la garde impériale.

de l'acte d'engagement après libération, comme il est tenu de le faire pour les engagements contractés en vertu de la loi du 21 mars 1832.

N° 35
Article 13 de la loi.
Article 56 du Règlement.

Le 1ᵉʳ de chaque mois, le sous-intendant militaire transmet directement, et sans lettre d'envoi, au ministre de la guerre (*Bureau du recrutement*), un état nominatif des engagements volontaires après libération contractés pendant le mois précédent (*Modèle I, p. 88*).

ENGAGEMENTS VOLONTAIRES AUTORISÉS PAR LA LOI DU 21 MARS 1832.

N° 36
Article 12 de la loi.

La loi du 26 avril 1855 assure des avantages exceptionnels aux anciens militaires qui contractent des engagements volontaires après libération, dans les formes et sous les conditions qu'elle détermine; mais les engagements volontaires contractés conformément aux prescriptions des articles 32, 33 et 34 de la loi du 21 mars 1832 n'en sont pas moins maintenus, et forment une seconde catégorie d'engagements volontaires, dans laquelle figurent:

Les hommes qui, n'ayant pas encore servi, demandent à contracter un premier engagement;

Les anciens militaires libérés du service depuis plus d'une année;

Les anciens militaires qui ne produisent pas toutes les justifications exigées par l'article 46 du Règlement;

Les anciens militaires admis à contracter des engagements volontaires dans les compagnies de vétérans, en conformité des dispositions de l'article 401 de l'ordonnance du 16 mars 1838.

Les hommes qui se trouvent dans ces différentes positions peuvent donc, comme par le passé, contracter des engagements volontaires; mais ces engagements doivent être reçus dans les formes prescrites par l'ordonnance du 15 janvier 1837 (*Modèle n° 1 annexé à cette ordonnance*), et, dans aucun cas, ils ne donnent droit aux allocations prévues par l'article 12 de la loi du 26 avril 1855.

REMPLACEMENTS PAR VOIE ADMINISTRATIVE.

Les remplacements par voie administrative sont soumis aux dispositions générales de la loi du 21 mars 1832 et à celles du Règlement d'administration publique du 9 janvier 1856. *[N° 37. Article 15 de la loi. Article 57 du Règlement.]*

Le relevé numérique que le sous-intendant militaire adresse au ministre de la guerre, en exécution de l'article 59 du Règlement, est conforme au modèle J, page 89. *[N° 38. Article 59 du Règlement.]*

Afin que la convocation des hommes inscrits pour remplacer soit faite d'une manière uniforme, les lettres individuelles sont établies suivant le modèle K, page 90. *[N° 39. Article 63 du Règlement.]*

La liste nominative des remplaçants admis est dressée conformément au modèle L, page 91. Le commandant du dépôt de recrutement en remet, chaque mois, une copie certifiée par lui au sous-intendant militaire, qui y appose son visa et la fait parvenir au ministre de la guerre, avec l'état numérique dont l'envoi est prescrit par le Règlement (*Modèle M, page 92*). *[N° 40. Article 66 du Règlement.]*

Les remplaçants, avant d'être dirigés sur les corps auxquels, selon leur aptitude et les répartitions ministérielles, ils auront été affectés par l'autorité militaire, sont immatriculés (par arme seulement) ainsi que cela a lieu pour les jeunes soldats (art. 29 de la loi du 21 mars 1832). Cette immatriculation est effectuée par les soins du commandant du dépôt de recrutement, qui reçoit à cet effet du sous-intendant militaire une expédition de l'acte de remplacement, ainsi que les autres renseignements nécessaires. *[N° 41. Article 15 de la loi. Article 66 du Règlement.]*

Les remplaçants qui, hors le cas de force majeure, ne sont pas arrivés à leur corps au jour fixé par l'ordre de route sont poursuivis comme insoumis, conformément à la législation en vigueur. *[N° 42. Article 15 de la loi. Article 66 du Règlement.]*

Les dispositions relatives aux militaires passant d'un corps dans un autre (*n° 9, page 3*) sont applicables aux remplaçants qui changent de corps. *[N° 43. Articles 16 et 17 de la loi.]*

Pour prévenir des hésitations et plus tard des mécomptes, il importe que les militaires sachent bien, au moment de leur libération, qu'à moins de circonstances extraordinaires, que la *[N° 44. Article 15 de la loi.]*

commission supérieure de la dotation de l'armée aurait à apprécier, le prix du remplacement par voie administrative sera fixé de manière que la rémunération attribuée, pour la même année, aux rengagements, lui soit toujours supérieure.

REMPLACEMENTS ENTRE PARENTS JUSQU'AU QUATRIÈME DEGRÉ.

N° 45.
Article 20 de la loi.
Articles 69
et 70 du Règlement.

Les remplacements entre parents jusqu'au quatrième degré ne peuvent plus avoir lieu devant les conseils de révision des départements auxquels les jeunes gens compris dans le contingent appartiennent, après la mise en route de ces jeunes gens.

Le certificat des trois pères de famille spécifié dans le bordereau n° 15 annexé au Règlement d'administration publique sera conforme au modèle N, page 93.

DES PENSIONS.

N° 46.
Articles 19 et 21 de la loi.
Article 92 du Règlement.

Les militaires qui, pour une cause quelconque, seraient dans le cas d'être mis à la retraite avant d'avoir terminé la durée de leur rengagement ne peuvent être proposés que d'office pour la pension. Le motif en sera toujours indiqué dans le mémoire de proposition.

N° 47.
Article 19 de la loi.
Article 93 du Règlement.

Les conseils d'administration doivent désormais préparer à l'avance les propositions de pension à établir en faveur des militaires libérables, de manière que la demande de pension soit formée et que les pièces justificatives soient réunies avant que le militaire atteigne le terme de son dernier rengagement.

N° 48.
Article 19 de la loi.
Article 85 du Règlement.

Dès que ce rengagement sera expiré, la proposition approuvée sera transmise par le général divisionnaire, qui sera investi, à cet effet, des pouvoirs dévolus aux inspecteurs généraux.

N° 49.
Article 19 de la loi.
Article 93 du Règlement.

Dans le cas où ces formalités n'auraient pu être remplies à l'avance, les militaires qui ont acquis des droits à la retraite seront, à l'époque de leur libération, maintenus à leur corps jusqu'à ce que leur pension ait été décrétée, à moins qu'ils ne demandent à rentrer immédiatement dans leurs foyers.

N° 50.
Article 19 de la loi.

Tout droit à pension basé sur des faits de blessures ou d'infirmités graves, survenus en campagne, sera instruit d'urgence,

Le général divisionnaire exercera aussi, dans cette circonstance, les attributions d'inspecteur général.

Lorsqu'un militaire, susceptible d'être libéré, sera également dans le cas de recevoir un congé de réforme n° 1, il sera de préférence réformé avec ce titre et désigné, si son état d'incapacité est le résultat de blessures ou d'infirmités contractées au service, pour une gratification une fois payée. Ces cas de réforme rentreront, au besoin, dans les attributions des généraux divisionnaires, qui statueront aux lieu et place des généraux inspecteurs.

Les instructions provisoires adressées aux autorités militaires et civiles depuis la promulgation de la loi du 26 avril 1855 sont et demeurent abrogées, mais tous les actes qui en ont été la conséquence continueront à produire leur effet.

En résumé, les développements donnés par les instructions qui précèdent aux règles posées dans la loi du 26 avril 1855 et dans le Règlement du 9 janvier 1856, contribueront, je l'espère, à rendre l'application de l'une et de l'autre plus facile aux fonctionnaires de tout ordre appelés à les mettre en pratique.

L'administration, au surplus, ne cessera pas de prendre les mesures nécessaires pour assurer le succès de la loi par toutes les simplifications possibles, et pour éclairer d'une manière complète la population civile et les militaires sur les avantages qu'elle leur offre. Les résultats satisfaisants déjà obtenus par son exécution partielle permettent d'en attendre d'autres non moins satisfaisants de son exécution pleine et entière. Le Gouvernement de l'Empereur compte, à cet effet, sur le concours actif et éclairé des autorités militaires et civiles, et j'ai la confiance qu'elles s'empresseront de seconder efficacement ses vues dans l'intérêt commun des familles et de l'armée.

Recevez, etc.

Le Maréchal de France
Ministre Secrétaire d'État de la guerre,

Signé VAILLANT.

LOI

*Relative à la création d'une dotation de l'armée, au rengagement,
au remplacement et aux pensions militaires.*

NAPOLÉON, par la grâce de Dieu et la volonté nationale,
Empereur des Français,

À tous présents et à venir, salut.

Avons sanctionné et sanctionnons, promulgué et promulguons
ce qui suit :

LOI

Extrait du procès-verbal du Corps législatif

Le Corps législatif a adopté le projet de loi dont la teneur
suit :

TITRE Ier

DE LA DOTATION DE L'ARMÉE.

ARTICLE PREMIER.

Une dotation est créée, dans l'intérêt de l'armée, sous la surveillance et la garantie de l'État.

La dotation de l'armée est formée par les prestations en argent
que détermine la présente loi.

Elle peut recevoir des dons et legs.

La caisse de la dotation reçoit, à titre de dépôt, les versements
volontaires qui lui sont faits par les militaires de tous grades,
dans le cours de leur service.

Elle est gérée par l'administration de la caisse des dépôts et

consignations, et constitue un service spécial, dont le budget
et les comptes sont annexés à ceux du ministère de la guerre.

ART. 2.

La dotation de l'armée pourvoit au payement des allocations
établies par la présente loi et aux dépenses prévues par l'article 20.

ART. 3

Les excédants disponibles sur les recettes faites par la caisse
de la dotation sont successivement employés aux achats de rente
sur l'Etat.

Ces rentes sont inscrites au nom de la dotation de l'armée.

ART. 4.

Une commission supérieure, composée de quinze membres
nommés par l'Empereur, et dont les fonctions sont gratuites,
surveille et contrôle toutes les opérations relatives à la dotation
de l'armée.

Cette commission comprend au moins trois membres du
Sénat et trois députés du Corps législatif.

Elle présente, chaque année, à l'Empereur, un rapport sur
la situation générale de la dotation.

TITRE II.
DE L'EXONÉRATION DU SERVICE.

ART. 5.

Les jeunes gens compris dans le contingent annuel obtiennent l'exonération du service au moyen de prestations versées
à la caisse de la dotation et destinées à assurer leur remplacement dans l'armée, par la voie du rengagement d'anciens militaires.

ART. 6.

Le taux de la prestation individuelle est fixé, chaque année, sur la proposition de la commission supérieure, par un arrêté du ministre de la guerre.

ART. 7.

Les versements des prestations à la caisse de la dotation doivent être effectués dans les dix jours qui suivent la clôture des opérations des conseils de révision.

A l'expiration de ce délai, le conseil de révision, réuni au chef-lieu de département, prononce les exonérations sur la présentation des récépissés de versement.

ART. 8.

Les militaires sous les drapeaux peuvent être admis à l'exonération du service par le versement d'une prestation dont le taux est fixé conformément aux dispositions des articles 5 et 6.

L'exonération est prononcée, dans ce cas, par les conseils d'administration des corps auxquels sont présentés les récépissés de versement.

ART. 9.

La caisse de la dotation est autorisée à recevoir au nom des jeunes gens, avant l'appel de leur classe, des versements applicables à leur exonération ultérieure du service, s'il y a lieu.

ART. 10.

Le mode de remplacement établi par la loi du 21 mars 1832 est supprimé, si ce n'est entre frères, beaux-frères et parents jusqu'au quatrième degré.

La substitution de numéro autorisée par cette loi est maintenue (1).

---

(1) Voir la loi du 20 février 1858, insérée au présent Recueil, qui a modifié l'article 10.

TITRE III.

DES RENGAGEMENTS.

ART. 11.

Les rengagements sont d'une durée de trois ans au moins et de sept ans au plus.

Ils ne peuvent être contractés que par les militaires qui accomplissent leur septième année de service, soit dans l'armée active, soit dans la réserve, ou par les engagés volontaires qui sont dans leur quatrième année de service.

Leur durée est réglée de manière que les militaires ne soient pas maintenus sous les drapeaux après l'âge de quarante-sept ans.

ART. 12.

Le premier rengagement de sept ans donne droit :

1° A une somme de 1,000 francs, dont 100 francs payables le jour du rengagement ou de l'incorporation ; 200 francs soit au jour du rengagement ou de l'incorporation, soit pendant le cours du service, sur l'avis du conseil d'administration du corps, et 700 francs à la libération définitive du service ;

2° A une haute paye de rengagement de 10 centimes par jour.

Tout rengagement contracté pour moins de sept ans donne droit, jusqu'à quatorze ans de service :

1° A une somme de 100 francs pour chaque année, payable à la libération du service ;

2° A la haute paye de rengagement de 10 centimes par jour.

Après quatorze ans de service, le rengagé n'a droit qu'à une haute paye de rengagement de 20 centimes.

3.

ART. 13.

L'engagement volontaire après libération, contracté dans les conditions prescrites par l'article 11 et moins d'une année après cette libération, donne droit, suivant sa durée, aux avantages spécifiés par l'article précédent.

ART. 14.

Sur la proposition de la commission supérieure, un arrêté du ministre de la guerre peut augmenter les allocations fixées par l'article 12, autres que la haute paye.

ART. 15.

En cas d'insuffisance du nombre des rengagements et des engagements volontaires après libération, comparé à celui des exonérations, des remplacements sont effectués par voie administrative.

Le prix de ces remplacements est à la charge de la dotation de l'armée.

Il est fixé, ainsi que le mode de payement, par la commission supérieure, dans les formes indiquées à l'article précédent.

ART. 16.

Les sous-officiers nommés officiers ou appelés à l'un des emplois militaires qui leur sont dévolus en vertu des lois et règlements ont droit, sur les sommes allouées pour rengagements, à une part proportionnelle à la durée du service qu'ils ont accompli.

ART. 17.

Les dispositions de l'article précédent sont applicables aux militaires réformés et aux militaires passant dans un corps qui ne se recrute pas par la voie des appels.

Néanmoins, les sommes dues à ces derniers ne leur sont payées, en tout ou en partie, que sur l'avis du conseil d'administration du nouveau corps.

ART. 18.

Les sommes attribuées par les articles 12 et 13 aux rengagés et aux engagés volontaires après libération sont incessibles et insaisissables. En cas de mort, une part de ces sommes, proportionnelle à la durée du service, est dévolue aux héritiers et ayants cause des militaires.

En cas de déshérence, les sommes dues profitent à la dotation de l'armée.

TITRE IV.

DES PENSIONS DE RETRAITE DES SOUS-OFFICIERS, CAPORAUX OU BRIGADIERS ET SOLDATS.

ART. 19.

Le maximum et le minimum de la pension de retraite, fixés par la loi du 11 avril 1831, sont augmentés de cent soixante-cinq francs (165^f) pour les sous-officiers, caporaux, brigadiers et soldats.

Le droit à la pension de retraite par ancienneté est acquis à ces militaires à vingt-cinq ans accomplis de service effectif.

Toutes les autres dispositions de la loi du 11 avril 1831 sont maintenues.

ART. 20.

Le surcroît de dépenses résultant de l'exécution de l'article précédent est prélevé sur l'actif de la dotation de l'armée, mais seulement en ce qui concerne les pensions des militaires des corps qui se recrutent par la voie des appels.

TITRE V.

DISPOSITIONS GÉNÉRALES ET TRANSITOIRES.

ART. 21.

Les sous-officiers, caporaux, brigadiers et soldats qui sont actuellement sous les drapeaux sont tenus, quels que soient leur âge et la durée de leur service, d'accomplir le temps de leur engagement.

Les mêmes militaires qui, au jour de la promulgation de la loi, n'auraient pas encore vingt-cinq ans de service effectif pourront être autorisés à se rengager, même quand ils seraient âgés de plus de quarante-sept ans.

ART. 22.

Le règlement d'administration publique à intervenir, concernant les mesures nécessaires à l'exécution de la présente loi, déterminera :

1° Les formes des demandes d'exonération et les conditions de leur admission ;

2° L'organisation de la caisse de la dotation de l'armée et de son service spécial ; le mode de remboursement et le taux de l'intérêt des sommes qui y seront déposées ; les conditions de payement des sommes allouées aux rengagements, et les rapports financiers entre l'État, la caisse des dépôts et consignations et la dotation de l'armée ;

3° Le mode d'exécution de l'article 9, relatif aux versements faits avant l'appel ;

4° Les formes et les conditions générales des remplacements, dans le cas prévu par l'article 15.

ART. 23.

La présente loi est exécutoire à partir du 1ᵉʳ janvier 1856.

Toutes dispositions contraires sont abrogées à partir de la même époque.

Néanmoins, les rengagements et engagements contractés dans les conditions de la présente loi, pendant l'année 1855, compteront pour l'exonération des jeunes gens compris dans le contingent de la classe de ladite année, et donneront droit, en conséquence, aux allocations réglées par les articles 12 et 13.

Il sera pourvu aux dépenses qui résulteront, en 1855, de l'application des dispositions du paragraphe précédent, à l'aide des avances qui pourront être faites à la dotation de l'armée par la caisse des dépôts et consignations. Ces avances seront remboursées, en 1856, sur le produit des versements des prestations pour exonération du service militaire.

Les dispositions de l'article 19 de cette loi sont applicables aux pensions de retraite qui seront concédées en 1855, à partir de sa promulgation.

Délibéré en séance publique, à Paris, le 28 mars 1855.

Le Président,

Signé A. DE MORNY.

Les Secrétaires,

Signé JOACHIM MURAT, marquis DE CHAUMONT-QUITRY,
ED. DALLOZ.

Extrait du procès-verbal du Sénat.

Le Sénat ne s'oppose pas à la promulgation de la loi relative à la création d'une dotation de l'armée, au rengagement, au remplacement et aux pensions militaires.

Délibéré en séance, au palais du Sénat, le 20 avril 1855.

Le *Président*,

Signé TROPLONG.

Les *Secrétaires*,

Signé F. DE BEAUMONT, DE GOULHOT DE SAINT-GERMAIN,
baron T. DE LACROSSE.

Vu et scellé du sceau du Sénat :

Signé Baron T. DE LACROSSE.

MANDONS et ORDONNONS que les présentes, revêtues du sceau de l'État et insérées au Bulletin des lois, soient adressées aux cours, aux tribunaux et aux autorités administratives, pour qu'ils les inscrivent sur leurs registres, les observent et les fassent observer, et notre ministre secrétaire d'État au département de la justice est chargé d'en surveiller la publication.

Fait au palais des Tuileries, le 26 avril 1855.

Vu et scellé du grand sceau :

Le *Garde des sceaux*,
Ministre Secrétaire d'État
au département de la justice,

Signé ABBATUCCI.

Signé NAPOLÉON.

Par l'Empereur :

Le *Ministre d'État*,

Signé ACHILLE FOULD.

DÉCRET

(B. O. p. 466.)

Portant règlement d'administration publique pour l'exécution de la loi du 26 avril 1855, relative à la création d'une dotation de l'armée, au rengagement, au remplacement et aux pensions militaires.

NAPOLÉON, par la grâce de Dieu et la volonté nationale, EMPEREUR DES FRANÇAIS,

A tous présents et à venir, SALUT.

Vu la loi du 11 avril 1831, sur les pensions de l'armée de terre, et l'article 23 de la loi du 18 avril 1831, sur les pensions de l'armée de mer;

Vu la loi du 21 mars 1832, sur le recrutement de l'armée;

Vu la loi du 26 avril 1855, et notamment l'article 22 de cette loi, aux termes duquel un règlement d'administration publique doit prescrire les mesures nécessaires à son exécution;

Sur le rapport de notre ministre secrétaire d'État de la guerre, et sur l'avis de nos ministres secrétaires d'État de la marine et des finances;

Notre Conseil d'État entendu,

AVONS DÉCRÉTÉ et DÉCRÉTONS ce qui suit:

TITRE Iᵉʳ.

DE LA COMMISSION SUPÉRIEURE DE LA DOTATION DE L'ARMÉE.

ARTICLE PREMIER.

La commission supérieure de la dotation de l'armée, instituée par la loi du 26 avril 1855, surveille et contrôle toutes les opérations relatives à cette dotation.

Elle donne son avis sur les budgets et les comptes partiels ou généraux de la dotation, et peut être consultée sur les questions qui se rattachent à l'exécution de la loi du 26 avril 1855.

Art. 2.

Chaque année, la commission supérieure soumet au ministre de la guerre des propositions ayant pour objet de fixer :

1° Le taux de la prestation individuelle que les jeunes gens compris dans le contingent annuel ont à verser à la caisse de la dotation de l'armée pour obtenir l'exonération du service militaire;

2° Le taux de la prestation au moyen de laquelle les militaires sous les drapeaux peuvent, dans les conditions indiquées par le présent règlement, être admis à l'exonération du service militaire;

3° L'augmentation, s'il y a lieu, des allocations attribuées aux rengagements et aux engagements volontaires après libération, autres que les hautes payes;

4° Éventuellement, et pour le cas d'insuffisance du nombre des rengagements et des engagements volontaires après libération, comparé à celui des exonérations, le prix et le mode de payement des remplacements à effectuer, par voie administrative, à la charge de la dotation de l'armée.

Art. 3.

Le président et le vice-président de la commission supérieure sont nommés par l'Empereur.

Art. 4.

La commission ne peut délibérer si huit membres, au moins, ne sont présents.

Les délibérations sont prises à la majorité absolue des voix. En cas de partage, la voix du président est prépondérante.

Le procès-verbal de chaque séance est transcrit sur un registre spécial.

Art. 5.

Les arrêtés du ministre de la guerre, rendus en exécution des articles 6, 8, 14 et 15 de la loi du 26 avril 1855, sont publiés par les voies administratives ordinaires.

TITRE II.

DE LA CAISSE DE LA DOTATION DE L'ARMÉE.

CHAPITRE Ier.

MODE D'ADMINISTRATION.

ART. 6.

L'administration de la caisse des dépôts et consignations, chargée, par l'article 1er de la loi du 26 avril 1855 de gérer la caisse de la dotation de l'armée, à titre de service spécial, établit distinctement les écritures, les recettes, les dépenses, les budgets et les comptes relatifs à cette caisse.

Elle observe, pour cette gestion spéciale, les règles générales qui la régissent, en se conformant, d'ailleurs, aux dispositions du présent décret.

ART. 7.

L'administration de la caisse des dépôts et consignations établit séparément et transmet, chaque année, au ministre de la guerre, le mouvement des versements volontaires effectués par les militaires de tous grades, en vertu du paragraphe 4 de l'article 1er de la loi du 26 avril 1855.

ART. 8.

Elle adresse, tous les trois mois, au ministère de la guerre, un état de situation sommaire de la caisse de la dotation.

Le ministre transmet cet état à la commission supérieure, et, par un arrêté pris sur l'avis de cette commission, il fixe la somme susceptible d'être employée en rentes sur l'État, conformément à l'article 3 de la loi du 26 avril 1855, ou, s'il y a lieu, la quotité de rentes de la dotation qu'il est nécessaire de vendre pour pourvoir aux dépenses du service.

Ces achats et ces ventes ont lieu dans le cours du trimestre qui suit l'arrêté pris par le ministre, à la diligence du directeur général de la caisse des dépôts et consignations, aux époques et dans le fonds déterminés par le ministre des finances.

ART. 9.

La caisse des dépôts et consignations tient compte à la caisse de la dotation de l'armée de l'intérêt de ses fonds disponibles non employés en achats de rentes, au taux et aux conditions fixés pour les dépôts des établissements publics.

ART. 10.

Sont à la charge de la dotation de l'armée :

Les frais d'administration et de bureau de la commission supérieure ;

Les dépenses occasionnées à la caisse des dépôts et consignations par la gestion de ce service spécial, y compris les taxations allouées aux préposés de cette caisse pour les recettes et les payements effectués par eux au compte de la dotation de l'armée.

ART. 11.

Chaque année, le ministre des finances détermine, sur les propositions de la commission de surveillance de la caisse des dépôts et consignations, et sur l'avis de la commission supérieure de la dotation de l'armée :

1° Le montant de la partie des dépenses administratives qu'il y a lieu de mettre à la charge de la dotation de l'armée, conformément à l'article précédent ;

2° Le tarif des taxations à allouer aux préposés de la caisse des dépôts et consignations pour les opérations relatives au service de la caisse de la dotation.

CHAPITRE II.

RECETTES DE LA CAISSE DE LA DOTATION.

§ 1er.

Des recettes.

ART. 12.

Les recettes de la caisse de la dotation se composent :

1° Des versements faits par les jeunes appelés compris dans le contingent annuel, pour obtenir l'exonération du service militaire ;

2° Des versements faits dans le même but par les militaires sous les drapeaux ;

3° Des dons et legs faits à la dotation de l'armée ;

4° Des arrérages de rentes inscrites au nom de la caisse de la dotation de l'armée ;

5° Des produits, s'il y a lieu, des ventes de rentes appartenant à la caisse de la dotation ;

6° Des versements volontaires faits à titre de dépôt par les militaires de tous grades, dans le cours de leur service ;

7° Des versements faits par des jeunes gens, ou en leur nom, avant l'appel de leur classe, et applicables à leur exonération ultérieure du service, s'il y a lieu ;

8° Des versements à titres divers.

§ 2.

Versements faits par des jeunes gens compris dans le contingent annuel.

ART. 13.

Les versements pour exonération du service sont faits, dans le département où les jeunes gens doivent satisfaire à la loi du recrutement, soit par les intéressés eux-mêmes, soit, pour leur compte, par des tiers.

Ils sont opérés :

Dans le département de la Seine, à la direction générale de la caisse des dépôts et consignations ;

Dans les autres départements, chez les préposés de cette caisse (receveurs généraux et particuliers des finances).

Sur la production du certificat délivré par le préfet du département dans lequel se fait le tirage, en conformité de l'article 38 du présent règlement.

ART. 14.

Ces versements donnent lieu, de la part des préposés de la caisse des dépôts et consignations, à la délivrance de récépissés qui forment titre envers l'État, à la charge par les parties versantes de les soumettre, dans le département de la Seine, immédiatement, au visa du contrôle placé près la caisse des dépôts et consignations, et dans les autres départements, dans les vingt-quatre heures de leur date, au visa du préfet ou du sous-préfet.

§ 3.

Versements faits par des militaires sous les drapeaux pour être exonérés du service militaire.

ART. 15.

Les versements par les militaires sous les drapeaux, pour être admis à l'exonération du service, sont faits soit par eux-mêmes, soit par des tiers pour leur compte, dans le département de la Seine, à la direction générale de la caisse des dépôts et consignations ; dans les autres départements, chez les préposés de cette caisse (receveurs généraux et particuliers des finances), et en Algérie, aux trésoriers payeurs, sur la production d'une demande approuvée par le général de brigade.

Les récépissés de ces versements font titre vis-à-vis de l'État, lorsqu'ils ont été soumis au contrôle dans les délais prescrits par l'article 14 du présent règlement.

Ces versements peuvent encore être effectués, hors du territoire français, chez les payeurs des armées, institués par le présent règlement, et, pour son exécution, préposés de la caisse des dépôts et consignations, sur la production de la demande ci-dessus énoncée, et sont reçus par ces comptables pour le compte de ladite caisse.

Dans ce dernier cas, les récépissés sont visés, dans les vingt-quatre heures, par le membre de l'intendance chargé de la police administrative du corps.

§ 4.

Versements volontaires.

ART. 16.

Les versements volontaires faits à titre de dépôt, conformément à l'article 1ᵉʳ de la loi du 26 avril 1855, par les militaires de tous grades dans le cours de leur service, ou par des tiers en leur nom, doivent être de 10 francs au moins et sans fraction de franc.

Ils ne peuvent être reçus, en France et en Algérie, que par les préposés de la caisse des dépôts et consignations.

Ils peuvent encore être effectués, hors du territoire français, chez les payeurs des armées, qui les reçoivent pour le compte de la caisse des dépôts et consignations.

Les versements donnent droit à un intérêt de 3 p. o/o, qui est payé lors du retrait.

ART. 17.

Un livret établi par les soins de la caisse des dépôts et consignations, et revêtu de son timbre, est délivré, au nom de la caisse de la dotation, à chaque déposant militaire, au moment du premier versement.

Toutes les sommes versées ou retirées y sont successivement enregistrées par les préposés, et contrôlées dans les formes prescrites à l'article 15 ci-dessus.

Le livret porte un numéro d'ordre; il énonce, pour chaque titulaire, ses nom, prénoms, surnom, la date de sa naissance, le numéro de son régiment, son grade.

Il contient, en outre, toutes les dispositions relatives à ces dépôts et au mode de retrait.

Le coût du livret est à la charge du déposant, et doit être payé au préposé de la caisse des dépôts et consignations, lors du premier versement.

En cas de perte du livret, il est pourvu à son remplacement aux frais du titulaire, et dans les formes prescrites pour le remplacement d'un titre de rente sur l'État.

ART. 18.

Les oppositions ou les cessions qui peuvent être faites sur les versements volontaires effectués par les militaires sous les drapeaux ne peuvent être signifiées qu'à Paris, à la direction générale de la caisse des dépôts et consignations.

§ 3.

Versements faits avant l'appel.

ART. 19.

Les versements à la caisse de la dotation, au nom des jeunes gens, avant l'appel de leur classe, pour être appliqués à leur exonération ultérieure du service militaire, ne sont admis qu'au profit de ceux qui sont âgés de quinze ans, et jusqu'au premier jour de l'année où doit avoir lieu l'appel de leur classe.

Ils ne peuvent être moindres de 100 francs, et supérieurs en totalité à 3,000 francs. Les fractions de franc sont interdites.

Ils doivent être effectués dans le département où l'intéressé est tenu de satisfaire aux obligations du recrutement, et dans les lieux ci-après, savoir : dans le département de la Seine, à la direction générale de la caisse des dépôts et consignations, et dans les autres départements, chez les préposés de ladite caisse.

ART. 20.

Ces versements donnent lieu à la délivrance de récépissés qui forment titre envers l'État, après l'accomplissement des formalités prescrites par l'article 14 du présent règlement.

Ils donnent droit à un intérêt de 3 p. o/o.

Ils ne peuvent être retirés avant l'appel de la classe que dans le cas du décès du titulaire.

ART. 21.

Tout déposant qui, soit par lui-même, soit par un intermédiaire, opère un premier versement, doit produire son acte de naissance ou, à défaut, un acte de notoriété qui en tienne lieu, délivré dans les formes prescrites par l'article 71 du Code Napoléon.

Si le déposant qui verse en son nom est âgé de moins de dix-huit ans, il doit justifier que le versement par lui effectué a été autorisé par ses père, mère ou tuteur.

L'autorisation peut être donnée d'une manière générale pour tous les versements que le mineur effectuera; elle est toujours révocable.

Si le déposant n'a ni père, ni mère, ni tuteur, ou en cas d'empêchement de celui qui aurait qualité pour l'autoriser, il peut y être suppléé par le juge de paix.

ART. 22.

Lorsque le versement est effectué par un tiers, et de ses deniers, le tiers déposant doit faire indiquer, dans le récépissé qui lui est délivré, s'il entend stipuler en sa faveur le retour des sommes versées, dans le cas où il y aurait lieu à la restitution de tout ou partie de ces sommes.

ART. 23.

Les oppositions sur les dépôts effectués par des jeunes gens avant l'appel de leur classe, pour être exonérés du service militaire, ne peuvent être signifiées qu'à la direction générale de la caisse des dépôts et consignations.

Aucune opposition n'est reçue par la caisse postérieurement à la date de l'ouverture des opérations des conseils de révision de cette classe.

CHAPITRE III.

DÉPENSES DE LA CAISSE DE LA DOTATION.

§ 1er

Des dépenses.

ART. 24.

La caisse de la dotation de l'armée pourvoit au payement :

1° Des allocations et hautes payes attribuées par la loi du 26 avril 1855 aux rengagés et aux engagés volontaires après libération, pour les corps qui se recrutent par la voie des appels;

2° Du prix des remplacements effectués par voie administrative;

3° Du surcroît de dépenses pour pensions des sous-officiers, caporaux, brigadiers et soldats des corps qui se recrutent par la voie des appels;

4° A titre de remboursement, des sommes versées volontairement, et, s'il y a lieu, de celles qui ont été versées avant l'appel en vue de l'exonération ultérieure;

5° Des rentes achetées en son nom;

6° Enfin, des dépenses diverses mentionnées dans l'article 10 du présent règlement.

ART. 25.

La nomenclature des corps qui se recrutent par voie des appels, et auxquels sont applicables les dépenses des paragraphes 1er et 3° de l'article précédent, est déterminée par le tableau n° 1 annexé au présent règlement, page 56.

§ 2.

Payement des allocations et des hautes payes attribuées aux rengagements et aux engagements volontaires après libération.

ART. 26.

La première portion de la prime de rengagement, payable le

jour du rengagement ou de l'incorporation, et la deuxième portion, qui est payable soit au jour du rengagement ou de l'incorporation, soit pendant le cours du service, sur l'avis du conseil d'administration du corps, dûment approuvé par le général de brigade, sont payées, à titre d'avance, sur les fonds généraux de la caisse du corps, par les soins du trésorier ou de l'officier payeur. La feuille individuelle constatant le payement est signée pour quittance par le militaire, et, dans le cas où il ne saurait pas signer, par l'officier de section.

Les payements par anticipation aux engagés volontaires après libération sont effectués au moment de l'engagement, au chef-lieu du département, par le préposé de la caisse des dépôts et consignations, sur le vu d'une expédition de l'acte d'engagement, qui lui a été adressée par le sous-intendant militaire, et qui constate la somme à laquelle a droit l'engagé (*Modèle n° 12*).

Le préposé de la caisse des dépôts et consignations inscrit le payement effectué sur l'expédition de l'acte d'engagement dont le militaire est porteur, et en avise le sous-intendant militaire.

ART. 27.

Les hautes payes de rengagement de 10 et de 20 centimes par jour, attribuées aux rengagés et aux engagés volontaires après libération, sont payées, à terme échu, sur les fonds généraux de la caisse des corps, à titre d'avance, aux mêmes jours que la haute paye de chevrons.

Les fonds nécessaires pour ce payement sont remis aux commandants des compagnies, escadrons ou batteries, sur des états spéciaux.

La dépense de la haute paye est justifiée au moyen d'une feuille numérique que le trésorier établit à la fin de chaque trimestre. Cette dernière pièce est appuyée de l'état nominatif des hommes qui ont éprouvé des mutations.

ART. 28.

Les portions de prime et les annuités qui sont dues aux militaires, soit à la libération du service, soit dans les cas prévus par les articles 16 et 17 de la loi du 26 avril 1855, leur sont payées par les corps de troupe.

En cas de décès, la part de ces primes ou annuités, proportionnelle à la durée du service accompli, revenant aux héritiers ou ayants cause, leur est payée, dans le lieu de leur résidence, par les soins de la caisse des dépôts et consignations, sur la justification de leurs droits. Les certificats de propriété à produire par ceux-ci doivent être délivrés dans les formes et suivant les règles prescrites par la loi du 28 floréal an VII.

Les conseils d'administration des corps font connaître à la direction générale de la caisse des dépôts et consignations le montant de la somme revenant aux militaires ou à leurs héritiers.

Les sommes revenant, au jour de la condamnation, aux militaires condamnés à une peine qui les exclut des rangs de l'armée, sont payées à ceux qui ont pouvoir de recevoir pour eux, à l'époque où devait s'opérer la libération du service

ART. 29.

Pour obtenir de la caisse des dépôts et consignations le remboursement des avances pour primes, annuités et hautes payes, le conseil d'administration ou l'officier commandant de chaque corps établit un bordereau récapitulatif des dépenses faites pour le compte de la caisse de la dotation de l'armée.

Ce bordereau, appuyé des feuilles individuelles, après avoir été vérifié et arrêté par le sous-intendant militaire, est présenté, dans le département de la Seine, à la caisse des dépôts et consignations, et dans les autres départements, au préposé de cette caisse le plus voisin de la garnison, chargé d'en acquitter le montant.

ART. 30.

Les corps de troupe tiennent un registre journal distinct des dépenses et des recettes effectuées par eux pour le compte de la dotation de l'armée.

Les remboursements qui leur sont faits par la caisse des dépôts et consignations sont inscrits sur leur livret de solde, dans une section séparée, par les préposés de ladite caisse.

Les sommes payées aux militaires sont également inscrites, chaque trimestre, dans une section distincte, sur leur livret individuel, par les soins des commandants de compagnie, escadron ou batterie.

ART. 31.

Toutes les écritures auxquelles donne lieu le payement des primes, des annuités et des hautes payes dans l'intérieur des corps, sont soumises au contrôle de l'intendance militaire.

§ 3.

Remboursement des versements volontaires.

ART. 32.

Les demandes de militaires en activité tendant à obtenir le remboursement des versements volontaires opérés par eux doivent être visées par le conseil d'administration des corps, et adressées au directeur général de la caisse des dépôts et consignations, qui autorise ce remboursement et fait parvenir au déposant une lettre d'avis par la voie hiérarchique.

Le remboursement est effectué, soit par la caisse des dépôts et consignations dans le département de la Seine, soit par les préposés de cette caisse dans les autres départements, entre les mains du conseil d'administration du corps, qui en tient compte au déposant, suivant les formes déterminées pour le payement des primes.

ART. 33.

Les remboursements demandés par des militaires faisant partie d'une armée hors du territoire de l'Empire français peuvent être effectués par les payeurs des armées, après que le directeur général de la caisse des dépôts et consignations en a informé le ministre des finances.

ART. 34.

Si le remboursement a lieu après la libération des militaires, il leur est fait soit à leur départ du corps, soit au lieu qu'ils ont désigné.

Dans ce dernier cas, ceux-ci adressent une demande, accompagnée de leur livret, au directeur général de la caisse des dépôts et consignations, qui autorise le receveur des finances de l'arrondissement où se trouve le lieu indiqué à effectuer le payement.

ART. 35.

Dans le cas où le remboursement des versements volontaires est réclamé par des héritiers, ceux-ci adressent leur demande au directeur général de la caisse des dépôts et consignations, en y joignant le livret du militaire et les pièces constatant leurs droits, suivant le mode établi par l'article 28 ci-dessus.

Le payement est ordonnancé, s'il y a lieu, au profit de ces héritiers, et effectué par le receveur des finances de l'arrondissement de leur résidence.

§ 4.

Remboursement des sommes versées avant l'appel.

ART. 36.

Les sommes versées par anticipation, soit par les jeunes gens, soit par des tiers en leur nom, en vue d'une exonération ultérieure, sont restituées aux ayants droit, à l'époque de l'appel, sur la déclaration constatant qu'ils renoncent à l'exonération du service (*Modèle n° 2, p. 59*).

Il en est de même :

1° De l'excédant des sommes versées, qui est remboursé après le tirage au sort, lorsque ces sommes se trouvent supérieures, en capital et intérêts, au taux fixé par l'arrêté du ministre ;

2° Des sommes versées par les jeunes gens non compris dans le contingent de leur classe, et qui justifient, par un certificat délivré par le préfet, qu'ils sont exemptés du service (*Modèle n° 3, p. 59*) ;

3° Des versements faits par des jeunes gens qui décèdent avant la formation du contingent de leur classe.

Ces divers remboursements sont effectués, capital et intérêts, par les préposés de la caisse des dépôts et consignations, sur la demande des parties, adressée au directeur général de cette caisse avec les justifications nécessaires.

TITRE III.

DE LA FORME DES DEMANDES D'EXONÉRATION ET DES CONDITIONS DE LEUR ADMISSION.

CHAPITRE Ier.

EXONÉRATION DES JEUNES GENS COMPRIS DANS LE CONTINGENT.

ART. 37.

Le taux de la prestation individuelle exigée pour obtenir l'exonération du service est fixé par un arrêté du ministre de la guerre, qui est publié et affiché dans chaque commune avant le tirage de la classe appelée (1).

ART. 38.

Pendant les opérations de la formation du contingent cantonal, le préfet délivre successivement aux jeunes gens compris dans ce contingent, ou aux tiers qui en font la demande pour eux, un certificat qui indique leurs nom, prénoms, surnom, âge, lieu de naissance, domicile et profession, ainsi que leur position sous le rapport du recrutement (*Modèle n° 4, p. 60*).

ART. 39.

Les jeunes gens ou leurs représentants sont admis, sur la

----

(1) Cet article a été modifié ainsi par le décret du 18 février 1860 (*Journal militaire*, p. 95) :

« Le taux de la prestation individuelle exigée pour obtenir l'exonération du service est fixé par un arrêté du ministre de la guerre qui est publié et affiché dans chaque commune dix jours au moins avant le commencement des opérations des conseils de révision pour la classe appelée. »

présentation de ce certificat, à verser à la caisse des dépôts et consignations dans le département de la Seine, ou entre les mains de ses préposés dans les autres départements, le montant de la prestation individuelle fixée pour l'année, ou, s'il y a lieu, le complément nécessaire pour porter au chiffre fixé le montant, en capital et intérêts, des versements faits avant l'appel.

Dans ce dernier cas, ils doivent demander à la caisse des dépôts et consignations, par l'entremise des préposés de cette caisse, en échange des récépissés délivrés au titre de *versements faits avant l'appel*, une déclaration constatant le total résultant des versements opérés et des intérêts qu'ils ont produits.

ART. 40.

Dix jours après l'époque fixée pour la clôture des opérations du recrutement de la classe, le conseil de révision de chaque département se réunit au chef-lieu et prononce, sur le vu des récépissés de versements, les exonérations qui ont été demandées.

Les récépissés des versements faits avant l'appel doivent être accompagnées d'un certificat de non-opposition, délivré par la caisse des dépôts et consignations, et affranchi du timbre.

Les décisions des conseils de révision sont définitives et irrévocables.

Elles sont inscrites, pour chaque classe, sur un registre spécial (*Modèle n° 5, p. 61*), et mentionnées sur la liste du contingent cantonal.

ART. 41.

Le préfet délivre aux jeunes gens un certificat constatant qu'ils ont été exonérés du service (*Modèle n° 6, p. 64*).

ART. 42.

Aussitôt qu'il a été statué sur toutes les demandes en exonération, les préfets adressent au ministre de la guerre, chacun pour son département, un état numérique des exonérations effectuées, dont le chiffre est publié dans les comptes rendus annuels sur le recrutement (*Modèle n° 7, p. 64*).

CHAPITRE II.

EXONÉRATION DES MILITAIRES SOUS LES DRAPEAUX.

ART. 43.

Les militaires sous les drapeaux qui désirent obtenir l'exonération du service en font la demande par la voie hiérarchique.

Les récépissés de versements sont présentés par eux au conseil d'administration du corps, qui prononce les exonérations.

Ces exonérations sont inscrites sur les contrôles du corps et donnent lieu à un acte spécial (*Modèle n° 8, p. 65*).

ART. 44.

Le conseil d'administration du corps délivre aux militaires un certificat constatant qu'ils ont été exonérés du service (*Modèle n° 9, p. 66*).

A la fin de chaque trimestre, le corps adresse au ministre de la guerre un relevé numérique des exonérations qui ont été autorisées et effectuées (*Modèle n° 10, p. 67*).

TITRE IV.

DES RENGAGEMENTS ET DES ENGAGEMENTS VOLONTAIRES
APRÈS LIBÉRATION.

CHAPITRE Iᵉʳ.

DES RENGAGEMENTS.

§ 1ᵉʳ.

Dispositions générales

ART. 45.

Les rengagements sont contractés sous les conditions et dans les formes voulues par la loi du 21 mars 1832, sur le recrute-

ment de l'armée, par l'ordonnance du 28 avril 1832 et par celle
du 15 janvier 1837, sauf les modifications prescrites par la loi
du 26 avril 1855, et conformément aux dispositions ci-après
(*Modèle n° 11, p. 68*).

Les militaires de l'armée active ou de la réserve, pour être
admis à contracter un rengagement de trois à sept ans, doivent
être dans le cours de la dernière année de leur service.

Toutefois, les militaires qui, après les sept années de leur
service, sont retenus sous les drapeaux, en vertu de l'article 30
de la loi du 21 mars 1832, sont admis à contracter un rengagement dont les effets remontent au jour de l'expiration de leur
service.

ART. 46.

Les actes de rengagement des militaires dans la réserve sont
contractés devant le sous-intendant militaire de leur département
(*Modèle n° 11, p. 68*).

A cet effet, ces militaires doivent produire :

1° Un certificat d'aptitude délivré par l'officier de recrutement, et portant qu'ils réunissent les qualités requises pour faire
un bon service ;

2° Un certificat de bonne conduite délivré par leur ancien
corps ;

3° Un certificat de bonnes vie et mœurs du maire de leur
commune, s'ils sont absents de leur corps depuis plus de trois
mois.

ART. 47.

Les militaires rengagés ou engagés appartenant à des corps
qui se recrutent par la voie des appels, et admis à la retraite
pour cause de blessures ou d'infirmités avant la quatorzième
année de service, ont droit, sur les sommes allouées pour leur
rengagement, à une part proportionnelle à la durée du service
qu'ils ont accompli en vertu de ce rengagement.

ART. 48.

Les hautes payes de rengagement et les hautes payes de cherrous sont touchées simultanément, mais d'une manière distincte, par les ayants droit, suivant le mode actuellement en usage.

ART. 49.

Lorsque les militaires en activité sont admis, dans leur dernière année de service, à contracter un rengagement de sept ans, ils ont droit immédiatement à la prime de rengagement. Mais la haute paye ne leur est acquise qu'au jour où commence l'effet de ce rengagement.

ART. 50.

Les militaires qui comptent plus de sept ans de service ne sont pas admissibles à jouir des avantages attribués au premier rengagement de sept ans.

Dans ce cas, ils ont droit :

Pour chaque année de leur nouveau rengagement, jusqu'à quatorze ans de service accomplis, à l'annuité et à la haute paye journalière de 10 centimes.

ART. 51.

L'absence illégale, l'envoi, à titre de punition, dans une compagnie de discipline, et la condamnation à une peine correctionnelle, entraînent la privation de la haute paye pendant la durée de l'absence ou de la peine.

CHAPITRE II.

DES ENGAGEMENTS VOLONTAIRES APRÈS LIBÉRATION, AUTORISÉS PAR L'ARTICLE 13 DE LA LOI DU 26 AVRIL 1855.

———

ART. 52.

Les engagements volontaires après libération sont contractés sous les conditions et dans les formes prescrites par la loi du 21 mars 1832, par l'ordonnance du 28 avril 1832 et par celle du 15 janvier 1837, sauf les modifications établies par la loi du 26 avril 1855, et conformément aux dispositions ci-après.

6.

ART. 53.

Si l'engagé volontaire est libéré du service depuis plus de trois mois, il doit, outre les justifications exigées par les lois et ordonnances ci-dessus, présenter au maire qui reçoit son engagement un certificat de bonnes vie et mœurs, et un bulletin délivré par le greffier du tribunal civil de l'arrondissement où est le lieu de sa naissance, indiquant les renseignements qui auraient été inscrits à son nom sur les casiers judiciaires (*Modèle n° 12, p. 69*).

ART. 54.

Le maire appelé à dresser l'acte d'engagement après libération donne, avant la signature de l'acte, lecture à l'engagé :

1° Des articles 2, 32, 33 et 34 de la loi du 21 mars 1832 ;
2° Des articles 17 et 18 de l'ordonnance du 28 avril 1832 ;
3° De l'article 1ᵉʳ de l'ordonnance du 15 janvier 1837 ;
4° Des articles 11, 12 et 13 de la loi du 26 avril 1855, et, s'il y a lieu, de l'arrêté du ministre de la guerre qui aurait augmenté les allocations fixées par l'article 12 ;
5° De l'acte de l'engagement contracté.

Les certificats et autres pièces restent annexés à la minute de l'acte.

ART. 55.

Les dispositions des articles 49, 50 et 51 du présent règlement, concernant les militaires en activité, sont applicables aux engagés volontaires après libération.

ART. 56.

Le sous-intendant militaire, dès qu'il a reçu du maire ampliation de l'acte d'engagement volontaire après libération, et qu'il en a reconnu la régularité, en adresse une expédition au préposé de la caisse des dépôts et consignations.

Au moment de la mise en route de l'engagé, il en envoie, au corps sur lequel celui-ci est dirigé, une autre expédition, où il inscrit en toutes lettres la somme payée par anticipation sur la prime.

TITRE V.

DES REMPLACEMENTS PAR VOIE ADMINISTRATIVE ET ENTRE PARENTS.

CHAPITRE Ier.

REMPLACEMENT PAR VOIE ADMINISTRATIVE.

ART. 57.

Lorsque le nombre des rengagements et des engagements après libération est insuffisant pour couvrir celui des exonérations, un arrêté du ministre de la guerre, rendu sur la proposition de la commission supérieure de la dotation de l'armée, autorise les remplacements par voie administrative, et en détermine le prix ainsi que le mode de payement.

Cet arrêté est publié et affiché dans chaque commune.

ART. 58.

Aussitôt après la réception de l'arrêté ministériel, les maires des communes, dans chaque département, ouvrent une liste sur laquelle sont inscrits les hommes qui se présentent pour remplacer (*Modèle n° 13, p. 73*).

Cette liste, revêtue de leur signature et accompagnée des pièces produites, est adressée par eux au sous-intendant militaire chargé du service du recrutement, aux époques qui sont déterminées par le ministre de la guerre.

ART. 59.

Le sous-intendant militaire adresse au ministre de la guerre un relevé numérique général des hommes qui se sont fait inscrire dans les communes du département pour remplacer.

ART. 60.

D'après les résultats consignés dans les relevés numériques ci-dessus, le ministre de la guerre fait connaître au général commandant la division, en même temps qu'au président de la commission spéciale instituée par l'article suivant, le nombre des remplaçants qui peuvent être admis dans chaque département.

ART. 61.

Les remplaçants sont examinés par une commission spéciale, établie au chef-lieu de chaque département, et composée ainsi qu'il suit :

L'officier général ou supérieur commandant le département, président;

Le sous-intendant militaire chargé du service du recrutement;

Le commandant de gendarmerie;

Le commandant du dépôt de recrutement.

La commission est assistée d'un médecin militaire.

En cas de partage des voix, celle du président est prépondérante.

Les archives de la commission sont déposées et conservées au dépôt de recrutement du département.

ART. 62.

Le remplaçant, outre les justifications prescrites par la loi du 21 mars 1832, doit présenter, avec les certificats exigés par l'article 20 de ladite loi, un bulletin délivré par le greffier du tribunal civil de l'arrondissement où est le lieu de sa naissance, et indiquant les renseignements qui auraient été inscrits, à son nom, sur les casiers judiciaires.

Ce bulletin reste annexé au certificat du maire, après avoir été visé par lui.

ART. 63.

Les hommes inscrits pour remplacer sont convoqués devant la commission spéciale de remplacement par lettre individuelle, que le sous-intendant militaire leur fait notifier par le maire du lieu de leur résidence.

ART. 64.

Après vérification des pièces produites par le remplaçant et examen de son aptitude physique, la commission spéciale de remplacement prononce, s'il y a lieu, son admission.

Cette admission est constatée dans le procès-verbal de la séance, auquel est annexé l'acte de remplacement (*Modèle n° 14, p. 76*), rédigé séance tenante par le sous-intendant militaire, et signé tant par ce fonctionnaire que par le remplaçant.

Une expédition de cet acte est remise au remplaçant pour lui servir de titre.

ART. 65.

La portion du prix de remplacement qui, suivant l'arrêté du ministre de la guerre, doit être payée comptant, est soldée au moment où le remplacement est contracté.

Le payement en est effectué au chef-lieu du département par le préposé de la caisse des dépôts et consignations, sur le vu d'une expédition de l'acte de remplacement, adressé à ce préposé par le sous-intendant militaire, et constatant la somme à laquelle a droit le remplaçant (*Modèle n° 14, p. 76*).

Le préposé de la caisse des dépôts et consignations inscrit le payement effectué sur l'expédition de l'acte de remplacement dont le remplaçant est porteur, et en avise le sous-intendant militaire.

ART. 66.

Mention est faite, en toutes lettres, sur le contrôle signalétique, qui, au moment de la mise en route du remplaçant, est envoyé au corps sur lequel il est dirigé, de la somme payée par anticipation sur le prix du remplacement.

ART. 67.

La somme payée au remplaçant est inscrite sur le registre journal tenu au corps, en exécution de l'article 3o du présent règlement.

Cette somme est également inscrite, aussitôt après l'incorporation du remplaçant, sur son livret individuel, par les soins du commandant de la compagnie, de l'escadron ou de la batterie.

ART. 68.

Chaque mois, la commission spéciale de remplacement dresse, pour être déposée au dépôt de recrutement, la liste nominative des remplaçants qu'elle a admis pendant le mois précédent, et le sous-intendant militaire en envoie au ministre de la guerre un état numérique.

CHAPITRE II.

REMPLACEMENT ENTRE PARENTS JUSQU'AU QUATRIÈME DEGRÉ.

ART. 69.

Les remplacements entre frères, beaux-frères, oncles et neveux et cousins germains, autorisés par l'article 10 de la loi du 26 avril 1855, sont constatés, suivant le degré de parenté, par la production des pièces désignées au bordereau (*n° 15, p. 78*) annexé au présent règlement.

ART. 70.

Il est statué sur ces remplacements par les conseils de révision, conformément aux prescriptions de la loi du 21 mars 1832 et aux dispositions de l'article 62 du présent règlement.

TITRE VI.

DES PENSIONS.

CHAPITRE Ier.

DISPOSITIONS PRÉLIMINAIRES.

ART. 71.

Les pensions auxquelles ont droit, en vertu des lois des 11 avril 1831 et 26 avril 1855, les sous-officiers, caporaux ou brigadiers et soldats de l'armée de terre, ou les titulaires d'emplois militaires qui leur sont assimilés, qu'ils appartiennent ou non à des corps qui se recrutent par la voie des appels, donnent lieu à la délivrance d'un titre unique et sont payées par les agents du trésor, sous les mêmes conditions que les autres pensions militaires, sauf le remboursement à faire au trésor des sommes qui doivent rester à la charge de la dotation, ainsi qu'il est réglé ci-après.

Ces mêmes dispositions sont applicables aux pensions et secours annuels accordés aux veuves et aux enfants orphelins des mêmes militaires.

ART. 72.

L'augmentation du cinquième, concédée par l'article 11 de la loi du 11 avril 1831, après douze ans de grade, s'établit tant sur la pension résultant de l'application de cette loi que sur les 165 francs alloués en accroissement par l'article 19 de la loi du 26 avril 1855.

ART. 73.

Les droits au minimum et au maximum de la pension sont acquis à vingt-cinq et à quarante-cinq ans de service, par application des articles 19 et 9 combinés des lois des 26 avril 1855 et 11 avril 1831.

CHAPITRE II.

DES PENSIONS AUX SOUS-OFFICIERS, CAPORAUX, BRIGADIERS ET SOLDATS
DES CORPS QUI SE RECRUTENT PAR LA VOIE DES APPELS.

ART. 74.

Les pensions accordées, soit à titre d'ancienneté de service, soit pour blessures ou infirmités, aux sous-officiers, caporaux ou brigadiers et soldats des corps qui se recrutent par la voie des appels, sont l'objet d'une seule concession, dont le chiffre est déterminé conformément aux dispositions combinées des lois des 11 avril 1831 et 26 avril 1855.

Néanmoins, la liquidation et le décret de concession font connaître, d'une manière distincte :

1° Le chiffre de la même pension, calculée d'après la loi du 11 avril 1831;

2° L'excédant résultant de l'application de la loi du 26 avril 1855.

ART. 75.

L'excédant ci-dessus constitue la part contributive de la dotation de l'armée, aux termes de l'article 20 de la loi du 26 avril 1855.

Il se compose :

Pour les militaires,

Des 165 francs ajoutés au minimum et au maximum de pension par l'article 19 de la loi du 26 avril 1855,

Et, lorsqu'il y a lieu, du cinquième de cette somme (art. 11 de la loi du 11 avril 1831);

Pour les veuves et les orphelins,

Du quart de la somme de 165 francs susindiquée.

ART. 76.

Les remboursements de la part contributive de la dotation de l'armée sont opérés, tous les trois mois, par la caisse des dépôts et consignations, pour le compte de la dotation, d'après les états des payements effectifs qui auront eu lieu dans le trimestre, contrôlés et certifiés par le ministère des finances.

CHAPITRE III

DISPOSITIONS D'ORDRE.

ART. 77.

Le ministre des finances adresse, tous les trois mois, par l'intermédiaire du ministre de la guerre, à la commission supérieure de la dotation de l'armée, un état des extinctions et suspensions survenues pendant chaque trimestre, concernant les pensions concédées aux militaires des corps qui se recrutent par la voie des appels, ainsi qu'à leurs veuves ou enfants orphelins.

Cet état indique, outre les noms des titulaires et la quotité de leur pension ou secours annuel :

1° Leur domicile;

2° La cause qui a donné lieu à l'extinction ou à la suspension;

3° La date de la cessation de la pension ou du secours.

Le même état fait connaître le rétablissement des pensions dont le payement aurait été suspendu.

ART. 78.

La caisse de la dotation de l'armée verse au trésor sa part contributive sur les pensions attribuées à ceux de ces militaires, provenant des corps se recrutant par la voie des appels, qui sont admis à l'hôtel impérial des Invalides.

TITRE VII.

DES DISPOSITIONS PARTICULIÈRES AUX CORPS DE L'ARMÉE DE MER QUI SE RECRUTENT PAR LA VOIE DES APPELS.

ART. 79.

Les dispositions du présent règlement d'administration publique sont applicables aux hommes des corps de l'armée de mer mentionnés au tableau n° 1 annexé au présent règlement, page 40, sauf les modifications qui résultent de l'intervention nécessaire des fonctionnaires du département de la marine et de la caisse des invalides de la marine.

ART. 80.

Le ministre de la marine fait connaître en temps utile, au ministre de la guerre, le nombre des rengagements et des engagements volontaires après libération contractés dans les corps de l'armée de mer, afin qu'il puisse les comprendre, mais d'une manière distincte, dans les prévisions et les documents à communiquer à la commission supérieure de la dotation, ainsi que dans les comptes annuels à publier.

ART. 81.

Les primes et les hautes payes de rengagement attribuées aux militaires des troupes de la marine provenant des appels sont payées sur les fonds généraux de ces corps, à titre d'avance, suivant les formes prescrites par les articles 26, 27 et 28 du présent règlement.

En ce qui concerne les équipages de ligne, qui n'ont pas de fonds propres, les avances sont faites par la caisse des invalides, soit au moment de l'engagement ou de l'incorporation, pour les hommes présents en France, soit à leur retour, pour les marins en cours de campagne.

ART. 82.

Les avances faites par les corps de troupe de la marine, pour le compte de la dotation de l'armée, sont remboursées d'après le mode prescrit par l'article 29 du présent règlement.

Les avances faites, au même titre, par la caisse des invalides de la marine sont remboursées, aux mêmes époques, dans les mains des trésoriers de ladite caisse, sur la présentation d'un bordereau récapitulatif dûment arrêté par le commissaire de l'inscription maritime, et auquel sont annexées les feuilles individuelles mentionnées dans l'article 29.

Les dépenses et les recettes effectuées par les corps, pour le compte de la dotation de l'armée, sont inscrites ainsi qu'il est spécifié par l'article 30 du présent règlement.

Les trésoriers de la caisse des invalides tiennent un compte spécial des dépenses et des recettes effectuées au même titre.

ART. 83.

Le remboursement des avances faites au titre des pensions, par la caisse des invalides de la marine, est opéré suivant le mode prescrit par les articles 74, 75 et 76 du présent règlement.

Art. 84.

Nos ministres secrétaires d'État aux départements de la guerre,
de la marine et des colonies, et des finances, sont chargés, chacun en ce qui le concerne, de l'exécution du présent décret.

Fait au palais des Tuileries, le 9 janvier 1856.

Signé NAPOLÉON.

Par l'Empereur :

Le Maréchal Ministre Secrétaire d'État de la guerre,

Signé VAILLANT.

TABLEAU ET MODÈLES

ANNEXÉS AU DÉCRET

PORTANT RÉGLEMENT D'ADMINISTRATION PUBLIQUE,

EN DATE DU 9 JANVIER 1856.

Loi du 26 avril 1855.
Articles 28 et 70
du Règlement.

TABLEAU Nº 1.

*Tableau des corps ou des portions de corps des armées de terre
et de mer qui se recrutent par la voie des appels.*

1ʳᵉ SECTION. — ARMÉE DE TERRE.

Maison militaire de l'Empereur.

Les cent-gardes.

GARDE IMPÉRIALE.

Gendarmerie.

Régiment de gendarmerie. . . . . . } Seulement en ce qui concerne les
Escadron de gendarmerie. . . . . . } hommes liés au service en vertu des lois
du 21 mars 1832 et du 26 avril 1855.

Infanterie.

Régiments de grenadiers,
———————— de voltigeurs,
———————— de zouaves,
Bataillon de chasseurs à pied.

Cavalerie.

Régiments de cuirassiers,
———————— de dragons,
———————— de lanciers,
———————— de chasseurs,
———————— des guides.

Artillerie.

Régiment d'artillerie — à pied,
———————————— à cheval.

Génie.

Compagnies du génie.

Train des équipages militaires.

Escadron du train.

TROUPES DE LIGNE.

Gendarmerie impériale.

Gendarmerie départementale....
——————— d'Afrique........
——————— coloniale........
Garde de Paris.............. } Seulement en ce qui concerne les hommes liés au service en vertu des lois du 21 mars 1832 et du 26 avril 1855.

Infanterie.

Régiments d'infanterie,
Bataillons de chasseurs à pied,
Régiments de zouaves,
Bataillons de sapeurs-pompiers de la ville de Paris,
Les sous-officiers et caporaux des bataillons d'infanterie légers d'Afrique,
Les sous-officiers et caporaux des compagnies de pionniers et de discipline,
Les sous-officiers et caporaux ou brigadiers et soldats français qui, servant dans les corps indigènes ou étrangers, au titre français, composent les cadres constitués en vertu d'ordonnances ou de décrets organiques.

Cavalerie.

Régiments de carabiniers,
——————— de cuirassiers,
——————— de dragons,
——————— de lanciers,
——————— de chasseurs,
——————— de hussards,
——————— de chasseurs d'Afrique,
Compagnies de cavaliers de remonte.

Artillerie.

Régiments d'artillerie — à pied, montés et à cheval,
Compagnies d'ouvriers d'artillerie,
——————— d'armuriers.

Génie.

Régiments du génie,
Compagnies d'ouvriers du génie.

Dotation de l'armée   5

Train des équipages militaires.

Escadron du train,
Compagnies d'ouvriers constructeurs.

Corps administratifs.

Sections d'ouvriers militaires d'administration,
Compagnies d'infirmiers militaires.

Service de la justice militaire.

Sous-officiers attachés aux ateliers de condamnés, aux pénitenciers et aux prisons militaires	Seulement en ce qui concerne les hommes liés au service en vertu des lois du 21 mars 1832 et du 26 avril 1855.

2ᵉ SECTION. — ARMÉE DE MER (1).

Gendarmerie maritime	Seulement en ce qui concerne les hommes liés au service en vertu des lois du 21 mars 1832 et du 26 avril 1855.

Régiments d'infanterie,
Les sous-officiers et caporaux des compagnies de discipline,
Les sous-officiers, caporaux ou brigadiers français des compagnies de soldats noirs à Cayenne, au Sénégal et à Mayotte, composant les cadres constitués en vertu d'ordonnances ou de décrets organiques.

Équipages de ligne.	Seulement en ce qui concerne les hommes liés au service en vertu des lois du 21 mars 1832 et du 26 avril 1855.

Mécaniciens et ouvriers chauffeurs,
Régiment d'artillerie,
Compagnies d'ouvriers d'artillerie,
Infirmiers militaires.

---

(1) Nota. Sont également admis à jouir du bénéfice de la loi du 26 avril 1855 :

Les musiciens des divisions des équipages de la flotte ;
Les maîtres tambours, idem ;
Les maîtres clairons, idem ;
Les tambours
Les clairons   } ayant exercé ces fonctions au moins pendant la dernière année de leur service ;
Les ouvriers ;
Les ouvriers tailleurs ;

(*Circulaire du 1ᵉʳ mai 1856.*)

Les armuriers militaires de la marine.

(*Décret de 25 janvier 1856.*)

DÉPARTEMENT
d

COMMUNE
d

MODÈLE N° 2.

Loi du 26 avril 1855.
Article 26 du Règlement.

Déclaration constatant la renonciation à profiter du bénéfice de l'article 5 de la loi du 26 avril 1855.

(1) Nom et prénoms.

Je soussigné (1)
domicilié à   canton d
département d   déclare renoncer à
faire exonérer du service le sieur (1)

En conséquence, je demande que la somme de
que j'ai versée à la caisse de la dotation de l'armée, en
vue de cette exonération, me soit restituée.

Fait à   , le   18

(Signature de l'intéressé.)

Vu par nous, Maire de la commune d
pour légalisation de la signature du sieur
apposée ci-dessus.

A   , le   18

{ Apposer ici le cachet
de la mairie. }

DÉPARTEMENT
d

MODÈLE N° 3.

Loi du 26 avril 1855.
Article 26 du Règlement.

Certificat de libération du service.

Nous, Préfet du département d
certifions que le nommé
fils de   et de
domicilié à   canton d
département d   né le
à   canton d
département d   a été inscrit sur les tableaux
de recensement des jeunes gens de la commune d
qui ont concouru au tirage de la classe de 18   , dans le canton d
et qu'il a été exempté du service (1)

(1) 1° par le n°
qui lui est échu au tirage;
2° Pour (indiquer les
infirmités);
3° Comme (indiquer s'il
est aîné d'orphelins, fils
aîné de veuve, etc. etc.)

En foi de quoi nous lui avons délivré le présent certificat.
Fait à   , le   18

(Signature du Préfet.)

3.

DÉPARTEMENT

d

CLASSE DE

Loi du 26 avril 1855.
Article 26 du Règlement.

MODÈLE N° 2.

Certificat constatant la position, sous le rapport du recrutement,
d'un jeune homme qui désire s'exonérer du service.

Nous, Préfet du département d

(1) Nom et prénoms du jeune homme qui désire s'exonérer.

attestons que le nommé (1)

fils d   et d

domicilié à   canton d

département d   né le

à   canton d

département d   résidant à

canton d   département d

1° A été compris sur les tableaux de recensement des jeunes gens de la

commune d   canton d

département d   appelés à concourir à la formation

du contingent de la classe de

2° Que le numéro   , qui lui est échu au tirage, a été compris

dans le contingent,

En foi de quoi nous lui avons délivré, sur sa demande, le présent certificat.

Fait à   , le   18

(Signature du Préfet.)

Loi du 26 avril 1855.
Article 30 du Règlement.

MODÈLE N° 5.

DÉPARTEMENT D

—————————

CLASSE DE

—————————

Registre pour servir à l'inscription des exonérations accordées à des jeunes gens compris dans le contingent, au moyen de prestations versées à la caisse de la dotation et destinées à assurer leur remplacement dans l'armée. (Article 5 de la loi du 26 avril 1855.)

NUMÉROS d'ordre.	DATE de l'état d'énumération.	NOMS, PRÉNOMS et surnoms des jeunes soldats.	LIEU ET DATE de la naissance.	PROFESSION.	DOMICILE

DÉSIGNATION du contingent cantonal auquel appartient le jeune soldat.	NUMÉRO du tirage.	NOMS ET PRÉNOMS des père et mère.	DOMICILE des père et mère.	OBSERVATIONS.

DÉPARTEMENT   MODÈLE N° 6.   Loi du 26 avril 1855.
       Article 11 du Règlement.

CLASSE DE *

**Certificat constatant qu'un jeune homme a été exonéré du service
conformément à l'article 7 de la loi du 26 avril 1855.**

(1) Nom et prénoms du jeune homme qui a été exonéré du service.

Nous, Préfet du département d
     Attestons que le nommé (1)
fils de   et de
       domicilié
à   canton d
département d
né le   à
canton d   département d
     1° A été porté sur les tableaux de recensement des jeunes gens de la commune d   canton d
département d   appelés à concourir à la formation
du contingent de la classe de
     2° Que le numéro   , qui lui est échu au tirage, a été
compris dans le contingent;
     3° Et qu'il a été exonéré du service, en conformité des articles 5, 6 et 7
de la loi du 26 avril 1855, après avoir justifié du payement de la prestation
individuelle fixée par l'arrêté du ministre de la guerre, en date du
       18
     En foi de quoi nous lui avons délivré le présent certificat.
     Fait à   , le   18
       (Signature du Préfet.)

DÉPARTEMENT   MODÈLE N° 7.   Loi du 26 avril 1855.
       Article 11 du Règlement.

CLASSE DE

**Etat numérique des exonérations du service prononcées par le conseil
de révision du   au   18
en conformité de la loi du 26 avril 1855.**

MONTANT de LA PRESTATION.	NOMBRE DES JEUNES SOLDATS			OBSERVATIONS.
	qui ont demandé à être exonérés.	qui, par diverses causes, n'ont pas été exonérés.	qui ont été définitivement exonérés.	

Vu et certifié par nous, Préfet du département d

A   le   18

Loi du 26 avril 1855.
Article 53 du Règlement.

MODÈLE N° 8.

Acte d'exonération du service d'un militaire sous les drapeaux.

Nous, Membres du conseil d'administration du (1)

D'après la demande d'exonération approuvée par (2)
le (3)   et qui
nous a été représentée.

Certifions que le nommé (4)   , porté sur le
registre matricule du corps sous le n°   , né le
à   , canton d   , département d   , taille d'un mètre   millimètres,
cheveux   , sourcils   , yeux   , front   ,
nez   , bouche   , menton   , visage   , après
nous avoir présenté un récépissé en date du
constatant le versement, à la caisse de la dotation de l'armée, de la somme
de   francs, montant de la prestation fixée par l'arrêté
du ministre de la guerre, en date du   , a été admis
à l'exonération du service militaire, en conformité de l'article 8 de la loi du
26 avril 1855.

En conséquence, il est permis au nommé
de quitter le corps, sans pouvoir être inquiété pour raison de service militaire.

L'exonéré a déclaré vouloir se retirer dans la commune d
, canton d   , département d

Fait à   , le   18   , en présence
du nommé   , qui a signé avec nous le présent, après lecture.

L'Exonéré,

Les Membres du conseil d'administration,

Vu :

*Le Sous-Intendant militaire
chargé de la surveillance administrative du corps,*

MINISTÈRE MILITAIRE.

Loi du 26 avril 1855.
Article 44 du Règlement.

DÉPARTEMENT

d

PLACE

à

MODÈLE N° 5.

Certificat constatant qu'un militaire a été exonéré du service conformément à l'article 8 de la loi du 26 avril 1855.

(1) Désignation du corps.

(1)

(2) Nom, prénoms, grade, compagnie et bataillon, escadron ou batterie du militaire exonéré.

Nous, Membres composant le conseil d'administration, attestons que le nommé (2)   , fils
d   et d
domicillés à   , canton d
département d '   , né le
à   , canton d   , département
d   , taille d'un mètre   millimètres,
cheveux   , sourcils   , yeux   , front
nez   , bouche   , menton   , visage   , porté
sur le registre matricule du corps sous le numéro   , a été exonéré du service en conformité de l'article 8 de la loi du 26 avril 1855, après avoir justifié du payement de la prestation individuelle fixée par l'arrêté du ministre de la guerre, en date du   18   , pour l'année 18   .

En foi de quoi nous lui avons délivré le présent certificat.

Fait à   , le   18

Les Membres du conseil d'administration,

Vu :

Le Sous-Intendant militaire chargé de la surveillance administrative du corps,

Nota. Dans les corps ou établissements où il n'existe pas de conseil d'administration, le présent certificat est délivré par l'officier commandant.

DIVISION MILITAIRE.

PLACE

Loi du 26 avril 1855.
Article 44 du Règlement.

MODÈLE N° 16.

(1)

Élat numérique des exonérations du service prononcées par le
conseil d'administration du corps, du
au   18   , en conformité de la loi du
26 avril 1855.

MONTANT de la rétribution.	NOMBRE DES MILITAIRES				OBSERVATIONS.
	qui ont demandé à être exonérés.	qui ont été admis à être exonérés.	qui n'ont pas été admis à être exonérés.	qui ont été exonérés.	

(1) Indiquer le corps.

(2) Grade du chef du corps.

Vu et certifié par nous (2)
commandant le (1)

A   , le   18

Vu :
Le Sous-Intendant militaire
chargé de la surveillance administrative du corps,

MODÈLE N° 11.

Acte de rengagement.

Loi du 26 avril 1855.
Articles 45
et 46 du Règlement.

L'an mil huit cent   , le
          , heure de   , s'est présenté
devant nous,   , Sous-Intendant
militaire résidant à   , département
d   , le sieur (1)
né le   , à   , département
d   , fils d   et d
          , domicilié à   , canton d
département d   , cheveux   , sourcils
front   , yeux   , nez   , bouche   , menton   , visage   , (2)   , taille
d'un mètre   millimètres; lequel, assisté des sieurs (3)
                                        appelés
comme témoins, conformément à la loi, nous a déclaré vouloir contracter un
rengagement de   ans;

Et, à cet effet, nous a présenté:

1° Un certificat du chef du corps dans lequel il sert actuellement, constatant qu'il a droit à son congé définitif du service actif le
          , et qu'il a toujours tenu une bonne conduite pendant son séjour
au corps (4);

2° Un certificat attestant qu'il réunit les qualités requises pour faire un bon
service, délivré par (5)

3° Un certificat d'acceptation du chef d (6)
          constatant qu'il peut être admis à continuer de servir
dans l'armée et être dirigé sur ce corps.

Nous, Sous-Intendant militaire, après avoir reconnu la régularité des pièces
produites par le sieur (7)

Nous lui avons donné lecture des articles 21, 36, paragraphes 2 et 3, et 37
de la loi du 21 mars 1832; des articles 25, 26, 27, 28 et 29 de l'ordonnance
royale du 16 avril 1832; de l'article 1er de l'ordonnance du 12 janvier 1837 (a),
des articles 11 et 12 de la loi du 26 avril 1855, (8)

Ensuite de quoi nous avons reçu le rengagement du sieur (9)
          , lequel a promis de continuer à servir avec fidélité et
honneur, et de rester sous les drapeaux pendant l'espace de   ans,
à compter du jour où cesse le service auquel il est actuellement tenu par la
loi.

Lecture faite audit sieur (9)
et aux deux témoins ci-dessus dénommés, du présent acte, ils ont signé avec
nous (10).

          Fait à   , le   18

(a). Voir le décret du 8 janvier 1852, la dépêche du ministre de la guerre du 18 du même mois et la dépêche du ministre de la marine du 19 avril 1852, insérée au présent recueil.

(1) Nom, prénoms, grade et corps dans lequel sert le militaire.

(2) Indiquer ici les marques particulières.

(3) Noms, prénoms, profession et résidence des deux témoins.

(4) Si le militaire est absent de son corps depuis plus de trois mois, il sera tenu de produire un certificat de bonne conduite du maire de la commune où il réside.

(5) Indiquer le chef du corps ou l'officier du recrutement qui a délivré le certificat.

(6) Désigner le corps.

(7) Nom et prénoms du rengagé.

(8) Lorsqu'un arrêté du ministre de la guerre aura augmenté les allocations fixées par l'article 12 de la loi du 26 avril 1855, il en sera donné connaissance au rengagé, et l'acte de rengagement devra constater qu'il lui en a été fait lecture.

(9) Nom et prénoms du rengagé.

(10) Si le rengagé ou les témoins ne peuvent signer, il sera fait mention de la cause qui les en empêche, conformément à l'article 39 du Code Napoléon.

Loi du 26 avril 1855.
Articles 26
et 50 du Règlement.

MODÈLE N° 15.

Acte d'engagement volontaire après libération.

(1) Maire ou adjoint.

L'an   , le   à   heure   , s'est présenté devant nous (1)   de la commune d   , chef-lieu de canton, arrondissement d   département d

(2) Nom et prénoms de l'engagé.

Le sieur (2)   , âgé de   exerçant la profession (3) d

(3) Spécifier, d'après la déclaration de l'engagé (à la suite de l'indication de sa profession), en quelle qualité et dans quel corps il a servi.

          , domicilié à   canton d   , arrondissement d   départe-tement d   , résidant à   canton d   , arrondissement d   , département d   , fils d   et d   domiciliés à   , canton d   département d   , cheveux   , sourcils   front   , yeux   , nez   , bouche   , menton

(4) Indiquer ici les marques particulières.

visage (4)   taille d'un mètre   millimètres.

(5) Nom et prénoms du premier témoin.

Lequel, assisté du sieur (5)   âge de   , exerçant la profession d   domicilié à   canton d   , arrondissement d   département d

(6) Nom et prénoms du deuxième témoin.

Et du sieur (6)   , âgé de   exerçant la profession d   , domicilié à   canton d   , arrondissement d   département d   , appelés l'un et l'autre comme témoins, conformément à la loi.

A déclaré vouloir s'engager dans l'armée française.

À cet effet, et après nous avoir fait la déclaration.

1° Qu'il n'est ni marié, ni veuf avec enfants;

2° Qu'il n'est lié au service ni comme appelé ou substituant, ni comme engagé volontaire ou rengagé, ni comme remplaçant ou inscrit maritime

(7) Nom et prénoms de l'engagé.

Ledit sieur (7)   nous a présenté:

(8) Nom, grade et corps de l'autorité militaire, signataire du certificat.

1° Un certificat délivré sous la date du   par (8)   , et constatant

(9) Nom de l'engagé.

que ledit sieur (9)   n'est atteint d'aucune infirmité, qu'il a la taille et les autres qualités requises pour être reçu dans l'armée, et qu'il peut être dirigé sur (10)

(10) Désignation du corps.

2° Son acte de naissance (11)
constatant qu'il est né le (12)
à , canton d , arrondissement
d , département d ;

3° Son congé de libération du service militaire;

4° Un certificat de bonne conduite délivré par le corps où il a servi en dernier lieu;

5° Un certificat de bonnes vie et mœurs délivré sous la date du
par le maire (13) d , conformément
à l'article 20 de la loi du 21 mars 1832, sur le recrutement de l'armée, et constatant :

1° Que ledit sieur (14) jouit de ses droits civils;

2° Qu'il n'a jamais été condamné à une peine correctionnelle pour vol, escroquerie, abus de confiance ou attentat aux mœurs.

Nous, Maire du chef-lieu du canton d
après avoir reconnu la régularité des pièces produites par le sieur (15) lui avons donné lecture :

1° Des articles 5, 32, 33, 34 de la loi du 21 mars 1832;

2° Des articles 17 et 18 de l'ordonnance royale du 23 avril 1832, lesquels ordonnent de faire conduire de brigade en brigade, par la gendarmerie, les engagés volontaires trouvés hors de la route qui leur est tracée, et de poursuivre comme insoumis ceux qui ne se rendent pas à leur destination dans les délais prescrits;

3° De l'article 1er de l'ordonnance du 15 janvier 1857, d'après lequel les engagés volontaires doivent contracter, sous le rapport de leur incorporation dans l'armée, les mêmes obligations que celles imposées aux jeunes soldats appelés sous les drapeaux par la loi du recrutement, et seront, par conséquent, toujours susceptibles d'être changés de corps, sans distinction d'arme, toutes les fois que l'autorité militaire le prescrira (a);

4° Des articles 11, 12 et 13 de la loi du 26 avril 1855 (16).

Après quoi nous avons reçu l'engagement du sieur (17)

Lequel a promis de servir avec fidélité et honneur pendant sept ans, durée de l'engagement volontaire, aux termes de l'article 33 de la loi du 21 mars 1832 et des articles 11 et 13 de la loi du 26 avril 1855, à partir de ce jour.

Lecture faite audit sieur (18)
et aux deux témoins ci-dessus dénommés, du présent acte, ils ont signé avec nous (19).

(a) Voir, au sujet des changements de corps, le décret du 8 janvier 1865 et la dépêche du ministre de la guerre du 16 janvier 1865, ainsi que la dépêche du ministre de la marine du 29 avril 1865. — Ces documents sont insérés dans le présent recueil.

---

(11) Si ce n'est pas un acte de naissance que l'engagé produit, on énoncera le titre qu'il présentera, conformément à l'article 46 du Code Napoléon.

(12) Indication du jour, du mois et de l'année de la naissance (en toutes lettres).

(13) Indiquer la commune.

(14) Nom de l'engagé.

(15) Nom et prénoms de l'engagé.

(16) Lorsqu'un arrêté du ministre de la guerre aura augmenté les obligations fixées par l'article 12 de la loi du 26 avril 1855, il en sera donné connaissance à l'engagé, et l'acte d'engagement devra constater ici qu'il lui en a été fait lecture.

(17) Nom et prénoms de l'engagé.

(18) Nom et prénoms de l'engagé.

(19) Si l'engagé ou les témoins ne peuvent signer, il sera fait mention de la cause qui les en empêche, conformément à l'article 39 du Code Napoléon.

(20) Nom et prénoms de l'engagé.

Le Sous-Intendant militaire certifie que le sieur (20)
, qualifié dans l'acte qui précède, a droit à recevoir du
préposé de la caisse des dépôts et consignations à
pour le compte de la Dotation de l'armée, la somme de

A   , le   18

Nota. Le préposé de la caisse des dépôts et consignations certifie, au bas de l'expédition de l'acte d'engagement dont l'engagé est porteur, lui avoir payé la somme (en toutes lettres) qui lui revenait.

L'engagé volontaire, de son côté, donne quittance de la somme (en toutes lettres) qu'il a reçue du préposé de la caisse des dépôts et consignations, au bas de l'expédition de l'acte d'engagement adressée à ce fonctionnaire par le sous-intendant militaire.

Loi du 26 avril 1855.
Article 68 du Règlement.

MODÈLE Nº 15.

DÉPARTEMENT d

CANTON d

Liste nominative des hommes qui se présentent pour être admis dans l'armée comme remplaçants par voie administrative.

NUMÉROS D'ORDRE.	DATE DE L'INSCRIPTION.	NOMS, PRÉNOMS ET SURNOMS.	DATE et LIEU DE NAISSANCE (a).	DOMICILE.
1	2	3	4	5

(a) Indiquer la commune et le département.

(b) Indication du nom de la commune chef-lieu de canton.

(c) Indication du mois et de l'année.

(d) Apposer ici le cachet de la mairie.

PROFESSION.	TAILLE.	INDICATION de l'arme dans laquelle il a déjà servi.	DÉSIGNATION et nombre des pièces produites.	SIGNATURE DES HOMMES qui se présentent pour être admis à remplacer. Nota. Ceux qui ne sauront pas signer apposeront une croix.
6	7	8	9	10

A (b)   , le 1ᵉʳ (c)   18

Le Maire,

(b)

10.

Loi du 26 avril 1855.
Articles 64
et 65 du Règlement.

MODÈLE N° 14.

Acte de remplacement par voie administrative.

(1) Date de la comparu-
tion devant le sous-intendant militaire.
(2) Indiquer le départe-
ment.

(3) Nom et prénoms du
remplaçant.

CEJOURD'HUI (1)   , Nous, Sous-
Intendant militaire chargé du service du recrutement dans le département
d (2)   , stipulant au nom et pour le compte
de la dotation de l'armée, attestons qu'il résulte du procès-verbal de la séance
du   , que la commission spéciale de
remplacement ayant reconnu que le sieur (3)
fils d   et d   , domicilié
à   , canton d   , départe-
tement d   , né le
à   , canton d   , département
d   , résidant à   , canton
d   , département d
cheveux   , sourcils   , yeux   , front
nez   , bouche   , menton   , visage
teint   , taille d'un mètre   millimètres, profession
d   , réunissait toutes les conditions requises pour
le service militaire, a donné son consentement à son admission comme remplaçant pour le compte de la Dotation de l'armée;

Attestons, en outre, avoir fait connaître au sieur (3)
que le prix du remplacement par voie administrative, au compte de la dotation de l'armée, a été fixé, pour l'année 18   , par l'arrêté du ministre de la
guerre en date du   18   , à la somme totale
de (4)   francs, payable (5)

(4) Indiquer cette somme
en toutes lettres.
(5) Indiquer le mode de
payement déterminé par
l'arrêté du ministre de la
guerre (selon qui est relaté
dans l'acte).

En conséquence, et après nous être assuré que le sieur (3)
, ici présent, consent à servir de remplaçant pendant la durée
de   ans, à dater du   , aux conditions ci-
dessus stipulées, et qu'il s'engage à remplir toutes les obligations qui lui sont
imposées par les lois et les règlements, nous avons dressé le présent acte
qu'il a signé avec nous (6), après lecture.

(6) Si le remplaçant ne
sait pas signer, il en sera
fait mention et il apposera
sa croix.

Fait à   , le   18

Le Sous-Intendant militaire,

(1) Nom et prénoms du remplaçant.

Le Sous-Intendant militaire certifie que ledit (1) qualifié dans l'acte qui précède, a droit à recevoir du préposé de la caisse des dépôts et consignations à   pour le compte de la dotation de l'armée, la somme de

A , le   18

Note. Le préposé de la caisse des dépôts et consignations certifie, au bas de l'acte de remplacement dont le remplaçant est porteur, lui avoir payé la somme (en toutes lettres) qui lui revenait.

Le remplaçant, de son côté, donne quittance de la somme (en toutes lettres) qu'il a requise du préposé de la caisse des dépôts et consignations, au bas de l'expédition de l'acte de remplacement adressée à ce fonctionnaire par le sous-intendant militaire.

Loi du 26 avril 1855.
Article 64 du Règlement.

MODÈLE N° 15

Bordereau des pièces à produire selon que le remplacement a lieu entre frères,
entre beaux-frères, entre oncle et neveu ou entre cousins germains.

INDICATION DU DEGRÉ DE PARENTÉ.	INDICATION DES PIÈCES A PRODUIRE.
1° Frères	L'acte de naissance de chacun d'eux.
2° Beaux-frères	L'acte de naissance de chacun des deux beaux-frères, l'acte de mariage et l'acte de naissance de la sœur mariée.
3° Oncle et neveu	L'acte de naissance du neveu, l'acte de naissance de son père ou de sa mère, l'acte de naissance de l'oncle.
4° Cousins germains	L'acte de naissance de chacun des cousins germains; l'acte de naissance du père ou de la mère de chacun d'eux; l'acte de mariage de l'auteur commun (sauf le cas de parenté naturelle).

Avec les pièces indiquées ci-dessus pour chaque catégorie, il devra être produit un certificat de trois pères de famille domiciliés dans le canton, et pères de jeunes gens ayant été appelés, ou ayant été appelés, lequel fera connaître le degré de parenté existant entre le remplaçant et le remplacé.

MODÈLES

ANNEXÉS A L'INSTRUCTION MINISTÉRIELLE

EN DATE DU 30 JANVIER 1856

DÉPENSE
IMPUTABLE À LA CAISSE
de la
DOTATION DE L'ARMÉE.

PRIME
DE RENGAGEMENT

TRIMESTRE 18

MODÈLE A

Désigner { le corps....................
{ le bataillon....................
{ la compagnie, l'escadron,
  la batterie ou la sec-
  tion....................

Loi du 26 avril 1855.
Instruction ministérielle
du 16 janvier 1856, n° 1.

Feuille individuelle pour servir à constater le payement de la prime de rengagement à un militaire du corps.

NUMÉROS		NOMS, PRÉNOMS et surnoms.	GRADE.	DATE de la NAISSANCE.	DURÉE du SERVICE accompli.	DATE à partir de laquelle commence à courir le rengagem'	MUTATION (1).	MONTANT de la prime.	DATE du PAYEMENT.	ÉMARGEMENT portant QUITTANCE (2).
du contrôle général	du registre matricule.									

(1) On indiquera dans cette colonne le montant des à-compte perçus sur la prime.

(2) L'officier de semaine signera pour les hommes qui ne pourront remplir cette formalité.

(3) Trésorier, officier payeur, capitaine commandant ou officier d'administration, suivant le cas.

(4) Pour les corps où est employé cette.

Certifié par nous (3)

la présente feuille individuelle, s'élevant à la somme de

A   le   18

Vu par nous, Major (4), pour autorisation de payement.

Vu et vérifié, après payement, par nous, Sous-Intendant militaire chargé de la surveillance administrative du corps.

DÉPENSE
imputable à la caisse
de la
DOTATION DE L'ARMÉE.

HAUTE PAYE
de
réengagement.

MOIS

MODÈLE E.

Loi du 16 avril 1855.
Instruction ministérielle
du 16 janvier 1856, n° 1.

Désigner...
le corps.....................
le bataillon...............
la compagnie, l'escadron,
la batterie ou la sec-
tion.

Feuille de dépense du   *du*   *18*

NOMBRE				MONTANT de LA DÉPENSE	OBSERVATIONS
D'hommes jouissant de la haute paye		DE JOURNÉES			
à 5 centimes.	à 10 centimes.	à 15 centimes.	à 20 centimes.		

(a) Grade de l'officier commandant.
(b) La compagnie, l'escadron, la batterie ou la section.

CERTIFIÉ pour nous (a)   , Commandant (b)
la présente feuille de dépense, montant à la somme de

dont quittance.

À   le   18

Dotation de l'armée.

DÉPENSE
imputable à la caisse
de la
DOTATION DE L'ARMÉE.

HAUTE PAYE
de
rengagement.

TRIMESTRE de

MODÈLE C.

Désignez le corps
ou
la portion de corps.

Loi du 26 avril 1855.
Instruction ministérielle
du 1ᵉʳ janvier 1856, n° 1.

Feuille numérique des sous-officiers, caporaux ou brigadiers et soldats auxquels la haute paye de rengagement a été allouée pendant les mois d   18   .

	EFFECTIF DES HOMMES jouissant de la haute paye		NOMBRE DE JOURNÉES de haute paye	
	à 10 centimes	à 20 centimes	à 10 centimes	à 20 centimes
Effectif des hommes présents au 1ᵉʳ jour du trimestre et nombre de journées qu'il en résulte				
À augmenter par suite des mutations et des rengagements survenus pendant le trimestre, d'après l'état ci-joint				
TOTAUX				
À diminuer pour les autres motifs				
Effectif au dernier jour du trimestre et totaux des journées de haute paye				

DÉCOMPTE.

	MONTANT DE LA DÉPENSE
Journées à 10 centimes	
Journées à 20 centimes	
TOTAL	

(1) Trésorier, officier payeur, capitaine commandant, ou officier d'administration, suivant le cas.
(2) Pour les corps où cet emploi existe.

Certifié par nous (1)   la présente feuille numérique, s'élevant à la somme de

A   , le   18   .

Vu par nous, Major (2), et reconnu conforme au contrôle général du corps.

Vu et certifié par nous, Sous-Intendant militaire chargé de la surveillance administrative du corps.

DÉPENSE
IMPUTABLE À LA CAISSE
de la
DOTATION DE L'ARMÉE

HAUTE PAYE
de
RENGAGEMENT.

TRIMESTRE 18

MODÈLE D.

Désigner le corps
ou
la portion du corps.

Loi du 26 avril 1855.
Instruction ministérielle
du 16 janvier 1856, n° 1.

État nominatif des militaires ayant droit à la haute paye de rengagement, qui ont éprouvé des mutations pendant les mois d   18   .

NUMÉROS.			NOMS, PRÉNOMS et PRÉNOMS	GRADES.	MUTATIONS et MOUVEMENTS.	RÉSULTAT			
Matricule.	Compagnies, escadrons, batteries ou portions.	Contrôle général.	Contrôle matricule.			en AUGMENTATION.		en DIMINUTION.	
						Effectif.	Nombre de journées de haute paye.	Effectif.	Nombre de journées de haute paye.
			TOTAUX						

(1) Trésorier ou officier payeur du corps, capitaine commandant la compagnie, ou officier d'administration, suivant le cas.
(2) Pour les corps où cet emploi existe.

Vu par nous, Major (2), et reconnu conforme au contrôle général du corps.

CERTIFIÉ par nous (1)

A   , le   18

Vu et vérifié par nous, Sous-Intendant militaire chargé de la surveillance administrative du corps.

DÉPENSE
imputable à la caisse
de la
DOTATION DE L'ARMÉE.

PRIME ET HAUTE PAYE
de rengagement.

TRIMESTRE 18

PIÈCES JUSTIF.

Désigner le corps
ou
la portion de corps.

MODÈLE F.

Loi du 26 avril 1855.
Instruction ministérielle
du 28 janvier 1856, n° 1.

*Bordereau récapitulatif des avances faites pour le payement de
la prime et de la haute paye de rengagement pendant le mois
d   18*

EFFECTIF DES HOMMES					HAUTE PAYE		MONTANT		TOTAL
qui ont reçu la prime					Nombre de journées		de la dépense		
à 100 fr.	à 200 fr.	à 300 fr.	à 400 fr.	à	à	à	Prime de rengagement.	Haute paye de rengagement.	
									Nota. Un double de ce bordereau sera adressé au ministre, dûment visé (bureau de révisions).

Certifié par nous, Membres du conseil d'administration dudit corps, le présent bordereau, montant à la somme d

A   , le   18

VU et VÉRIFIÉ par nous, Sous-Intendant militaire chargé de la surveillance administrative du
le présent bordereau, s'élevant à la somme de
à payer à ce corps par le préposé de la caisse des dépôts et consignations le plus voisin de la place
d

A   , le   18

Reçu du Préposé de la caisse des dépôts et consignations à   la somme de
pour les causes énoncées ci-dessus.

A   , le   18

Les Membres du Conseil d'administration,

DÉPARTEMENT
d

ARRONDISSEMENT
d

Le tirage au sort a eu lieu
le   18

MODÈLE F.

CLASSE d

CANTON d

Loi du 28 avril 1855.
Instructions ministérielle
du 28 janvier 1856, n° 15.

Etat indiquant le nombre des jeunes gens inscrits sur la liste du tirage du canton d   , pour la classe de 18   .

DÉSIGNATION des communes composant le canton.	NOMBRE des jeunes gens de chaque commune inscrits sur la liste du tirage du canton.	NOMBRE des jeunes gens qui ont annoncé l'intention de s'engager.	OBSERVATIONS.
Total cases au nombre des jeunes gens du canton ayant participé au tirage au sort.			
Total des jeunes gens qui ont annoncé l'intention de s'engager............			

CERTIFIÉ véritable par nous, Sous-Préfet.

A   le   18

DIVISION
MILITAIRE.

PLACE d

<table>
<tr><td>

ᵉ DIVISION

MILITAIRE.

PLACE d

(1) Indiquer ici le corps, le bataillon, la batterie, l'escadron, la compagnie ou la section.

(2) Nom, prénoms et grade du déclarant.

(3) Grade du chef de corps.

(4) Désigner le corps.

(5) Si le déclarant ne sait pas signer, il apposera sa croix.

(6) Grade de l'officier.

(7) La compagnie, la section, l'escadron ou la batterie.

(8) Indiquer succinctement les motifs.

(9) Porter ici le maximum, approuvé ou rejeté.

</td><td>

MODÈLE G.

(1)

Déclaration pour l'admission à l'exonération, faite par le

S' (2)

Je, soussigné, déclare que je désire être admis à l'exonération du service par le versement de la prestation dont le taux a été fixé, pour l'année par l'arrêté du ministre de la guerre en date du   18

En conséquence, je demande que M. (3)

commandant le (4)   veuille bien me délivrer l'autorisation nécessaire à cet effet.

Fait à   , le   18

(*Signature du déclarant (5).*)

Vu et certifié par nous (6)
commandant (7)
la présente déclaration.

À   , le   18

Le (3)   commandant le (4)

déclare que la demande du S'   est (ou n'est pas) admissible (8).

À   , le   18

Vu et (9)

Le Général de brigade,

</td><td>

Loi du 26 avril 1855.
Instruction ministérielle
du 26 janvier 1856, n° 10.

</td></tr>
</table>

DIVISION
MILITAIRE

MODÈLE H.

Loi du 26 avril 1855.
Instruction ministérielle
du 16 janvier 1856, n° 32.

PLACE

(1)

État nominatif des militaires du corps qui ont contracté des rengagements, en conformité de la loi du 26 avril 1855, pendant le mois d   18

NUMÉROS		NOMS	GRADES.	DATE et lieu de la naissance.	TITRE en vertu duquel le militaire est lié au service au moment du rengagement.	DURÉE de service accompli.	DATE du rengagement.	DURÉE du rengagement.					ÉPOQUE à laquelle le rengagement commencera à courir.
d'ordre.	de la matricule.	et prénoms.						3 ans.	4 ans.	5 ans.	6 ans.	7 ans.	

(1) Désignation du corps.   À   le   18

Les Membres du conseil d'administration.

Vu :

*Le Sous-Intendant militaire
chargé de la surveillance administrative du corps.*

ᵉ DIVISION
MILITAIRE.

DÉPARTEMENT

MODÈLE 1

Loi du 26 avril 1855.
Instruction ministérielle
du 30 janvier 1856, n° 58.

État nominatif des anciens militaires qui, en conformité de la loi du 26 avril 1855, ont contracté des engagements volontaires après libération, pendant le mois d   18   .

NUMÉROS d'ordre.	NOMS et prénoms.	DATE de la naissance.	DATE de l'engagement.	DURÉE de l'engagement.	SOMMES payées sur la prime d'engagement.	CORPS sur lequel ces hommes ont été dirigés.	OBSERVATIONS.

CERTIFIÉ VÉRITABLE !

A   , le   18   .

Le Sous-Intendant militaire chargé du service du recrutement,

DÉPARTEMENT
d

MODÈLE J.

Loi du 28 avril 1855.
Instruction ministérielle
du 16 janvier 1856, n° 38.

Relevé numérique des hommes inscrits pour être admis dans l'armée comme remplaçants par voie administrative.

	NOMBRE DE									TOTAL
	AGRI-CULTEURS ou bourre-liers.	MARÉ-CHAUX.	CHAR-PEN-TIERS.	TAIL-LEURS d'habits.	CORDON-NIERS ou bottiers.	OU-VRIERS en fer.	OU-VRIERS en bois.	BAT-TELIERS ou mari-niers.	EXER-ÇANT d'autres pro-fessions.	par degrés de taille.
1m,75e et au-dessus										
1.73e										
1.70e										
1.69										
1.62										
1.58										
1.56										
TOTAUX										

À   , le   18   .

Le Sous-Intendant militaire chargé du service du recrutement,

DÉPARTEMENT

d

MODÈLE K.

Loi du 26 août 1855.
Instruction ministérielle
du 26 janvier 1856, n° 39.

CONVOCATION.

(1) Nom et prénoms.

Le nommé (1)   domicilié à
canton d   qui s'est fait inscrire pour être admis dans
l'armée comme remplaçant par voie administrative, est prévenu que la commission spéciale de remplacement, appelée à statuer définitivement sur son
admission, se réunira à   , le   18
à   heure   d   , dans le lieu habituel de ses séances.

Le nommé   est, en conséquence, invité à se rendre
à   au jour indiqué ci-dessus. À son arrivée, il
devra se présenter au bureau du Sous-Intendant militaire chargé du service
du recrutement.

À   , le   18

Le Sous-Intendant militaire chargé du service du recrutement,

MODÈLE L.

DIVISION
MILITAIRE.

DÉPARTEMENT

Loi du 26 avril 1855.
Instruction ministérielle
du 26 janvier 1856, n° 46.

MODÈLE L.

Liste nominative des hommes qui, en conformité de la loi du 26 avril 1855, ont contracté des remplacements par voie administrative pendant le mois d   18

NUMÉROS d'ordre.	NOMS ET PRÉNOMS.	DATE de l'acte de remplacement.	PRIX du remplacement.	SOMMES payées sur le prix du remplacement.	CORPS aux quels le remplaçant a été dirigé.	OBSERVATIONS.

NOTA. La copie de cette liste, remise au sous-intendant militaire par le commandant du dépôt de recrutement, est certifiée par cet officier et visée par le sous-intendant militaire, qui l'envoie au ministre.

CERTIFIÉ VÉRITABLE :

           , le   18

Les Membres de la commission spéciale de remplacement.

Loi du 26 avril 1855.
Instruction ministérielle
du 18 janvier 1855, n° 40.

DIVISION MILITAIRE

DÉPARTEMENT

MODÈLE M.

État numérique des remplaçants admis par la commission spéciale de remplacement pendant le mois d   18   .

DÉSIGNATION DES ARMES dans lesquelles LES REMPLAÇANTS ont été admis.	NOMBRE DE REMPLAÇANTS			OBSERVATIONS.
	AYANT SERVI.	N'AYANT PAS SERVI.	TOTAL.	
Infanterie.........................				
Cavalerie...........................				
Artillerie...........................				
Génie................................				
Équipages militaires..........				
Totaux................				

CLASSEMENT DES REMPLAÇANTS DÉSIGNÉS CI-DESSUS,
sous le rapport

de l'âge.		de la taille.		de la profession.	
De 20 à 25 ans...		De 1m,58 à 1m,68...		Ouvriers........ { en bois...	
		De 1m,68 à 1m,70...		en fer...	
De 25 à 30...		De 1m,70 à 1m,73...		en cuir...	
		De 1m,73 à 1m,76...		en métaux...	
De 30 à 35...		De 1m,76 et au delà...		Maçons, carriers, etc...	
				Laboureurs et manœuvres...	
				Sans profession ou étrangers aux professions ci-dessus...	
Totaux......		Totaux......		Totaux......	

Vu :

Le Sous-Intendant militaire
chargé du service du recrutement,

                    A   , le   18   .

CERTIFIÉ VÉRITABLE :

Le Commandant du dépôt de recrutement.

Loi du 26 avril 1855.
Instruction ministérielle
du 26 janvier 1856, n° 45.

DÉPARTEMENT
d

CANTON
d

COMMUNE
d

MODÈLE S

CERTIFICAT de trois pères de famille domiciliés dans le canton et pères de jeunes gens soumis à l'appel ou ayant été appelés, pour constater le degré de parenté d'un jeune soldat qui demande à se faire remplacer, conformément à l'article 10 de la loi du 26 avril 1855, par un frère, un beau-frère, un oncle, un neveu ou un cousin germain.

Nous soussignés (1)

pères de jeunes gens soumis à l'appel ou ayant été appelés
  Certifions que le nommé (2)
                                              né le (3)
fils de (4)   et de (5)
                                              domiciliés à (6)
                                       canton d (6)
département d (6)
compris dans le contingent de la classe de 18   sous le n° (7)
est (8)   du nommé (10)
né le (11)   fils de (12)
                                       et de (13)
domiciliés à (14)   canton d (14)
                                       département d (14)
et que, pour ce motif, ledit (19)   peut être admis à remplacer
le nommé (2)   en conformité de l'article 10
de la loi du 26 avril 1855.

  Fait à (15)   , le   18

                    APPROUVÉ par nous, Maire de la
                  commune du jeune soldat.

                          À   , le   18

Vu par le Sous-Préfet de l'arrondissement d

---

(1) Noms, prénoms et domicile des trois pères de famille.
(2) Nom et prénoms du jeune soldat.
(3) Date de sa naissance.
(4) Indiquer les nom et prénoms du père du jeune soldat.
(5) Indiquer les nom et prénoms de la mère.
(6) Indiquer la commune, le canton et le département.
(7) Indiquer le numéro du tirage.
(8) Indiquer si le jeune soldat est frère, beau-frère, oncle, neveu ou cousin germain.
(10) Nom et prénoms du remplaçant.
(11) Indiquer la date de la naissance.
(12) Nom et prénoms du père.
(13) Nom et prénoms de la mère.
(14) Indiquer la commune, le canton et le département.
(15) Nom de la commune.

B. O. p. 168.

L'Amiral Ministre de la marine aux Préfets maritimes, Officiers généraux et autres, commandant à la mer, Commissaires généraux de la marine, Conseils d'administration des divisions et des bâtiments, Trésoriers des invalides.

(Direction du personnel : bureau de la solde, des revues, etc., et établissement des invalides : bureau des invalides et des pensions.)

Paris, le 13 mars 1856.

Instructions concernant le payement des primes et hautes payes de rengagement aux marins rengagés ou engagés après libération, et l'intervention de la caisse des invalides dans ces sortes de payements faits pour le compte de la dotation de l'armée.

Messieurs, par circulaire en date du 14 février dernier, je vous ai fait parvenir, avec mes instructions générales, des exemplaires du décret du 9 janvier dernier, portant règlement d'administration publique pour l'exécution de la loi du 26 avril 1855, relative à la création d'une dotation de l'armée, au rengagement, au remplacement et aux pensions militaires.

Les dispositions de la circulaire précitée, et celles des actes qui s'y trouvent annexés, ne comportent pas de développements en ce qui concerne leur application aux corps de troupe de la marine, dont l'organisation est calquée sur celle des corps de l'armée de terre. Mais il m'a paru nécessaire de vous adresser quelques indications complémentaires sur les formes à employer pour le payement des primes et hautes payes de rengagement attribuées aux marins provenant des appels. Cette dernière catégorie comprend les hommes incorporés dans les corps de la marine qui ne disposent pas de fonds propres pour leur administration intérieure (*équipages de ligne ; mécaniciens et chauffeurs ; infirmiers permanents*).

Les allocations attribuées par la loi du 26 avril 1855 aux rengagés et aux engagés volontaires, après libération, se composent :

1° De primes et d'annuités, dont la quotité est déterminée chaque année par un arrêté du ministre de la guerre ;

2° De hautes payes de rengagement, invariablement fixées, suivant le cas, à dix et à vingt centimes par jour.

PAYEMENT DES PRIMES DE RENGAGEMENT.

§ Ier. La première portion de la prime de rengagement, payable au jour du rengagement, sera acquittée, après la signature de l'acte, par le trésorier des invalides de la marine du port, sur production d'une feuille individuelle, conforme au modèle A, annexé à la présente circulaire, page 99.

Les feuilles individuelles seront établies par les conseils d'administration des divisions ou des bâtiments. Après avoir été visées et vérifiées par le commissaire aux armements, elles seront transmises au commissaire de l'inscription maritime qui demeurera chargé d'en faire acquitter le montant entre les mains du titulaire, par le trésorier des invalides. Ces feuilles seront signées, pour quittance, au moment même du payement.

Il sera ouvert, tant au bureau de l'inscription maritime que chez le trésorier des invalides, un compte spécial, sous le titre *Avances à la caisse de la dotation de l'armée*, lequel comprendra tous les payements effectués, pour ce service, par l'intermédiaire de la caisse des invalides et les remboursements qui seront faits à ladite caisse. Pour ces sortes d'opérations, on suivra le mode qui est en usage à l'égard du compte accessoire : *Avances au service marine*.

§ II. Les portions de primes et les annuités qui sont payables aux marins, soit pendant le cours du service, soit au moment de la libération, leur seront payées après leur retour dans un port de France, dans les formes indiquées ci-dessus, et sous les conditions générales déterminées par la loi et par le règlement d'administration publique.

En cas de décès, la part de ces primes ou annuités, proportionnelle à la durée du service accompli, sera payée directement aux héritiers ou ayants cause, par la caisse des dépôts et consignations. A cet effet, les commissaires aux armements feront connaître à la direction générale de cette caisse, d'après les indications qui leur auront été fournies par les conseils d'administration, le montant de la somme due aux marins ou à leurs héritiers.

§ III. La constatation des sommes dues pour hautes payes de rengagement sur les fonds de la dotation de l'armée sera opérée au titre des divisions ou des bâtiments à bord desquels ces sommes auront été acquises.

§ IV. Pour les marins présents en France, les hautes payes de rengagement seront payées à terme échu, aux mêmes époques que la solde, par l'intermédiaire de la caisse des invalides, et sur la quittance des conseils d'administration.

Ces payements donneront lieu à l'établissement, par les conseils d'administration et d'après le modèle B ci-annexé, page 100, d'états nominatifs qui, après avoir été vérifiés et visés par le commissaire aux armements, seront transmis au commissaire de l'inscription maritime, ainsi qu'il a été dit ci-dessus pour le payement des primes et annuités.

§ V. Les sommes qui seraient dues, pour hautes payes de rengagement, aux marins en cours de campagne, seront constatées et payées à l'expiration de chaque exercice. A cet effet, les conseils d'administration de bord adresseront, en double expédition, avec la feuille de journée du bâtiment, au commissaire aux armements chargé de la tenue du rôle, un état récapitulatif conforme au modèle C, page 101, indiquant, d'une part, les sommes acquises pendant l'année par les marins qui ont fait partie de l'équipage, et, d'une autre part, les sommes qui ont été payées auxdits marins pendant le même temps. Cet état fera ressortir individuellement la somme restant à payer au titre de l'exercice et du bâtiment.

Après vérification de l'état mentionné ci-dessus, le commissaire aux armements dressera, dans la même forme, pour la partie des allocations restant à acquitter, un état de payement qu'il transmettra au commissaire de l'inscription maritime. Celui-ci fera opérer, par le trésorier des invalides, le versement des sommes dues à la caisse des gens de mer, au profit des ayants droit absents.

§ VI. Lorsque des marins seront débarqués en cours de campagne pour être renvoyés en France, un bulletin indiquant leur situation, au titre de la dotation de l'armée, sur le bâtiment qu'ils quittent, sera immédiatement adressé, par le conseil d'administration, au commissaire aux armements chargé de la tenue du rôle de ce bâtiment.

Le commissaire aux armements, à la réception du bulletin, pourvoira à la liquidation et au payement des sommes dues, dans la forme indiquée au paragraphe précédent.

ÉCRITURES À SUIVRE DANS LES DIVISIONS ET À BORD DES BÂTIMENTS.

§ VII. Pour assurer l'exécution des dispositions qui précèdent, les conditions dans lesquelles les rengagés et les engagés volontaires après libération se trouveront placés, sous le double rapport du recrutement et des allocations qui en découlent, devront être mentionnées avec soin sur les rôles, contrôles, livrets et livres de compagnie.

Les mêmes indications seront reproduites sur les billets de destination pour les hommes qui changent de bâtiment, et, par suite, sur les états de mutations que les conseils de bord ont à faire parvenir aux commissaires aux armements.

§ VIII. Les conseils d'administration tiendront, d'après le modèle D ci-annexé, page 103, un compte destiné à présenter individuellement la situation des marins qu'ils administrent, au point de vue des allocations à leur payer au titre de la dotation de l'armée.

À bord des bâtiments, cette situation sera établie à la suite du rôle d'équipage. Le double en sera suivi sur les rôles des détails des armements, par les soins des commissaires, qui recevront à cet effet, comme pour les payements de solde, une expédition des feuilles individuelles et des états de hautes payes établis par les conseils d'administration.

§ IX. Les sommes payées aux conseils d'administration pour le compte de la dotation de l'armée seront inscrites sur leur livret au fil du payement, dans une section séparée, par les soins des trésoriers des invalides.

Il sera fait, en outre, inscription sommaire de ces sommes dans une colonne spéciale, au livre journal de chaque division et bâtiment, et leur emploi sera justifié dans la forme prescrite pour les dépenses de solde.

Les sommes remises aux marins seront également inscrites sur leurs livrets individuels, dans une section distincte qui sera arrêtée aux époques réglementaires par les capitaines de compagnie.

§ X. En ce qui concerne les infirmiers permanents à terre, les obligations imposées aux conseils d'administration par la présente instruction seront remplies par l'agent comptable des hôpitaux, sous le visa du commissaire de marine chargé de ce détail.

REMBOURSEMENT DES AVANCES FAITES PAR LA CAISSE DES INVALIDES.

Aux termes de l'article 82 du Règlement d'administration publique, les avances faites par la caisse des invalides pour le compte de la dotation de l'armée seront remboursées à ladite caisse, entre les mains des trésoriers des invalides, par le receveur général ou le receveur particulier du port où les avances ont été effectuées.

Ce remboursement sera opéré sur la présentation d'un bordereau récapitulatif desdites avances, délivré par le trésorier des Invalides et arrêté par le commissaire de l'inscription maritime, conformément au modèle E ci-annexé, page 104. A ce bordereau seront rattachés les feuilles individuelles ou les états nominatifs qui ont servi à constater le payement.

Il sera écrit ultérieurement, sous le timbre *Administration centrale des invalides*, quant aux dispositions qui seraient à exécuter dans les ports pour ce qui regarde les pensions dont il est traité aux articles 74, 75, 76 et 83 du Règlement d'administration publique.

Je compte, Messieurs, sur une attention soutenue pour la ponctuelle exécution des dispositions qui font l'objet de la présente circulaire.

Recevez, etc.

L'Amiral Ministre Secrétaire d'État de la marine et des colonies,

Signé HAMELIN.

DÉPENSE
IMPUTABLE À LA CAISSE
de la
DOTATION DE L'ARMÉE.

PRIME
DE RENGAGEMENT

PORT

MODÈLE A.
(Marine.)

Désigner { le corps............. }
{ la division
ou le bâtiment. }

Loi du 16 mai 1835.
Instruction ministérielle
du 15 août 1836.

 TRIMESTRE.

Feuille individuelle pour servir à constater le payement de la prime de rengagement au marin dénommé ci-après.

NUMÉRO		NOMS, PRÉNOMS et surnoms.	GRADES.	DATE de la naissance.	DURÉE du service accompli.	DATE à partir de laquelle commence à courir le rengagement.	MUTATION (1)	MONTANT de la prime.	DATE du payement. (2)	CHARGEMENT portant DÉCHARGE. (3)
du rôle.	du registre matricule.									

(1) On indiquera dans cette colonne le montant d'à-compte payé sur la prime.

(2) Date du payement opéré par le trésorier des invalides.

(3) La quittance sera donnée dans le chargement des invalides au moment du payement.

Vu et vérifié, avant payement, la présente feuille individuelle, qui est transmise à M. le Commissaire de l'inscription maritime,

A   , le   18   .

Le Commissaire aux armements,

Certifié par nous, Membres du conseil d'administration
de   la présente feuille individuelle,
s'élevant à la somme de

A   , le   18   .

Vu la présente feuille, s'élevant à
à payer par le trésorier des invalides de la marine, à titre d'avance remboursable par la caisse de la dotation de l'armée.

A   , le   18   .

Le Commissaire de l'inscription maritime.

13.

DÉPENSE
IMPUTABLE À LA CAISSE
de la
DOTATION DE L'ARMÉE.

HAUTE PAYE
DE RENGAGEMENT.

PORT
de

MODÈLE B.
(Marine.)

Désigner { le corps.............
la division
ou le bâtiment.

Loi du 26 avril 1855.
Instruction ministérielle
du 15 mars 1855.

MOIS

Modèle pour le payement
des marins présents dans
un port de France.

État nominatif des marins ayant droit au payement de la haute paye de rengagement.

NUMÉROS		NOMS,	GRADES.	PÉRIODE	NOMBRE		MONTANT
de la pièce	du registre matricule.	PRÉNOMS et SURNOMS.		pour laquelle la haute paye est due.	DE JOURNÉES DE PRÉSENCE et d'absence légale donnant droit à la haute paye		DE LA DÉPENSE.
					de 10 centimes.	de 5 centimes.	
						TOTAL......	

CERTIFIÉ par nous, Membres du conseil d'administration de
le présent état, s'élevant à la somme de
A   le   18

VU et VÉRIFIÉ, avant payement, le présent
état, qui est transmis à M. le Commissaire de
l'inscription maritime.
A   , le   18
Le Commissaire aux armements.

Vu le présent état, s'élevant à la somme
de   à payer par le
trésorier des invalides de la marine, à titre
d'avance remboursable par la caisse de la dotation
de l'armée.
A   , le   18
Le Commissaire de l'inscription maritime.

Pour acquit de la somme de
A   , le.   18
Les Membres du conseil d'administration.

DÉPENSE
imputable à la caisse
de la
DOTATION DE L'ARMÉE.

HAUTE PAYE
DE RENGAGEMENT

PORT

MODÈLE C.
(Marine.)

Désignation du bâtiment...

Loi du 26 avril 1855.
Instruction ministérielle
du 13 mars 1856.

EXERCICE 18

Modèle concernant le
payement des hautes payes
dues aux marins en cours de
campagne.

État nominatif des marins qui font ou qui ont fait partie de l'équipage du bâtiment ci-dessus désigné, faisant connaître : 1° le montant des sommes acquises pour hautes payes de rengagement pendant l'année 18   ; 2° le montant des sommes qui leur ont été payées au même titre pendant le cours de ladite année; 3° les sommes restant à leur payer en fin d'exercice.

NUMÉRO		NOMS, PRÉNOMS et surnoms.	GRADES.	MUTATION influant sur le décompte des hautes payes.	NOMBRE de journées de présence et d'absence légale donnant droit à la haute paye.		MONTANT des sommes acquises.	MONTANT des payements déjà faits.	RESTE à payer.	OBSERVATIONS.
du rôle.	du registre consécutif.				de 12 centièmes.	de 20 centièmes.				
							Total.......			

Certifié par nous, Membres du conseil d'administration du

A   , le   18

Modèle de l'arrêté pour l'état de parfait payement à dresser par le Commissaire aux armements.

CERTIFIE le présent état, montant à la somme de

que M. le Commissaire de l'inscription maritime est prié de faire déposer à la caisse des gens de mer, au profit des marins ci-dessus dénommés

A   , le   18

Le Commissaire aux armements,

Vu le présent état, s'élevant à la somme de   que M. le Trésorier des invalides de la marine est invité à déposer à la caisse des gens de mer, au profit des ayants droit, sauf remboursement ultérieur de ladite somme à la caisse des invalides par la caisse de la dotation de l'armée.

A   , le   18

Le Commissaire de l'inscription maritime,

Le Trésorier des invalides certifie avoir fait le dépôt à la caisse des gens de mer, au profit des ayants droit, de la somme mentionnée ci-dessus.

A   , le   18

Nota. Cet état, portant décharge, est accompagné d'un état de remise à la caisse des gens de mer, dressé par le Commissaire aux armements.

MODÈLE G.
(Marine.)

Compte courant des allocations payables sur la caisse de la dotation de l'armée.

NUMÉROS d'ordre.	NOMS, PRÉNOMS et surnoms. — Position du marin sous le rapport du recrutement et des allocations qui en découlent.	GRADES.	Epoques influant sur la désignation des hautes payes de propagande.	JOURNÉES de présence et d'absence légale donnant droit à la haute-paye.		DÉCOMPTES des sommes auxquelles					PAYEMENTS faits pendant l'année.			OBSERVATIONS.
				de présent.	de absent.	pour hautes payes de propagande.	pour primes et annuités.	TOTAL.	AVOIR.	DÉPENSE.	Hautes payes.	Primes et annuités.	TOTAL.	

DÉPENSE
imputable à la caisse
de la
DOTATION DE L'ARMÉE.

PRIME ET HAUTE PAYE
DE RENGAGEMENT.

PIÈCES JOINTES.

MODÈLE I.
(Marine.)

PORT d

Loi du 26 août 1852.
Instruction ministérielle
du 15 mars 1846.

*Bordereau récapitulatif des avances faites par la caisse des invalides
de la marine à   , pour le payement
de la prime et de la haute paye de rengagement pendant le mois
d   18   .*

EFFECTIF DES HOMMES					HAUTE PAYE.		MONTANT		TOTAL.
QUI ONT REÇU LA PRIME					NOMBRE de journées.		DE LA DÉPENSE.		
à 100 fr.	à 150 fr.	à 200 fr.	à 300 fr.	à	à 10 cent.	à 20 cent.	Prime de rengagement	Haute paye de rengagement	

Un double de ce borde-
reau sera adressé en mi-
nistre sans pièces, avec le
timbre Invalides, pour être
renvoyée au département
de la guerre.

CERTIFIÉ par nous, Trésorier des invalides de la marine le présent bordereau, montant à la somme de
        A   , le   18
VU et VÉRIFIÉ par nous, Commissaire de l'inscription maritime à
le présent bordereau, s'élevant à la somme de
à payer à la caisse des invalides par le préposé de la caisse des dépôts et consignations.
        A   , le   18   .

REÇU du Préposé de la caisse des dépôts et consignations à
la somme de   pour les causes énoncées ci-dessus.
        A   , le   18   .
                              Le Trésorier des invalides de la marine.

Le Ministre de la marine aux Préfets maritimes; Officiers généraux, supérieurs et autres, commandant à la mer; Commissaires généraux; Conseils d'administration des divisions. (B. O. p. 358.)

(Direction du personnel : bureau des corps organisés.)

Paris, le 29 avril 1856.

Les militaires et marins libérés du service ne peuvent être admis à contracter de nouveaux engagements s'ils ont plus de trente-cinq ans d'âge.

Messieurs, des doutes se sont élevés sur la question de savoir si, en présence des articles 11 et 13 de la loi du 26 avril 1855, les dispositions de l'article 2 de l'ordonnance du 18 avril 1832, qui interdisent aux anciens militaires, *âgés de plus de trente-cinq ans*, la faculté de se rengager, sont maintenues et demeurent par conséquent applicables à ceux de ces militaires qui, ayant été libérés depuis moins d'une année, demandent à contracter des engagements *après libération*.

Le décret du 9 janvier 1856 (portant règlement d'administration publique) résout *affirmativement* cette question.

En effet, l'article 52 du décret précité dispose d'une manière expresse *que les engagements volontaires après libération sont contractés sous les conditions prescrites par la loi du 21 mars 1832 et par l'ordonnance du 28 avril de la même année.*

Il résulte donc de ce qui précède que les militaires et marins libérés du service ne peuvent, dans aucun cas, être admis à contracter de nouveaux engagements *lorsqu'ils ont dépassé l'âge de trente-cinq ans.*

Veuillez notifier à qui de droit les dispositions contenues dans la présente circulaire.

Recevez, etc.

L'Amiral Ministre Secrétaire d'État de la marine et des colonies,
Signé HAMELIN.

(B. O. p. 542.)

LE MINISTRE DE LA MARINE AUX Préfets maritimes; Officiers généraux supérieurs et autres, commandant à la mer; Commissaires généraux et Conseils d'administration des divisions.

(Direction du personnel : bureau des corps organisés.)

Paris, le 1ᵉʳ mai 1856.

Catégories spéciales de marins du recrutement admises à participer aux avantages accordés par la loi du 26 avril 1855. Les engagements volontaires, après libération, des marins du recrutement, mécaniciens et chauffeurs, ne seront plus contractés à Paris.

MESSIEURS, la circulaire du 14 février 1856 a rendu applicables aux différents corps de l'armée de mer se recrutant par la voie des appels les dispositions récemment établies par la loi du 26 avril 1855 et par le décret du 9 janvier 1856, portant règlement d'administration publique.

J'ai été consulté sur la question de savoir si les bénéfices établis par cette nouvelle législation pouvaient être étendus aux *musiciens, élèves musiciens, tambours-majors, maîtres tambours, maîtres fifres, maîtres clairons, maîtres tailleurs, tambours, clairons, fifres et ouvriers tailleurs* des équipages de ligne.

J'ai reconnu, après examen, qu'il y avait utilité pour le service à donner à cette question une solution affirmative, sauf, toutefois, en ce qui concerne :

1° Les *tambours-majors, maîtres fifres* et *fifres*, dont il est question de supprimer prochainement les emplois, par suite de la mise à exécution du décret de réorganisation du personnel de la flotte;

Et 2° les *élèves musiciens*, attendu qu'il ne saurait y avoir aucun avantage à conserver dans les divisions des sujets qui, à l'expiration de leurs sept années de service, ne seraient pas parvenus à justifier de capacités suffisantes pour être définitivement employés comme *musiciens*.

En conséquence, j'ai décidé qu'il y aurait lieu d'ajouter aux catégories du personnel de la flotte déjà énumérées dans la circulaire du 14 février dernier :

Les musiciens,
Les maîtres tambours,
Les maîtres clairons,
Les tambours   ayant exercé ces fonctions au moins pendant la
Les clairons   dernière année de leur service.
Les maîtres tailleurs,
Et les ouvriers tailleurs.

Plusieurs propositions m'ont été soumises, ayant pour objet de décider qu'une certaine latitude serait laissée aux commandants des divisions pour autoriser le rengagement de marins qui, quelles que fussent d'ailleurs leurs fonctions, paraîtraient réunir toutes les conditions désirables pour faire un bon service. Je ne méconnais pas la valeur des considérations qui m'ont été présentées à ce sujet, mais un examen attentif de la question démontre que, dans la pratique, une semblable mesure pourrait entraîner des abus sérieux; je n'hésite donc pas à repousser formellement cette proposition et à maintenir dans leur entier les dispositions des paragraphes 8 et 9 de la circulaire du 14 février 1856.

Je reconnais, au surplus, que, parmi les marins demandant à se rengager, il peut se trouver des sujets dont l'aptitude professionnelle ne serait pas telle qu'il y eût avantage réel à les conserver dans la flotte, bien que satisfaisant d'ailleurs à toutes les conditions déterminées par la circulaire précitée, quant à la *spécialité et à la durée de leurs services antérieurs* (tel serait, par exemple, le cas de *gabiers* n'ayant rempli ces fonctions qu'à bord de bâtiments à vapeur); mais je dois rappeler ici que, dans l'esprit du législateur, la loi du 26 avril 1855 a laissé à l'État le *droit absolu* de subordonner aux convenances du service la réadmission ou le maintien à l'activité des militaires et marins, quand bien même ceux-ci rempliraient toutes les conditions exigées de provenance et de capacité individuelle. De ce principe fondamental, énoncé dans les paragraphes 5 et 6 de la circulaire du 14 février 1856, il résulte donc que, pour les catégories de marins déterminées par la circulaire précitée, comme pour celles que concerne la présente dépêche, les *rengagements* et les *engagements volontaires après libération* ne peuvent, en aucun cas, être contractés que sous la condition expresse que les chefs hiérarchiques auront jugé opportun de les autoriser.

Je dois, en terminant, appeler votre attention sur un autre point. Le paragraphe 15 de la circulaire du 14 février 1856

dispose que les marins des équipages de ligne, les mécaniciens
et les chauffeurs pourront être admis à contracter à Paris des
engagements volontaires après libération. J'ai reconnu que cette
mesure présenterait des inconvénients dans la pratique, et, par
suite, j'ai décidé que les actes dont il s'agit ne pourront plus,
à l'avenir, être contractés que *dans les cinq ports militaires,* suivant les dispositions arrêtées par le paragraphe 13, en ce qui
concerne les actes de rengagement des marins du recrutement.

Veuillez aviser à ce qu'il soit pris note, par qui de droit, du
contenu de la présente dépêche, qui fait suite à la circulaire du
14 février 1856.

Recevez, etc.

L'Amiral Ministre Secrétaire d'État de la marine et des colonies,

Signé HAMELIN.

———————

(B. O. p. 248.)

Le Ministre de la marine aux Préfets maritimes.

(Direction du personnel ; bureau de la solde, des revues
et de l'habillement.)

Paris, le 3 mai 1856.

*Les marins du recrutement admis à se faire exonérer du service
doivent rembourser leur dette à l'habillement.*

Messieurs, j'ai été consulté sur la question de savoir si les
marins provenant du recrutement, lorsqu'ils sont admis à se
faire exonérer du service, conformément à la loi du 26 avril
1855, doivent jouir du bénéfice de la disposition insérée, sous
le n° 23, dans la circulaire du ministre de la guerre du 26 janvier 1856, et, par suite, être dispensés de rembourser, en sus
du prix d'exonération, la valeur des effets d'habillement dont
ils pourraient être redevables envers l'État.

Antérieurement à la législation nouvelle, les militaires remplacés après leur incorporation avaient à verser au Trésor les

indemnités de première mise d'habillement et de petit équipement dont l'État devait doter leurs remplaçants, lorsque ceux-ci étaient étrangers au corps. Le système actuel d'exonération ne comportant pas l'admission d'un homme nouveau pour remplacer le militaire libéré, un semblable versement n'avait plus sa raison d'être, et cette situation explique la dispense consignée à cet égard dans la circulaire du ministre de la guerre.

Mais la condition du marin diffère essentiellement de celle du soldat, en ce qui concerne le mode d'après lequel il est pourvu à l'habillement. Dans les équipages de ligne, l'habillement fait partie des salaires, et les délivrances d'effets constituent en réalité des avances de fonds imputables sur les droits à acquérir par les marins au titre même de la solde. Toute dette à l'habillement forme donc, en fait, un trop perçu dont l'exonéré est bien réellement redevable, et dont il doit opérer le remboursement à l'État, en sus du prix d'exonération à verser par lui dans la caisse de la dotation de l'armée.

Il résulte de ce qui précède que le marin du recrutement admis à se faire exonérer du service, par application de la loi du 26 avril 1855, doit être traité conformément aux dispositions de l'article 88 de l'ordonnance du 11 octobre 1836, c'est-à-dire acquitter sa dette à l'habillement avant d'être définitivement libéré.

Recevez, etc.

L'Amiral Ministre Secrétaire d'État de la marine et des colonies,

Signé HAMELIN.

(B. O. p. 46.)

Le Ministre de la marine aux *Préfets maritimes; Commissaires généraux et Chefs du service de la marine dans les sous-arrondissements; Commissaires de l'inscription maritime.*

(Administration de l'établissement des invalides ; bureau central des invalides et des pensions.)

Paris, le 13 mai 1856.

Instructions pour l'exécution de la loi du 26 avril 1855 et du décret du 9 janvier 1856, en ce qui concerne les propositions de pensions pour la gendarmerie maritime et les équipages de ligne.

Messieurs, aux termes de l'article 20 de la loi du 26 avril 1855, portant création d'une caisse de dotation pour l'armée, et dont le texte est reproduit à la suite de ma dépêche du 14 février dernier, le surcroît de dépenses résultant de l'article 19 de cette loi est prélevé sur l'actif de ladite caisse, en ce qui concerne les pensions des *militaires des corps qui se recrutent par la voie des appels.*

D'un autre côté, en vertu de l'article 83 du règlement d'administration publique rendu, le 9 janvier 1856, pour l'exécution de la loi précitée, la caisse des invalides de la marine doit obtenir de la caisse de dotation de l'armée le remboursement des avances faites par elle pour l'acquittement de *l'augmentation de pension* qui aura été accordée aux hommes de l'armée de mer ou à leurs veuves, conformément à ladite loi du 26 avril 1855.

Toutefois, ainsi que vous le verrez en vous reportant à la 2ᵉ section du tableau nº 1, annexé au règlement cité plus haut, ce remboursement n'a lieu, en ce qui concerne la gendarmerie maritime et les équipages de ligne, que pour les hommes *liés au service en vertu des lois des 21 mars 1832 et 26 avril 1855.*

En outre, d'après l'article 74, la liquidation de la pension et le décret de concession doivent faire ressortir *l'excédant résultant de l'application de la loi du 26 avril 1855.*

Pour que l'administration centrale puisse faire les distinctions dont il s'agit, il devient donc nécessaire que les mémoires de proposition établis pour les militaires de la gendarmerie et les

marins des équipages de ligne, ou en faveur de leurs veuves,
soient accompagnés de déclarations conformes aux modèles annexés à la présente circulaire (1).

Veuillez bien, en conséquence, donner des ordres pour qu'à
l'avenir toute proposition de pension concernant les marins des
équipages de ligne, les militaires de la gendarmerie et les veuves
de cette catégorie, soit toujours accompagnée du certificat modèle A ou B, suivant le cas.

Il sera pris note de la présente dépêche à la page 96 des instructions que je vous ai adressées, le 13 mars dernier, sous le
double timbre *Direction du personnel* et *Administration de l'établissement des invalides*.

Recevez, etc.

L'Amiral Ministre Secrétaire d'État de la marine et des colonies,

Signé HAMELIN.

---

(1) Cette disposition s'applique aux propositions à faire pour les veuves de
cette catégorie dont le droit s'est ouvert depuis la loi du 26 avril 1855, *même
alors que leur mari aurait obtenu la pension avant la promulgation de ladite loi,*
cette circonstance ne devant pas les empêcher d'obtenir l'augmentation de
pension résultant de la nouvelle législation.

Les commissaires de l'inscription maritime réclameront donc ces déclarations
aux conseils d'administration des corps, pour les mettre à l'appui des propositions de veuves dont ils sont chargés (Voir le modèle de cette demande à la
suite de la présente circulaire).

MARINE ET COLONIES.

Exécution de la loi du 26 avril 1855 et du décret du 9 janvier 1856.

CERTIFICAT A.

Les Membres du conseil d'administration de

du port de   certifient que

(1) Nom, prénoms et grade.

le sieur (1)

né le   à

(2) Est ou n'est pas dans ce cas.

département d

(3) si mars 1832 ou 26 avril 1855.

(2)   lié au service en vertu de la loi du (3)

(4) Par un engagement ou rengagement contracté le   18   , ou comme jeune soldat de la classe 18   .

(4)

A   , le   18   .

ARRONDISSEMENT
MARITIME.

MARINE ET COLONIES.

PORT

Exécution de la loi du 26 avril 1855 et du décret du 9 janvier 1856.

CERTIFICAT B.

Les Membres du conseil d'administration de

du port de   , certifient que

(1) Nom, prénoms et grade.

le sieur (1)

né le   à

département d

(2) N'est ou, suivant le cas, n'était

(2)   pas lié au service en vertu des lois des 21 mars 1832 ou 16 avril 1855.

à   le   18

<table>
<tr><td>PORT</td><td align="center"># MARINE ET COLONIES.</td><td>QUARTIER</td></tr>
</table>

Exécution de la circulaire du 13 mai 1856.

Pour satisfaire à l'objet de la réclamation ci-contre, nous avons l'honneur de remettre ci-joint à M. le Commissaire de l'inscription maritime du quartier d

un certificat duquel il résulte que le sieur (1)

(2)   lié au service en vertu de   loi d (3)

À   , le   185 .

Les Membres du conseil d'administration

de

En exécution de la circulaire du 13 mai 1856, j'ai l'honneur de prier MM. les Membres du conseil d'administration de

du port de

de me faire parvenir un des certificats exigés par la circulaire précitée, pour que cette pièce soit annexée au mémoire de proposition à la pension que je suis chargé d'établir en faveur de la veuve du sieur (1)

mort (2)

À   , le   185 .

Le Commissaire de l'inscription maritime,

(1) Nom, prénoms et grade.
(2) Était ou n'était pas.
(3) De ou des 21 mars 1852 ou 26 avril 1855.

(1) Nom, prénoms et grade.
(2) En jouissance d'une pension de retraite réglée
le   à
en activité de service, le   à

Le Ministre de la marine aux *Préfets maritimes et aux Gouverneurs des colonies.* (B. O. p. 269)

(Direction du personnel ; bureau de la solde, des revues et de l'habillement.)

Paris, le 15 mai 1856.

Destination à donner aux fonds de masse individuelle des militaires exonérés du service.

Messieurs, l'avoir à la masse individuelle des militaires sous les drapeaux admis à se faire exonérer du service, en conformité de la loi du 26 avril 1855, est repris au profit du Trésor, selon le mode prescrit par le dernier alinéa de l'article 220 de l'ordonnance du 22 juin 1847, concernant la solde des corps de troupes de la marine.

En cas de débet, ces militaires sont tenus d'en rembourser le montant à la caisse du corps.

Recevez, etc.

L'Amiral Ministre Secrétaire d'État de la marine et des colonies,

Signé HAMELIN.

(B. O. p. 564.)   L'Amiral Ministre de la marine aux *Préfets maritimes et Gouverneurs des colonies.*

(Direction du personnel et des colonies : bureau de la solde, des revues et de l'habillement, et bureau des finances et approvisionnements généraux de la flotte.)

Paris, le 5 juin 1856.

Les trésoriers coloniaux agissent pour le compte de la caisse des dépôts et consignations, quant à l'exécution de la loi relative à la dotation de l'armée.

MESSIEURS, l'absence, dans nos possessions d'outre-mer, de préposés directs de la caisse des dépôts et consignations a donné naissance à quelques difficultés, en ce qui concerne l'application, aux corps et portions de corps stationnés dans les colonies, des dispositions du règlement d'administration publique en date du 9 janvier 1856, rendu pour l'application de la loi relative à la création d'une dotation de l'armée.

Après m'être concerté à ce sujet avec M. le ministre des finances, il a été reconnu que les trésoriers coloniaux devaient être appelés à suppléer les agents de la caisse des dépôts et consignations, pour l'exécution du règlement ci-dessus mentionné. Il a été décidé, en conséquence, que ces trésoriers, agissant en qualité de comptables du Trésor, et pour le compte de la caisse des dépôts et consignations, seraient autorisés :

1° A recevoir les sommes provenant des versements faits par les militaires sous les drapeaux pour être exonérés du service, ainsi que les sommes versées à titre de dépôt, conformément à l'article 1er de la loi du 26 avril 1855 (articles 15, 16 et 17 du décret du 9 janvier 1856);

2° A effectuer entre les mains des conseils d'administration ou des officiers commandants le remboursement des avances faites sur la caisse des corps ou portions de corps, pour le payement des allocations et hautes payes attribuées aux militaires rengagés ou engagés volontairement après libération (articles 26 et suivants du même décret).

Les conseils d'administration et chefs de détachements se conformeront, pour l'établissement des pièces comptables, aux prescriptions du règlement précité et aux instructions complémentaires contenues dans la circulaire du ministre de la guerre en date du 26 janvier 1856.

M. le ministre des finances a fait parvenir de son côté, aux trésoriers coloniaux, des instructions touchant les mesures que ces agents auront à prendre pour assurer, en ce qui les concerne, l'exécution du nouveau service. Vous trouverez, ci-annexée, une ampliation de ces instructions.

Veuillez faire porter à la connaissance de l'administration et à celle des corps de troupe les indications qui font l'objet de la présente circulaire.

Recevez, etc.

L'Amiral Ministre Secrétaire d'État de la marine et des colonies,
Signé HAMELIN.

ANNEXE.
—

Le Directeur de la comptabilité générale des finances
aux Trésoriers coloniaux.

Paris, le 19 mai 1856.

Dispositions de comptabilité relatives au service de la dotation
de l'armée, à effectuer pour le compte de la caisse des dépôts
et consignations. — Envoi d'instructions à ce sujet et de
livrets de la caisse des dépôts.

MESSIEURS, par suite de dispositions concertées entre les ministères des finances et de la marine, les trésoriers des colonies sont appelés à suppléer les agents de la caisse des dépôts et consignations, pour l'exécution du décret du 9 janvier 1856, rendu pour l'application de la loi du 26 avril précédent, portant création d'une dotation de l'armée.

A cet effet, je vous remets ci-joint, avec deux exemplaires de l'instruction de M. le ministre de la guerre du 26 janvier dernier, comprenant la loi et le décret précité, deux exemplaires de la circulaire du 15 février suivant, adressée par M. le directeur général de la caisse des dépôts et consignations aux préposés de cette caisse.

L'ensemble des faits relatifs à la dotation n'étant pas suceptible de s'accomplir aux colonies, les nouvelles attributions qui vous sont dévolues consistent seulement :

1° A recevoir les sommes provenant des versements faits par les militaires sous les drapeaux pour être exonérés du service, ainsi que les sommes versées à titre de dépôt, conformément à l'article 1ᵉʳ de la loi du 26 avril (articles 15, 16 et 17 du décret);

2° A effectuer entre les mains des conseils d'administration ou des officiers commandants le remboursement des avances faites sur la caisse des corps pour le payement des allocations et hautes payes attribuées aux militaires rengagés ou engagés volontairement après libération (articles 26 et suivants du même décret).

Je vous recommande, Messieurs, d'étudier avec soin les dispositions des instructions prémentionnées qui ont trait à ces natures de recettes et de dépenses, lesquelles, aux termes de l'article 144 du règlement financier du 26 septembre 1855, figureront dans votre comptabilité sous le titre de *correspondants du Trésor*, de la même manière que les autres opérations par vous effectuées pour le compte de la caisse des dépôts et consignations.

D'après l'article 34 de la circulaire précitée de la caisse des consignations, les versements volontaires faits, à titre de dépôt, par les militaires de tous grades pendant le cours de leur service, ne donneront pas lieu, de votre part, à la délivrance de récépissés à talon : les versements de l'espèce seront inscrits, ainsi que le prescrit l'article 17 du décret du 9 janvier déjà cité, sur un livret qui sera remis à chaque militaire déposant, et soumis ensuite, par la partie versante, au visa de l'ordonnateur. J'ajouterai que ces mêmes versements seront, en outre, portés sur un carnet spécial ou *livre de détail*, pour être totalisés à la fin de la journée, et faire l'objet d'un seul article de recette

à votre livre journal, article qui provoquera l'émission d'un récépissé collectif au compte de la caisse des dépôts; ces récépissés seront inscrits sur le registre tenu à cet effet dans les
bureaux de l'ordonnateur, où l'on s'assurera s'il y a accord
entre leur montant et le total des sommes portées sur les livrets
présentés au visa. Vous trouverez ci-joint le modèle de ce livre
de détail.

Je vous remets également les livrets de la caisse des dépôts et
consignations destinés à l'enregistrement des dépôts volontaires;
ils portent les numéros   à   . Vous voudrez bien en
tenir le compte spécial dont il est parlé à l'article 39 de la circulaire du 15 février, et m'adresser, à la fin de chaque année,
un relevé détaillé des numéros des livrets qui existeront, tant
dans vos bureaux que dans ceux du trésorier particulier ou des
préposés; ce relevé sera transmis par mes soins à la caisse des
dépôts, pour servir d'élément de contrôle du compte ouvert à
ladite caisse.

Je ne pense pas, Messieurs, que vous éprouviez d'embarras
pour la description, sur vos livres, des opérations concernant
la dotation; je vais, toutefois, transcrire ici, pour qu'elles vous
servent de règle, quelques dispositions de détail extraites d'une
instruction sur le service et la comptabilité des trésoriers des
colonies, préparée au ministère des finances, et qui, je l'espère,
vous sera prochainement adressée.

« Caisse des dépôts et consignations métropolitaine.

« Bien que jusqu'à présent les trésoriers ne soient pas insti-
« tués préposés directs de la caisse des dépôts et consignations
« métropolitaine, cependant ils sont appelés à effectuer des re-
« cettes et des dépenses pour le compte de cette caisse; mais ils
« n'agissent ici qu'à titre d'intermédiaires du caissier central du
« Trésor, qui, d'après les indications que lui fournit successive-
« ment la direction de la comptabilité générale des finances, au
« vu des écritures et des pièces qui lui sont adressées mensuel-
« lement par les trésoriers, verse à cette caisse les sommes re-
« çues à son crédit, ou lui demande le remboursement de celles
« payées pour son compte dans les colonies.

. . . .

« Deux comptes spéciaux, ouverts dans les écritures des tré-

« soriers, sont destinés à constater, l'un, les recettes, l'autre, les
« dépenses faites pour le compte de la caisse des dépôts et con-
« signations métropolitaine. . . . .

« Le premier de ces comptes s'intitule naturellement *Recettes*,
« le deuxième *Payements* pour le compte de la caisse des dépôts
« et consignations.

« RECETTES. Art. . . . . Toutes les recettes faites pour le compte
« de la caisse des dépôts et consignations, par un trésorier colo-
« nial, donnent lieu à la délivrance de récépissés.

« Ces recettes seront décrites sur le journal au moyen d'ar-
« ticles où le C/ *Caisse* (ou bien le C/ M. . . . . *trésorier*
« *particulier*, ou encore le C/ M. . . . . *préposé*) sera dé-
« bité au crédit du C/ *Recettes pour le compte de la caisse des dé-*
« *pôts et consignations métropolitaine*. Elles seront justifiées par
« les talons des récépissés souscrits, lesquels accompagneront le
« bordereau de détail mensuel spécial au service des correspon-
« dants du Trésor, qui est à transmettre à la comptabilité géné-
« rale des finances avec la balance des comptes du grand livre.

« Art. . . . . A la fin de chaque mois, les trésoriers débiteront, à
« l'aide d'un article sur leur journal, le C/ *Recettes pour le compte*
« *de la caisse des dépôts et consignations*, au crédit du C/ *Trésor*
« *S/C de fonds*, du montant total des recettes qui auront figuré
« successivement au premier de ces comptes pendant le cours du
« mois. . . . .

« Art. . . . . Chaque mois aussi, indépendamment du borde-
« reau de détail des récépissés délivrés, mentionné ci-dessus, les
« trésoriers auront à établir et à annexer à leur balance un *extrait*
« *de leurs livres de détail*. Ce relevé est destiné à la caisse des dé-
« pôts et consignations; il lui sera envoyé par la comptabilité
« générale des finances avec les pièces à l'appui, en même temps
« que le versement de la somme à laquelle il s'élèvera lui sera
« fait par le caissier central du Trésor.

« PAYEMENTS. Art. . . . . . Les payements à effectuer par les tré-
« soriers pour le compte de la caisse des dépôts et consignations
« ont pour objet : 1° les mandats de fonds de masse individuelle
« délivrés par des corps de troupes à des militaires congédiés;
« 2° les remboursements des avances faites sur les fonds généraux
« de la caisse des corps, soit pour primes de rengagement ou d'en-

« gagement, soit pour hautes payes, en vertu de la loi sur la do-
« tation.

. . . .

« Art. . . . . . Les trésoriers débiteront jour par jour, de ces dé-
« penses, le C/ *Payements pour le compte de la caisse des dépôts et*
« *consignations métropolitaine*, au crédit du C/ *Caisse* (ou *trésorier*
« *particulier, ou préposé*); à la fin de chaque mois, ils débite-
« ront le C/ *Trésor S/C de fonds*, au crédit du C/ *Payements pour*
« *le compte de la caisse des dépôts et consignations métropolitaine*, du
« montant total du payement du mois.

. . . .

« Art. . . . . . Chaque mois, le trésorier établira et joindra à
« l'envoi de sa balance les bordereaux par nature des payements
« effectués (un pour les fonds de masse, un pour la dotation),
« et, s'il y a lieu, un bordereau récapitulatif; ces documents ac-
« compagnés : pour les fonds de masse, des mandats revêtus de
« l'acquit des parties prenantes; pour les remboursements aux
« corps de troupes de leurs avances concernant la dotation (rem-
« boursements qui auront été inscrits sur le livret de solde des
« corps), des pièces justificatives et du bordereau demandés par
« les articles 13 et 14 de la circulaire de la caisse des dépôts et
« consignations, du 15 février 1856. »

Je vous engage, Messieurs, à vous bien pénétrer de ces dispositions.

Je vous prie de m'accuser réception de la présente lettre.

Recevez, etc.

Signé DELÉPINE.

COLONIE
de

CAISSE DE LA DOTATION DE L'ARMÉE.

VERSEMENTS VOLONTAIRES DES MILITAIRES.

Livre de détail des recettes effectuées pour le compte de la caisse de la dotation de l'armée, à titre de versements volontaires.

DATES des recettes.	NUMÉROS des livrets.	NOMS ET PRÉNOMS des titulaires des livrets.	GRADES.	DÉSIGNATION des corps.	SOMMES versées.	TOTAUX			OBSERVATIONS.
						par journée.	par décade.	par mois.	

— 123 —

Le Ministre de la marine aux *Préfets maritimes; Officiers généraux*   (B. O. p. 221.)
supérieurs et autres, commandant à la mer; Commissaires généraux;
Conseils d'administration des divisions et des troupes de la marine.
(Direction du personnel : bureau des corps organisés et de la justice
maritime.)

Paris, le 7 juin 1856.

*Les remplacements entre parents, autorisés par la loi du
26 avril 1855, ne peuvent s'effectuer en faveur de militaires
présents sous les drapeaux.*

Messieurs, j'ai été consulté sur la question de savoir si, en présence de la nouvelle législation, les *remplacements entre parents* peuvent avoir lieu lorsqu'il s'agit de militaires sous les drapeaux.

L'article 10 de la loi du 26 avril 1855, qui supprime le mode de remplacement établi par la loi du 21 mars 1832, le maintient, il est vrai, entre frères, beaux-frères et parents jusqu'au quatrième degré; mais le décret du 9 janvier 1856 (article 70) dispose formellement qu'il sera statué sur les remplacements par les conseils de révision, c'est-à-dire *avant l'incorporation définitive des jeunes soldats.*

Le silence que la loi et le décret gardent avec intention au sujet du *remplacement au corps* ne peut donc être interprété que dans un sens *prohibitif*, et, de plus, il ressort évidemment des nouvelles dispositions en vigueur, aujourd'hui, que la pensée du législateur n'a été ni d'étendre, ni de faciliter ces remplacements en dehors des limites explicitement posées par la loi et par le décret précités.

Ces diverses considérations démontrent que les *remplacements entre parents*, exceptionnellement maintenus par la loi du 26 avril 1855, ne peuvent avoir lieu *qu'avant l'incorporation* des jeunes soldats, et, par conséquent, ces actes ne sauraient, dans aucun cas, être valablement autorisés lorsqu'il s'agit de *militaires présents sous les drapeaux.*

Recevez, etc.

L'Amiral Ministre Secrétaire d'État de la marine et des colonies,
Signé HAMELIN.

Nota. Cette circulaire se trouve annulée par celle du 31 mars 1860 (B. O. p. 336), rendant applicable à la marine une décision prise par M. le ministre de la guerre, le 7 juin 1859, qui autorise le remplacement dans les corps entre parents jusqu'au sixième degré. (V. à l'analyse de cette dernière loi, page 181 du présent volume.) [...]

v. 5

(B. O. p. 554.) Le Ministre de la marine aux *Préfets maritimes; Commissaires généraux de la marine; Conseils d'administration des divisions et des corps de troupes de la marine.*

(Direction du personnel : bureau des corps organisés et de la justice maritime.)

Paris, le 3 juillet 1856.

Les rengagements ne peuvent être contractés que par des militaires ou marins qui sont dans la dernière année de leur service.

Messieurs, l'examen des états nominatifs des rengagements contractés pendant le 1er trimestre 1856, et en exécution de la loi du 26 avril 1855, par des marins ou des militaires des corps de troupes de la marine, a donné lieu de remarquer que, depuis la promulgation du décret du 9 janvier 1856, des engagés volontaires pour sept ans ont été admis à se rengager *avant d'être entrés dans leur dernière année de service.*

Aux termes de la loi précitée (article 11) et de l'article 45 du décret du 9 janvier 1856, un premier rengagement ne peut, *en principe,* être souscrit que par les militaires qui accomplissent leur septième et dernière année de service. L'article 11 de la loi admet, il est vrai, les engagés volontaires à se rengager dans la quatrième année d'activité; mais cette exception n'est applicable que dans le cas où des rengagements d'une durée moindre de sept ans auraient été spécialement autorisés, en vertu de l'article 33 de la loi du 21 mars 1832.

Sous l'empire des instructions provisoires destinées à faciliter la première application de la loi du 26 avril 1855, des rengagements ont pu être contractés par des engagés volontaires qui se trouvaient encore dans leur quatrième, cinquième ou sixième année de service; mais on ne doit pas oublier que ces diverses instructions ont été formellement abrogées par celle du 26 janvier 1856 (§ 52), portant envoi du décret du 9 du même mois.

Je rappelle donc ici, de la manière la plus expresse, que les militaires liés au service en vertu d'engagements volontaires ne peuvent être admis à contracter des engagements *que lorsqu'ils sont entrés dans leur dernière année de service.*

Veuillez prendre, en ce qui vous concerne, les mesures nécessaires pour qu'à l'avenir ce principe ne soit pas perdu de vue.

Vous devrez, d'ailleurs, me rendre compte des rengagements qui auraient été irrégulièrement reçus, afin qu'il puisse être statué par une mesure générale sur la validité de ces actes.

Recevez, etc.

L'Amiral Ministre Secrétaire d'État de la marine et des colonies,

Signé HAMELIN.

Le Ministre de la marine aux Préfets maritimes.

(Direction du personnel : bureau des corps organisés et de la justice maritime.)

Paris, le 5 juillet 1856

Application à la gendarmerie maritime des nouvelles dispositions prises à l'égard de la gendarmerie de terre, en ce qui concerne la loi du 26 avril 1855.

Messieurs, j'ai l'honneur de vous adresser ampliation d'une circulaire du département de la guerre, portant application de la loi du 26 avril 1855 aux militaires libérés *depuis moins d'une année*, qui servent dans la gendarmerie en vertu de commissions ministérielles, ou qui sont susceptibles d'y être admis.

Je vous invite à assurer, en ce qui vous concerne, l'exécution de ces nouvelles dispositions, qui deviennent entièrement applicables aux compagnies de gendarmerie maritime, en ce qui concerne les militaires de cette arme liés au service, en vertu des lois des 21 mars 1832 et 26 avril 1855.

Recevez, etc.

L'Amiral Ministre Secrétaire d'État de la marine et des colonies,

Signé HAMELIN.

ANNEXE.

Le Ministre de la guerre à MM. les Généraux commandant les divisions et les subdivisions territoriales et actives; les Préfets et Sous-Préfets; les Intendants et les Sous-Intendants militaires; les Chefs de corps et les Conseils d'administration de toutes armes; les Colonels et les Commandants de gendarmerie; les Commandants des dépôts de recrutement et de réserve.

(1re direction, personnel; bureau du recrutement.)

Paris, le 19 juin 1856.

Application des dispositions de la loi du 26 avril 1855 aux militaires libérés depuis moins d'une année, qui servent dans la gendarmerie en vertu de commissions ministérielles, ou qui sont susceptibles d'y être admis.

Messieurs, le décret du 9 janvier 1856 a autorisé les militaires de la gendarmerie liés au service en vertu de la loi du 21 mars 1832, ou de celle du 26 avril 1855, à contracter des engagements donnant droit aux avantages déterminés par cette dernière loi (article 26 du décret et tableau n° 1 y annexé).

Il a paru conforme à l'esprit de cette disposition d'en étendre le bénéfice aux anciens militaires qui se trouvent dans les conditions exigées pour contracter des engagements après libération, et qui servent dans la gendarmerie en vertu de commissions, ou sont susceptibles d'y être admis.

En conséquence, j'ai arrêté par décision de ce jour, les mesures suivantes :

1° Les anciens militaires *libérés depuis moins d'une année* du service auquel ils étaient liés en vertu de la loi du 21 mars 1832, et qui réuniraient les conditions exigées par les lois et règlements en vigueur, tant sur le recrutement de l'armée que sur le service de la gendarmerie, pourront être reçus, par décisions ministérielles, à contracter, au titre de cette arme, des engagements volontaires après libération dans les conditions de la loi du 26 avril 1855 et du décret du 9 janvier 1856.

2° La même disposition sera applicable aux anciens militaires servant dans la gendarmerie en vertu de commissions, et *libérés depuis moins d'une année* du service auquel ils étaient liés par la loi du 21 mars 1832.

Je vous invite à assurer, chacun en ce qui vous concerne, l'exécution de cette décision.

Recevez, etc.

Le Maréchal de France
Ministre Secrétaire d'État de la guerre,

Signé VAILLANT.

(B. O. p. 66.)

LE MINISTRE DE LA MARINE *aux Préfets maritimes; Commissaires généraux et Chefs du service de la marine, Commissaires de l'inscription maritime.*

(Administration de l'établissement des invalides : bureau central des invalides et des pensions.)

Paris, le 18 juillet 1856.

Notification d'une loi, en date du 21 juin 1856, augmentant de 165 francs la pension des marins et des militaires des troupes de la marine, au-dessous du grade d'officier.

MESSIEURS, la circulaire, timbrée *Invalides*, du 27 août 1855, vous faisait connaître la première application du décret rendu par urgence, le 4 du même mois, en l'absence du Corps législatif et du Sénat, et dont l'objet était de permettre, dans le département de la marine, la liquidation *immédiate* de pensions *avec l'augmentation de 165 francs* résultant de l'article 19 de la loi du 26 avril 1855, sur la dotation de l'armée.

Depuis cette époque, le décret du 9 janvier 1856, portant règlement d'administration publique pour l'exécution de ladite loi, a déterminé quels étaient les marins et les militaires des troupes de la marine auxquels la loi précitée du 26 avril 1855 était applicable *de plein droit*. (Voir le tableau n° 1 annexé audit décret, 2° section, *armée de mer*.)

D'après la nomenclature qui figure dans ce tableau, la portion de l'armée de mer qui est *liée au service en vertu des lois sur le recrutement* se trouvant seule appelée au bénéfice des 165 francs, il était devenu nécessaire de présenter une loi en faveur des marins et des militaires qui n'avaient pas été compris dans le décret du 9 janvier 1856, comme étant en dehors des lois des 21 mars 1832 et 26 avril 1855.

Cette loi, qui porte la date du 21 juin, et dont vous trouverez le texte ci-après, élève de 165 francs le chiffre des pensions des officiers-mariniers, marins et assimilés des divisions des équipages de ligne ou des bâtiments de la flotte, et accorde la même augmentation aux sous officiers, caporaux, brigadiers et soldats des troupes de la marine, autres que ceux qui seraient liés au service en vertu des lois sur le recrutement.

Vous savez, d'ailleurs, que la jurisprudence s'est faite, dès l'origine, dans le sens de l'application de ce bénéfice aux *veuves* des militaires ou marins auxquels la loi du 26 avril 1855 était ou a été rendue applicable (1).

Déjà il a été fait un premier travail de concession de pensions d'après ladite loi du 21 juin 1856, et je prescris de donner cours immédiatement à tous autres mémoires de proposition, dont la liquidation avait dû être ajournée jusqu'à sa promulgation (2).

Recevez, etc.

L'Amiral Ministre Secrétaire d'État de la marine et des colonies,

Signé HAMELIN.

---

(1) Voir la note 1 à la page 2 de la circulaire imprimée du 13 mai 1856, portant instruction pour l'exécution de la loi du 26 avril 1855 et du décret du 9 janvier 1856.

(2) Il ne vous échappera pas que, par une application naturelle du principe rappelé dans l'article 26 de la loi du 18 avril 1831, et qui avait été établi, dès l'année 1802, par un arrêté consulaire (19 frimaire an XI), la dépense résultant des pensions ainsi améliorées porte entièrement sur la caisse des invalides, à la décharge du Trésor public, d'après le texte formel de l'article 7 de la nouvelle loi.

NAPOLÉON, par la grâce de Dieu et la volonté nationale, EMPEREUR DES FRANÇAIS,

À tous présents et à venir, SALUT.

AVONS SANCTIONNÉ et SANCTIONNONS, PROMULGUÉ et PROMULGUONS ce qui suit :

LOI.

Extrait du procès-verbal du Corps législatif.

LE CORPS LÉGISLATIF A ADOPTÉ LE PROJET DE LOI dont la teneur suit :

ARTICLE PREMIER.

À partir de la promulgation de la loi du 26 avril 1855, les maximum et minimum de la pension de retraite fixés par les lois des 11 et 18 avril 1831 sont augmentés de *cent soixante-cinq francs* (165ᶠ) pour les officiers-mariniers, marins et assimilés des divisions des équipages de ligne ou des bâtiments de la flotte, et pour les sous-officiers, caporaux, brigadiers et soldats de l'armée de mer, autres que ceux qui sont entrés au service par la voie des appels.

ART. 2.

Le surcroît de dépenses résultant de l'exécution de l'article précédent est supporté par la caisse des invalides de la marine.

Délibéré en séance publique, à Paris, le 17 mai 1856.

Le Président,

Signé A. DE MORNY.

Les Secrétaires,

Signé Comte JOACHIM MURAT, marquis DE CHAUMONT-QUITRY, TESNIÈRE, ED. DALLOZ.

Extrait du procès-verbal du Sénat.

Le Sénat ne s'oppose pas à la promulgation de la loi qui étend à l'armée de mer le bénéfice de l'article 19 de la loi du 26 avril 1855, relative à la création d'une dotation de l'armée, en ce qui touche l'augmentation du maximum et du minimum de la pension de retraite.

Délibéré en séance, au palais du Sénat, le 11 juin 1856.

Le Président,

Signé TROPLONG.

Les Secrétaires,

Signé DE LA DOUCETTE, DE GOULHOT DE SAINT-GERMAIN, baron T. DE LACROSSE.

Vu et scellé du sceau du Sénat.

Signé Baron T. DE LACROSSE.

MANDONS et ORDONNONS que les présentes, revêtues du sceau de l'État et insérées au Bulletin des lois, soient adressées aux cours, aux tribunaux et aux autorités administratives, pour qu'ils les inscrivent sur leurs registres, les observent et les fassent observer, et notre ministre secrétaire d'État au département de la justice est chargé d'en surveiller la publication.

Fait au palais de Saint-Cloud, le 21 juin 1856.

Signé NAPOLÉON.

Vu et scellé du grand sceau :

Le Garde des sceaux, Ministre Secrétaire d'État au département de la justice,

Signé ABBATUCCI.

Par l'Empereur :

Le Ministre d'État,

Signé ACHILLE FOULD.

Le Ministre de la marine aux Préfets maritimes.   (B. O. p. 645.)

(Direction du personnel : bureau de la solde, des revues
et de l'habillement.)

Paris, le 29 juillet 1856.

*Instruction relative au payement des portions de primes de ren-
gagement susceptibles d'être payées, après leur arrivée dans
leurs foyers, aux rengagés envoyés en permission ou en congé
temporaire.*

Messieurs, une instruction du ministre de la guerre, en date
du 16 juillet courant, a déterminé les formes relatives au payement des portions de primes de rengagement susceptibles d'être
payées, après leur arrivée dans leurs foyers, aux rengagés envoyés en permission ou en congé temporaire.

Vous trouverez ci-joint une ampliation de cette instruction,
dont il y a lieu de faire application aux militaires des corps de
troupes de la marine, ainsi qu'aux marins des équipages de
ligne provenant des appels.

Recevez, etc.

L'Amiral Ministre Secrétaire d'État de la marine et des colonies,

Signé HAMELIN.

ANNEXE.

—

Le Ministre de la guerre à MM. les Généraux commandant les divisions et les subdivisions territoriales et actives; les Intendants et les Sous-Intendants militaires; les Chefs de corps de toutes armes; les Colonels et les Commandants de gendarmerie; les Commandants des dépôts de recrutement et de réserve.

(1re direction, personnel : bureau du recrutement.)

Paris, le 16 juillet 1856.

Instructions relatives au payement des portions de prime de rengagement susceptibles d'être payées, après leur arrivée dans leurs foyers, aux rengagés envoyés en permission ou en congé temporaire.

Messieurs, mon attention a été appelée sur les inconvénients qui résultent, dans les corps, du payement des portions de prime aux militaires rengagés dans les conditions de la loi du 26 avril 1855.

L'importance de cette question m'a déterminé à saisir de son examen la commission supérieure de la dotation de l'armée, et celle-ci a reconnu avec moi que, dans cette situation, il convenait de soustraire, autant que possible, les militaires rengagés à des entraînements toujours regrettables.

A cet effet, j'ai adopté les dispositions suivantes :

Au moment même du rengagement, il pourra être délivré aux militaires rengagés, qui en auront fait la demande, des permissions ou des congés temporaires dont la durée ne dépassera pas trois mois.

En vertu de l'article 12 de la loi du 26 avril 1855, les militaires rengagés doivent recevoir, au jour du rengagement, la première portion de la prime payable comptant; mais ceux d'entre eux qui, en conformité des présentes instructions, obtiendront une permission ou un congé temporaire, pourront, s'ils le préfèrent, toucher dans leurs foyers tout ou partie de la somme à laquelle ils ont droit, et éviter ainsi le danger de la perdre ou de la gaspiller en route, en restant maîtres de l'utiliser dans l'intérêt de leur famille et de leur propre avenir.

Dans ce cas, et après prélèvement de la somme nécessaire aux rengagés pour leurs frais de route, à raison, par exemple, de deux francs pour chaque étape, la somme restant payable à leur arrivée à destination sera versée par les corps, au nom des militaires eux-mêmes, à la caisse de la dotation de l'armée, titre : *Versements volontaires.*

Ce versement donnera lieu à la délivrance d'un livret spécial établi au nom du rengagé, conformément aux dispositions de l'article 17 du décret du 9 janvier 1856 ; il y sera inscrit dans les termes suivants :

« *Reçu la somme de*

« *provenant de prime de rengagement incessible et insaisissable*

« (article 18 de la loi du 26 avril 1855), *ladite somme payable à*

département d   «

En même temps, les corps établiront un état conforme au modèle ci-joint, et après qu'il aura été revêtu du récépissé du receveur des finances, ils l'enverront immédiatement à M. le directeur général de la caisse des dépôts et consignations, qui donnera les autorisations nécessaires pour faire payer sans délai, dans la localité désignée, aux militaires rengagés, les sommes qu'ils auront à y recevoir, d'après une lettre d'avis émanée de la caisse des dépôts et consignations.

Cette lettre, adressée au sous-intendant militaire chargé du service du recrutement dans chaque département, sera, par ses soins, ou remise directement au rengagé, s'il se présente, ou transmise par l'intermédiaire des maires, suivant le mode usité pour l'envoi et la remise des mandats de fonds de masse aux militaires renvoyés par anticipation dans leurs foyers.

Les corps seront remboursés, par la caisse des dépôts et consignations, des avances qu'ils auront ainsi faites, en produisant aux préposés de cette caisse :

1° Le bordereau récapitulatif conforme au modèle E annexé à l'instruction ministérielle du 26 janvier 1856, n° 447 ;

2° Les feuilles individuelles conformes au modèle A annexé à la même instruction, qu'ils auront dû faire établir au moment de l'acte de rengagement, et faire quittancer par les militaires avant leur départ en congé.

Quant à la deuxième portion de la prime, payable soit au jour du rengagement, soit pendant le cours du service, les conseils d'administration demeurent juges du moment où il convient de la faire toucher aux rengagés. Mais, lorsque ceux-ci auront obtenu une permission ou un congé temporaire et auront choisi le mode de payement ci-dessus indiqué, les conseils d'administration devront se montrer d'autant plus faciles à leur allouer immédiatement la deuxième portion de la prime que, cette somme étant payée aux hommes dans leurs foyers, ils peuvent en faire un meilleur emploi que s'ils la recevaient au corps.

Par les mêmes motifs, les généraux commandant les subdivisions pourront accorder des sursis de départ d'un mois, au plus, aux anciens militaires qui contracteront des engagements volontaires après libération.

Ces diverses mesures contribueront efficacement, je l'espère, à empêcher le retour des inconvénients qui m'ont été signalés.

En m'accusant réception de la présente dépêche, vous voudrez bien me rendre compte des dispositions que vous aurez prises pour assurer l'exécution des instructions qu'elle renferme, et me faire connaître ultérieurement les résultats obtenus dans chaque corps.

Recevez, etc.

Le Maréchal de France,
Ministre Secrétaire d'État de la guerre,

Signé **VAILLANT.**

(1) Désignation du corps.

(1)

(Loi du 26 avril 1855.
Circulaires ministérielles
du 16 juillet 1856.)

CAISSE DE LA DOTATION DE L'ARMÉE.

(Versements volontaires.)

État des sommes versées à la caisse des dépôts et consignations, au titre : Versements volontaires, pour le compte des militaires dénommés ci-après :

NOMS ET PRÉNOMS DES MILITAIRES.	GRADES.	SOMMES		RÉSIDENCE DES MILITAIRES.			NUMÉROS des livrets délivrés par le préposé de la caisse des dépôts.	OBSERVATIONS.
		Versées au titre : Versements volontaires.	À ordonnancer au nom des militaires.	Communes.	Arrondissements.	Départements.		

Certifié par nous, Membres du conseil d'administration, le présent état, montant à la somme de
sur laquelle M. le directeur général de la caisse des dépôts et consignations est invité à délivrer des autorisations de payement sur les receveurs généraux des départements ci-dessus indiqués, pour la somme de

À   le   18

Les Membres du conseil d'administration,

Vu

Le Sous-Intendant militaire

Le Préposé de la caisse des dépôts et consignations susvisque déclare avoir reçu au titre : Caisse de la dotation de l'armée, versements volontaires, la somme de   , laquelle a été inscrite par lui sur les   livrets ci-dessus indiqués.

À   le   18

(B. O. p. 945.) *Le Ministre de la marine aux Préfets maritimes; Commissaires généraux de la marine; Conseils d'administration des divisions et des corps de troupes de la marine.*

(Direction du personnel : bureau des corps organisés
et de la justice maritime.)

Paris, le 28 octobre 1856.

Les demandes d'exonération formées par les militaires et les marins en activité de service devront être établies, à l'avenir, en double expédition.

Messieurs, aux termes de la loi du 26 avril 1855 et du décret du 9 janvier 1856, l'acte d'exonération d'un militaire présent sous les drapeaux ne peut être dressé que sur la présentation de la *déclaration en demande d'exonération* formée par l'intéressé, et dûment approuvée par la voie hiérarchique; mais il résulte en même temps des dispositions du décret précité que ce document doit être également produit aux préposés de la caisse des dépôts et consignations au moment du versement de la prestation, et rester entre les mains de ces agents pour être rattaché à leur comptabilité.

En conséquence, et pour satisfaire à cette double exigence de la loi, j'ai décidé qu'à l'avenir les déclarations en demande d'exonération formées par les militaires et les marins en activité de service devront être établies en *deux expéditions* : l'une de ces expéditions sera remise aux préposés de la caisse des dépôts et consignations, et l'autre restera jointe à l'acte d'exonération (*Modèle n° 8* annexé au décret du 9 janvier 1856).

Veuillez notifier à qui de droit cette nouvelle disposition, que le département de la guerre a également rendue exécutoire.

Recevez, etc.

L'Amiral Ministre Secrétaire d'État de la marine et des colonies,

Signé HAMELIN.

Le Ministre Secrétaire d'État de la guerre à MM. les Généraux commandant les divisions et les subdivisions territoriales et actives; les Préfets et les Sous-Préfets; les Intendants et les Sous-Intendants militaires; les Chefs de corps et les Conseils d'administration de toutes armes; les Colonels et les Commandants de gendarmerie; les Commandants des dépôts de recrutement et de réserve. (Journal milit. p. 564.)

(1re Direction, personnel : bureau du recrutement.)

Paris, le 30 décembre 1856.

Instructions relatives à l'application de la loi du 26 avril 1855, sur la dotation de l'armée.

Messieurs, l'instruction ministérielle du 26 janvier 1856 a tracé aux autorités militaires et civiles les règles qu'elles ont à suivre pour assurer l'exécution de la loi du 26 avril 1855 et du règlement d'administration publique du 9 janvier 1856.

Les dispositions de cette instruction doivent continuer à recevoir leur effet. Toutefois, l'expérience résultant d'une plus longue application de la législation nouvelle a fait reconnaître la nécessité de compléter ces dispositions par quelques autres, notamment en ce qui concerne la justification des payements faits par les corps, la constatation des droits des engagés volontaires et l'exonération des militaires sous les drapeaux.

La feuille individuelle (*Modèle A*), annexée à l'instruction du 26 janvier 1856 et destinée à constater le payement des allocations attribuées aux militaires rengagés ou engagés volontaires après libération, ne permettant pas d'apprécier d'une manière suffisante leurs services et les droits auxquels ils peuvent prétendre, sera remplacée par celle dont le modèle est ci-joint, n° 1.

Afin de prévenir des erreurs dans le dernier payement à faire aux hommes qui ont éprouvé des mutations pendant le cours du service, le conseil d'administration central de chaque corps m'adressera (*Bureau du recrutement. — Dotation*), à la fin de chaque semestre, un état nominatif conforme au modèle également ci-joint, n° 2, et indiquant les militaires dont la position vis-à-vis de la dotation de l'armée a été modifiée.

Les corps continueront, d'ailleurs, en cas de décès d'un militaire lié au service dans les conditions de la loi du 26 avril 1855, à faire connaître à la direction générale de la caisse des dépôts et consignations, en exécution du paragraphe 3 de l'article 28 du décret du 9 janvier 1856, le montant des sommes qui revenaient à ce militaire au moment de sa mort.

Le décret réglementaire susénoncé dispose (article 26, § 2) que les payements par anticipation aux engagés volontaires après libération sont effectués, au chef-lieu du département, par le préposé de la caisse des dépôts et consignations, sur le vu d'une expédition de l'acte d'engagement qui lui a été adressée par le sous-intendant militaire, et qui constate la somme à laquelle a droit l'engagé (*Modèle n° 12*, annexé au décret du 9 janvier 1856).

Pour que le sous-intendant militaire soit en mesure de constater d'une manière certaine la position de l'engagé volontaire, le maire de la commune chef-lieu de canton, indépendamment de l'ampliation de l'acte d'engagement après libération qu'il est tenu de remettre à ce fonctionnaire, devra lui envoyer, en communication, toutes les pièces produites par l'engagé.

Sur le vu de ces pièces, le sous-intendant militaire s'assurera que l'acte d'engagement a été reçu conformément aux dispositions de la loi du 26 avril 1855. Si l'acte est régulier, le sous-intendant renverra au maire les pièces communiquées, après y avoir apposé son visa. Dans le cas contraire, il devra suspendre la mise en route de l'engagé et m'en rendre compte hiérarchiquement, en m'adressant, avec ses observations, l'acte d'engagement et les pièces y annexées.

Je rappelle à cette occasion que, lorsque des engagements volontaires, réguliers sous les autres rapports, auront été contractés pour des corps où les engagements ne sont pas ouverts, les sous-intendants militaires ne devront délivrer aux hommes des feuilles de route pour ces corps qu'autant qu'il aura été préalablement justifié devant eux d'une autorisation ministérielle spéciale. A défaut de cette justification, les sous-intendants suspendront la mise en route des engagés et m'en rendront compte conformément aux prescriptions du paragraphe précédent.

Par analogie avec les dispositions de l'article 26, § 2, du décret du 9 janvier 1856, les militaires renvoyés dans leurs foyers, soit par anticipation, soit en vertu de congés de six mois renouvelables, qui, se trouvant dans leur dernière année de service, auront été autorisés, par décision ministérielle, à contracter des rengagements, pourront recevoir *directement* du préposé de la caisse des dépôts et consignations, au chef-lieu de chaque département, après constatation de leurs droits par les sous-intendants militaires, la première portion payable comptant de la prime ou des annuités qui leur reviennent.

A cet effet, les fonctionnaires de l'intendance se conformeront au mode de procéder adopté pour les engagements volontaires après libération; ils adresseront au préposé de la caisse des dépôts et consignations une expédition de l'acte de rengagement, au bas de laquelle sera indiquée la somme qui pourra être payée comptant aux militaires rengagés, au titre de la dotation de l'armée.

Quelques conseils d'administration ne semblent pas encore bien fixés sur la manière de décompter les services, lorsqu'il s'agit de déterminer les droits des militaires rengagés ou engagés après libération. Aucun doute cependant ne saurait s'élever à cet égard, et il suffit de rappeler que, d'après le paragraphe numéroté 31 de l'instruction du 26 janvier 1856, les services de ces militaires commencent à courir du jour où ils ont été liés au service pour la première fois, c'est-à-dire :

Pour les appelés et les substituants, à compter du premier jour de l'année pendant laquelle ils ont été inscrits sur les matricules des corps dans les dépôts de recrutement;

Pour les remplaçants admis, soit par les conseils de révision, soit par les corps, à compter de la date de l'acte de remplacement;

Enfin, pour les engagés volontaires, à compter du jour où ils ont contracté leur acte d'engagement.

Il résulte des règles qui précèdent, combinées avec les dispositions précises de l'article 11 de la loi du 26 avril 1855 :

Que les militaires qui n'ont jamais été liés au service qu'en vertu d'un remplacement peuvent être admis à contracter des rengagements donnant droit à la prime, *lorsqu'ils se trouvent dans leur septième année de service;*

Que ceux de ces militaires qui ne se trouvent pas dans leur

18.

septième année de service ne peuvent se rengager que dans les conditions de la loi du 21 mars 1832;

Enfin, que les hommes libérés après avoir été liés pour la première fois au service, soit comme engagés, soit comme remplaçants, ne sont admissibles à souscrire des engagements volontaires après libération qu'à la condition d'avoir complété sept ans de service.

Aux termes du paragraphe numéroté 19 de l'instruction du 26 janvier 1856, les demandes d'exonération des militaires sous les drapeaux (*Modèle G*), visées par l'officier commandant la compagnie, l'escadron ou la batterie, et par le chef du corps, doivent être soumises au général commandant la brigade ou la subdivision, qui inscrit sur ces demandes son autorisation ou son refus.

Comme il importe de soumettre au contrôle des fonctionnaires de l'intendance, sous l'autorité immédiate desquels se trouvent placés les militaires des compagnies d'infirmiers et des sections d'ouvriers d'administration, les demandes d'exonération faites dans ces corps, j'ai décidé qu'à l'avenir ces pièces seraient, avant d'être adressées au général de brigade, visées par le sous-intendant militaire, qui y inscrira son avis motivé.

Le versement de la prestation individuelle fixée pour l'exonération des militaires sous les drapeaux, ne pouvant être reçu que sur la *production* de la demande formée par ces militaires et dûment approuvée par leurs chefs hiérarchiques, les conseils d'administration devront, à l'avenir, établir *en double expédition* la déclaration (*Modèle G*) prescrite par l'instruction ministérielle du 26 janvier 1856. Une de ces expéditions sera remise au préposé de la caisse des dépôts et consignations, et l'autre restera annexée à l'acte spécial d'exonération.

J'ai été, à plusieurs reprises, consulté sur la question de savoir si les sommes qui pourraient revenir à des militaires rengagés ou engagés dans les conditions de la loi du 26 avril 1855 doivent, au cas où ceux-ci demanderaient à se faire exonérer, être comptées en déduction de la prestation qu'ils auraient à verser.

Cette question doit être résolue négativement. Les sommes payées par anticipation à ces militaires, n'étant pas sujettes à répétition, leur demeurent acquises; mais il n'y a pas lieu de tenir compte de celles qui auraient pu leur revenir, soit dans le cours de leur service, soit à leur libération définitive, puisqu'ils n'accomplissent pas le *service effectif* auquel ils s'étaient personnellement liés.

Il m'a été rendu compte qu'en général les corps ne se conforment pas aux dispositions de la circulaire du 16 juillet 1856, n° 471, relative au payement des portions de prime de rengagement susceptibles d'être soldées, après leur arrivée dans leurs foyers, aux militaires rengagés envoyés en permission ou en congé temporaire.

Quelques corps, tout en exécutant ces dispositions, apportent dans leur application des lenteurs qui ne permettent pas à la caisse de la dotation de l'armée de faire parvenir, en temps utile, aux intéressés, le mandat des sommes dont ils ont demandé le payement dans leurs foyers, retard qui donne lieu, de leur part, à des réclamations fondées.

Afin de faire cesser le plus promptement possible cet état de choses, les généraux commandant les divisions veilleront avec soin à ce que toutes les prescriptions de la circulaire précitée soient rigoureusement observées par les conseils d'administration.

À cet effet, les corps auront à tenir compte des délais nécessités par la correspondance avec la caisse des dépôts et consignations, et les permissions ou congés devront toujours être d'une durée suffisante pour que les hommes puissent recevoir, pendant leur séjour dans leurs foyers, les sommes qu'ils ont demandé à y toucher.

Les conseils d'administration ne perdront pas de vue que les militaires ainsi envoyés en permission ou en congé temporaire doivent être porteurs, *à leur départ*, du livret spécial destiné à faire connaître le montant des *versements volontaires* opérés en leur nom, et que l'état dont le modèle est annexé à la circulaire du 16 juillet 1856 doit être adressé, *le jour même, sans perte de temps*, à la caisse des dépôts et consignations.

Afin de simplifier la correspondance, M. le ministre des finances a décidé, sur ma demande, que le directeur général de la caisse des dépôts et consignations correspondrait dorénavant en franchise, par lettre fermée, avec les intendants et les sous-intendants militaires de tout l'Empire.

Je vous invite à assurer, chacun en ce qui vous concerne, l'exécution des dispositions qui précèdent, et qui sont de nature à rendre de plus en plus facile l'application uniforme de la loi du 26 avril 1855.

Recevez, etc.

Le Maréchal de France
Ministre Secrétaire d'État de la guerre,

Signé VAILLANT.

DÉPENSE
IMPUTABLE À LA CAISSE
de la
DOTATION DE L'ARMÉE.

PRIME
DE RENGAGEMENT.

TRIMESTRE 18

MODÈLE N° 1

Lui du 16 avril 1855.
Instruction ministérielle
du 30 décembre 1856.

Désigner ....

la corps ....

le bataillon ....

la compagnie, l'escadron, la batterie ou la section ....

Feuille individuelle pour servir à constater le payement des allocations attribuées, au titre de la dotation de l'armée, à un militaire du corps.

(1) Écrire le nom et le surnom en toutes, et indiquer les prénoms dans leur ordre régulier.

1° Nom, prénoms et surnom (1)

2° Date de la naissance

3° Titre auquel l'homme est lié au service (rengagé ou engagé volontaire après libération)

4° { N° du contrôle annuel

{ N° du registre matricule

5° Grade

(2) Cette indication con-
cerne plus particulièrement
les militaires de la gendarmerie.

6° Date de la décision ministérielle qui a autorisé le rengagement ou l'engagement volontaire après libération (2)

7° Date et durée du rengagement ou de l'engagement volontaire après libération

8° Époque à partir de laquelle commence à courir le rengagement ou l'engagement volontaire après libération

(3) Le décompte du ser-
vice doit être fait d'après
les règles tracées par le paragraphe annoté 2, de
l'instruction du 16 janvier
1856.

9° Durée du ser-
vice accompli. ....

à l'époque du rengagement ou de l'engagement volontaire après libération (3)

à l'époque où doit commencer à courir le rengagement
ou l'engagement volontaire après libération (3)

(4) Indiquer la date de
l'arrêté ministériel.

10° Allocation totale (prime ou annuité) à laquelle donne droit le rengagement ou l'engagement volontaire après libération, en vertu de la loi du
26 avril 1855 et de l'arrêté ministériel du (4)

11° Montant des allocations payées par anticipation, par le corps ou par le préposé de la caisse des dépôts et consignations, au rengagé ou à l'engagé volontaire après libération

1ʳᵉ portion de la prime ou de l'annuité

Date du payement (5)

2ᵉ portion de la prime ou de l'annuité

Date du payement (5)

12° Émargement pour quittance de la somme de (6)

(7)

Certifié par nous (8) la présente feuille individuelle.

A le 18

Vu par nous, Major (9)
pour autorisation de payement :

Vu et vérifié, après payement, par nous
Sous-Intendant militaire chargé de la surveillance administrative du corps :

(5) Désigner le corps ou le fonctionnaire de l'intendance militaire qui a autorisé les payements.

(6) Porter en toutes lettres la somme payée au militaire.

(7) Signature du militaire ou de l'officier de recette, lorsque le militaire ne pourra remplir cette formalité.

(8) Trésorier, officier payeur, capitaine commandant, ou officier d'administration, suivant le cas.

(9) Pour les corps où cet emploi existe.

DIVISION
MILITAIRE.

PLACE

semestre 18

MODÈLE N° 2.

Loi du 28 avril 1855.

[Instruction ministérielle du 5o décembre 1856.]

(1) Nomination au grade d'officier ou à l'emploi d

Passage dans un corps qui ne se recrute pas par la voie des appels.

Admission à la pension de retraite.

Décès.

Désigner

le corps........

le bataillon........

la compagnie, l'escadron, la batterie ou la section........

Etat nominatif des militaires rengagés ou engagés volontaires après libération dont la position vis-à-vis de la Dotation de l'armée a été modifiée pendant le semestre 18   (1)

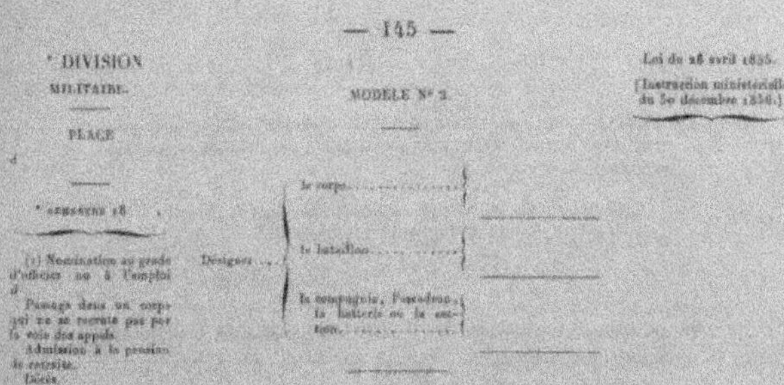

NUMÉROS		NOMS, PRÉNOMS et SURNOMS.	GRADES.	MUTATIONS.	DATES auxquelles s'effectuent les MUTATIONS.	SOMMES payées jusqu'à l'époque de la Dotation.	MONTANT de LA PART proportionnelle à laquelle le rengagé ou ses héritiers peuvent avoir droit.	OBSERVATIONS.
du contrôle annuel.	du registre-matricule.							

Certifié le présent état par nous, Membres du conseil d'administration.

A   , le   18

Vu :
*Le Sous-Intendant militaire
chargé de la surveillance administrative du corps,*

Dotation de l'armée.   19

(B. O. p. 344.) LE MINISTRE DE LA MARINE aux *Préfets maritimes; Commissaires généraux de la marine; Conseils d'administration des divisions et des corps de troupes de la marine.*

(Direction du personnel : bureau des corps organisés
et de la justice maritime.)

Paris, le 30 juin 1857.

Envoi d'une circulaire de M. le directeur général de la caisse des dépôts et consignations, relative au service de la caisse de la dotation de l'armée.

MESSIEURS, vous trouverez ci-joint ampliation d'une circulaire adressée, le 1er juin dernier, par M. le directeur général de la caisse des dépôts et consignations, à MM. les receveurs généraux et particuliers des finances en France, les trésorier payeurs en Algérie, préposés de la caisse des dépôts et consignations, et les payeurs des armées, agissant en la même qualité pour le service de la dotation de l'armée.

Cette circulaire a pour objet :

1° D'autoriser le remboursement aux corps de troupe de frais de comptabilité pour le service de la *dotation de l'armée*;

2° De modifier le modèle n° 12 annexé à la circulaire du 15 février 1856 (direction générale de la caisse des dépôts et consignations),

Et 3° de maintenir, pour l'exercice 1857, le tarif des taxations allouées, en 1856, aux préposés de la caisse des dépôts et consignations.

Veuillez tenir compte, chacun en ce qui vous concerne, des dispositions nouvelles que consacre cette circulaire.

Recevez, etc.

L'Amiral Ministre Secrétaire d'État de la marine et des colonies,

Signé HAMELIN.

ANNEXE.

—

Le Directeur général de la caisse des dépôts et consignations à MM. Receveurs généraux et particuliers des finances en France; les Trésoriers Payeurs en Algérie, préposés de la Caisse des dépôts et consignations; les Payeurs des armées, agissant en la même qualité pour le service de la dotation de l'armée.

(Division de la comptabilité : caisse de la dotation de l'armée.)

Paris, le 1er juin 1857.

Autorisation de rembourser aux corps de troupe les frais de comptabilité pour le service de la dotation de l'armée. Modification apportée au modèle n° 12 annexé à la circulaire du 15 février 1856. Taxations allouées, en 1857, aux préposés de la caisse des dépôts et consignations.

Monsieur, Son Excellence le ministre de la guerre, d'après l'avis émis par la commission supérieure de la dotation de l'armée, vient de fixer, pour le 2ᵉ semestre 1855 et les années 1856, 1857 et 1858, le chiffre de l'abonnement à mettre à la charge de la caisse de la dotation de l'armée pour rembourser aux corps les frais occasionnés par la comptabilité spéciale de cette caisse.

Ces remboursements pouvant être réclamés dès à présent par les chefs de corps pour le 2ᵉ semestre de 1855 et pour l'année 1856, et plus tard pour les années suivantes, je dois compléter à cet égard les instructions qui vous ont été adressées, comme préposé de la caisse des dépôts et consignations, concernant le service de la dotation de l'armée.

En conséquence, Monsieur, sur les demandes qui en seront faites, vous rembourserez ou vous ferez rembourser par les préposés placés sous vos ordres, *sans qu'il soit besoin d'autorisation préalable*, au conseil d'administration *central* des régiments, escadrons, bataillons ou compagnies formant corps, le montant de l'abonnement fixé pour le 2ᵉ trimestre 1855 et l'année 1856.

§ 1er.

Remboursements à faire aux corps de troupe des frais de comptabilité pour le service de la dotation de l'armée réglés par abonnement.

et vous procéderez de même, à l'expiration des années 1857 et 1858, pour l'abonnement semblable fixé pour lesdites années.

§ II.
Pièces à produire à l'appui des payements qui devront être portés sur le bordereau modèle n° 5 annexé à la circulaire du 15 février 1856.

Ces remboursements auront lieu sur la production d'une quittance donnée au bas d'un état certifié par les membres du conseil d'administration central, visé et vérifié par le sous-intendant militaire. Ils devront être inscrits sur le livret de solde du corps, dans une colonne séparée, et portés dans vos relevés mensuels de dépense au chapitre *Caisse de la dotation de l'armée*, en vous conformant pour les justifications à la règle tracée par l'article 13 de l'instruction générale de la caisse des dépôts et consignations du 1er décembre 1851 (service et comptabilité des receveurs généraux des finances en France et des trésoriers payeurs en Algérie).

Vous n'aurez pas à fournir des bordereaux distincts à l'appui de ces remboursements : il suffira d'en constater par corps le montant sur le bordereau modèle n° 5 annexé à ma circulaire du 15 février 1856, après les payements que vous aurez faits pour primes de rengagement ou hautes payes, et de les comprendre dans le résumé de ce bordereau sous le titre *Abonnements payés au corps*.

§ III.
Nouvelle déclaration de versement à remettre par les trésoriers ou officiers payeurs pour versements volontaires.

La déclaration de versement (*Modèle n° 12*, annexé à ma circulaire du 15 février 1856) ne répondant pas aux nouvelles conditions imposées par les instructions de Son Excellence le ministre de la guerre, du 16 juillet 1856, lorsque les trésoriers, officiers payeurs ou officiers comptables effectuent, au nom des rengagés, des versements volontaires provenant de *primes de rengagement*, je vous invite, Monsieur, pour les versements de l'espèce, à vouloir bien vous conformer au nouveau modèle de déclaration que vous trouverez ci-joint (n° 2), et à ne pas perdre de vue que les versements volontaires, quelle que soit leur origine, doivent figurer dans vos relevés mensuels au chapitre *Caisse de la dotation de l'armée, versements volontaires*, et non pas au chapitre *Caisse de la dotation de l'armée*, comme quelques préposés ont cru devoir le faire.

§ IV.
Tarifs pour l'exercice 1857.

Je profite de cette circonstance pour vous faire connaître que Son Excellence M. le ministre des finances, par sa décision du 31 mars 1857, a maintenu, pour l'exercice 1857, le tarif des taxations allouées, en 1856, aux préposés de la caisse des dépôts et consignations pour le service de la dotation de l'armée. Je vous invite donc à vous conformer aux dispositions de l'article 28 de ma circulaire du 16 août 1856.

Je vous adresse ci-inclus, pour vous et pour chacun de vos préposés, un nombre suffisant d'exemplaires de la présente.

Je vous prie de m'en accuser la réception, et de me donner en même temps l'assurance que vous avez fait parvenir à ces préposés les exemplaires qui leur sont destinés.

Agréez, etc.

Signé GUILLEMOT.

MODÈLE N° 1.

Annexé à la circulaire du ministère de la guerre du 1er avril 1857.

(1) Indiquer le corps.

(1)

Nota. Les abonnements pour l'année 1856 (2e semestre) et pour l'année 1856, étant échus, sont remboursables dès à présent.

Abonnement pour frais de bureau et impressions à rembourser par la caisse de la dotation de l'armée. (Avis de la commission supérieure. — Séance du 17 mars 1857.)

ANNÉE 18	QUOTITÉ DE L'ABONNEMENT	SOMME À PAYER

Certifié par nous, Membres du conseil d'administration *central* dudit corps, le présent état montant à la somme de

A   , le   18   .

Vu et vérifié par nous, Sous-Intendant militaire, chargé de la surveillance administrative, le présent état s'élevant à la somme de
à payer à ce corps par le préposé de la caisse des dépôts et consignations le plus voisin de la place d.

A   , le   18   .

Reçu du préposé de la caisse des dépôts et consignations à la somme de   pour les causes énoncées ci-dessus.

A   , le   18   .

Les Membres du conseil d'administration,

CAISSE DES DÉPÔTS
et consignations.

Art. 1er de la loi
de
28 avril 1855.

Art. 16 et 17 du décret
du 9 janvier 1856.

MODÈLE N° 2.

Annexe à la circulaire de la caisse des dépôts et consignations du 1er juin 1857.

CAISSE DE LA DOTATION DE L'ARMÉE.

VERSEMENT VOLONTAIRE.

(PRIME DE RENGAGEMENT. — Décision du ministre de la guerre du 16 juillet 1856.)

DÉCLARATION DE VERSEMENT.

L (1)   du (2)
au nom du conseil d'administration, déclare verser pour le compte de
nom
prénoms
surnoms
né à   le
régiment
grade
à la caisse de la dotation de l'armée, entre les mains du préposé de la caisse
des dépôts et consignations, la somme de

provenant de prime de rengagement. (Exécution de la décision de S. Exc.
le ministre de la guerre du 16 juillet 1856.)

A   , le   18   .

L (1)

Le Receveur préposé
de la caisse des dépôts et consignations.

---

(1) Indiquer la qualité de l'officier qui effectue le versement.
(2) Indiquer le corps.

(B. O. p. 1198.) Le Ministre de la marine *aux Préfets maritimes; Gouverneurs des colonies; Commissaires généraux de la marine; Conseils d'administration des divisions, des bâtiments et des corps de troupe de la marine.*

(Direction du personnel : bureaux des corps organisés
et de la justice maritime.)

Paris, le 19 décembre 1857.

Envoi d'une circulaire du ministre de la guerre relative à la formation et à l'envoi d'états périodiques destinés à faire connaître les sommes à payer, à leur libération définitive, aux militaires rengagés dans les conditions de la loi du 26 avril 1855. Application de ces dispositions aux marins et militaires de l'armée de mer.

Messieurs, aux termes de l'article 12 de la loi du 26 avril 1855 et des instructions en vigueur, les militaires rengagés ou engagés après libération, avant d'avoir accompli quatorze ans de services, reçoivent, à leur libération définitive, la dernière portion de la prime ou des annuités qui leur ont été attribuées.

Déjà, et pour être en mesure de satisfaire à ces prescriptions, M. le ministre de la guerre, par deux circulaires que vous trouverez ci-annexées, a prescrit la formation et l'envoi d'états nominatifs à transmettre, *dans les cinq premiers jours de chaque trimestre*, à la caisse générale des dépôts et consignations, et faisant connaître par corps les militaires ayant droit à des allocations autres que la haute paye journalière, et qui seraient libérables dans le courant du trimestre suivant.

Ces dispositions sont applicables en tous points aux marins du *recrutement* et aux militaires des différents corps de la marine placés dans les conditions de la loi du 26 avril 1855; vous aurez donc à vous conformer, chacun en ce qui vous concerne, aux prescriptions des circulaires des 10 août et 2 décembre 1857, dont vous trouverez ci-après ampliation, et, par suite, vous devrez à l'avenir m'adresser, sous le présent timbre *et dans les cinq premiers jours de chaque trimestre*, des états nominatifs établis par corps de troupe, division ou bâtiment (d'après le modèle ci-annexé), et faisant connaître les sommes à payer, à leur libération, aux militaires ou marins rengagés ou engagés dans les conditions de la loi du 26 avril 1855, et libérables dans le cours du trimestre suivant.

Au fur et à mesure que ces documents me parviendront, je les transmettrai à la direction de la caisse générale des dépôts et consignations, qui se trouvera ainsi en mesure de vérifier en temps opportun la position des intéressés et la régularité des payements à effectuer en leur faveur.

J'appelle toute votre attention sur les dispositions qui précèdent.

Recevez, etc.

L'Amiral Ministre Secrétaire d'État de la marine et des colonies,
Signé HAMELIN.

———

ANNEXE N° 1.

———

Le Ministre de la guerre aux Intendants militaires des divisions territoriales et actives.

(1re direction, personnel : bureau du recrutement.)

Paris, le 2 décembre 1857.

Au sujet des états destinés à faire connaître les sommes à payer, à leur libération définitive, aux militaires rengagés dans les conditions de la loi du 26 avril 1855.

Messieurs, aux termes de la circulaire ministérielle du 10 août 1857, n° 509, les conseils d'administration des corps sont tenus de me faire parvenir, par votre intermédiaire, dans les cinq premiers jours de chaque trimestre, les états nominatifs des militaires rengagés ou engagés en conformité de la loi du 26 avril 1855, et dont le temps de service expire dans le courant du trimestre suivant.

Ces états doivent comprendre la *totalité* des militaires rengagés ayant droit à des allocations autres que la haute paye

journalière de rengagement, lors même qu'ils auraient souscrit
de nouveaux actes qui auraient pour effet de reculer leur libération définitive, et, par suite, le payement de la dernière portion des allocations qui leur reviennent.

Cependant il résulte des renseignements qui me sont fournis
par la direction générale de la caisse des dépôts et consignations
qu'un certain nombre d'hommes qui, d'après la durée du rengagement indiquée sur les feuilles individuelles, seraient libérables le 31 décembre 1857, ne figurent pas sur les états que
vous m'avez transmis pour les militaires de cette catégorie.

Cette omission est contraire aux dispositions contenues dans
la circulaire précitée, et il importe qu'elle soit promptement
réparée. Afin d'éviter tout retard en ce qui concerne les rengagés dont le temps de service expire le 31 décembre prochain,
j'invite, par dépêche de ce jour, les sous-intendants chargés de la
surveillance administrative des corps dans lesquels des omissions
de cette nature m'ont été signalées, à m'adresser *directement* des
états supplémentaires au sujet des militaires dont il s'agit.

De votre côté, vous veillerez à ce que les conseils d'administration se conforment exactement, à l'avenir, aux prescriptions
ci-dessus rappelées. Ils devront, en outre, indiquer dans la colonne des observations ceux des militaires dont la libération
définitive se trouverait, par suite de nouveaux rengagements,
reportée à une date postérieure.

Quant aux états qui m'ont été adressés pour les rengagés libérables dans le 1ᵉʳ trimestre de 1858, et qui ne comprendraient
pas la totalité de ces militaires, vous les ferez compléter par des
états supplémentaires que vous me transmettrez dans le plus
bref délai possible.

Pour faciliter les recherches, vous voudrez bien également
prescrire que, dans le cas où le payement des premières portions
des allocations revenant aux rengagés n'aurait pas eu lieu dans
le corps auquel ils appartiennent actuellement, mention soit
faite, à la colonne des observations, du corps qui aurait effectué
ce payement.

Recevez, etc.

Le Maréchal de France
Ministre Secrétaire d'État de la guerre,

Signé VAILLANT.

ANNEXE N° 2

---

*Le Ministre de la guerre aux Intendants militaires des divisions
territoriales et actives.*

(1re direction, personnel : bureau du recrutement.)

Paris, le 10 août 1857.

*Au sujet des sommes à payer, à leur libération du service, aux
militaires rengagés ou engagés dans les conditions de la loi du
26 avril 1855.*

Messieurs, aux termes de l'article 12 de la loi du 26 avril
1855 et des instructions ministérielles, les militaires rengagés
ou engagés après libération, avant d'avoir accompli quatorze
ans de service, reçoivent, à leur libération définitive, la dernière portion de la prime ou des annuités qui leur ont été attribuées.

Afin d'être en mesure de satisfaire à ces prescriptions, je vous
invite à demander aux conseils d'administration des corps de
votre division, et à m'adresser, avec vos observations, le 15 septembre prochain, au plus tard, un état nominatif de ceux de
ces militaires ayant droit à des allocations autres que la haute-
paye journalière, dont le temps de service expire le 31 décembre 1857.

Cet état, conforme au modèle ci-joint, fera connaître les
sommes déjà remises à ces militaires et celles qui restent à leur
payer pour solde définitif. En conséquence, les sommes portées
dans les colonnes 10 et 11 devront toujours présenter un total
égal au montant des allocations auxquelles donne droit le rengagement ou l'engagement volontaire après libération (colonne 9).

J'attache la plus grande importance à ce que ce document
soit établi avec une rigoureuse exactitude. Vous ne laisserez pas
ignorer, d'ailleurs, aux conseils d'administration des corps et aux
sous-intendants militaires, que leur responsabilité se trouverait

10.

engagée si, par suite de négligence de leur part, les intérêts de la caisse de la dotation de l'armée venaient à être compromis.

A l'avenir, dans les cinq premiers jours de chaque trimestre, un état semblable me sera adressé par votre intermédiaire pour les hommes libérables dans le courant du trimestre suivant.

Les militaires devront être portés sur cet état par ordre de date de libération.

Recevez, etc.

Le Maréchal de France,
Ministre Secrétaire d'État de la guerre,

Signé VAILLANT.

DIVISION
MILITAIRE.

PLACE

ANNEXE N° 3

Circulaire ministérielle
du 12 mai 1857.

(1) Désigner le corps.

(1)

ÉTAT

*Des sommes à payer, à leur libération du service, à des militaires rengagés
ou engagés dans les conditions de la loi du 26 avril 1855.*

NUMÉROS MATRICULES.	NOMS, PRÉNOMS ET SURNOMS des militaires.	GRADES.	DATE du ENGAGEMENT ou de l'engagement.	DURÉE du ENGAGEMENT ou de l'engagement.	ÉPOQUE À LAQUELLE l'engagement ou l'engagement a commencé à courir.
1	2	3	4	5	6

Vu et vérifié :

Le Sous-Intendant militaire,

DATE de sa libération.	DURÉE de service accompli à l'époque à laquelle le rengagement ou l'engagement a commencé à courir.	MONTANT des allocations auxquelles donne droit le rengagement ou l'engagement.	SOMMES payées pendant le cours du service.	SOMMES restant à payer à la libération	OBSERVATIONS.
7	8	9	10	11	12

A   , le   18

Les Membres du conseil d'administration.

[Journal milit. p. xxb,
1er sem. 1858.]

LOI

Portant que le remplacement et la substitution de numéros autorisés par la loi du 21 mars 1832, sur le recrutement de l'armée, ne pourront avoir lieu qu'entre frères, beaux-frères et parents jusqu'au sixième degré.

Du 17 mars 1858.

NAPOLÉON, par la grâce de Dieu et la volonté nationale, EMPEREUR DES FRANÇAIS,

A tous présents et à venir, SALUT.

AVONS SANCTIONNÉ et SANCTIONNONS, PROMULGUÉ et PROMULGUONS ce qui suit :

LOI

Extrait du procès-verbal du Corps législatif.

LE CORPS LÉGISLATIF A ADOPTÉ LE PROJET DE LOI dont la teneur suit :

ARTICLE UNIQUE. L'article 10 de la loi du 26 avril 1855 est modifié ainsi qu'il suit :

Le mode de remplacement établi par la loi du 21 mars 1832 est supprimé, si ce n'est entre frères, beaux-frères et parents jusqu'au sixième degré.

La substitution de numéros autorisée par ladite loi ne pourra également avoir lieu qu'entre frères, beaux-frères et parents jusqu'au sixième degré, concourant au tirage de la même classe et dans le même canton.

Délibéré en séance publique, à Paris, le 20 février 1858.

Le Président,

Signé Comte DE MORNY.

Les Secrétaires,

Signé Comte JOACHIM MURAT, marquis DE CHAUMONT-QUITRY, DE KERSAINT, TESNIÈRE.

Extrait du procès-verbal du Sénat.

Le Sénat ne s'oppose pas à la promulgation de la loi tendant à limiter la substitution de numéros autorisée par les lois des 21 mars 1832 et 26 avril 1855.

Délibéré et voté en séance, au palais du Sénat, le 13 mars 1858.

Le Président,

Signé TROPLONG.

Les Secrétaires,

Signé Général DE MAC-MAHON, général marquis DE GROUCHY, baron T. DE LACROSSE.

Vu et scellé du sceau du Sénat :

Le Sénateur Secrétaire,

Signé Baron T. DE LACROSSE.

MANDONS et ORDONNONS que les présentes, revêtues du sceau de l'État et insérées au Bulletin des lois, soient adressées aux cours, aux tribunaux et aux autorités administratives, pour qu'ils les inscrivent sur leurs registres, les observent et les fassent observer, et notre ministre secrétaire d'État au département de la justice est chargé d'en surveiller la publication.

Fait au palais des Tuileries, le 17 mars 1858.

Signé NAPOLÉON.

Par l'Empereur :

Vu et scellé du grand sceau :

Le Garde des Sceaux, Ministre Secrétaire d'État au département de la justice,

Signé E. DE ROYER.

Le Ministre d'État,

Signé ACHILLE FOULD.

Nota. Par suite des dispositions de cette loi, le ministre de la guerre a pris, le 9 juin 1858, une décision rendue applicable dans la marine par dépêche du 31 mars 1864 (B. O. p. 335), et d'après laquelle les remplacements entre parents jusqu'au sixième degré peuvent être autorisés dans les corps, selon les convenances du service. — Ces remplacements sont laissés à l'appréciation des chefs de corps et des généraux. Ils doivent être effectués conformément aux règles prescrites par l'ordonnance du 26 janvier 1837.

Dotation de l'armée.

B. O. p. 162.   Le MINISTRE DE LA MARINE aux *Préfets maritimes ; Commissaires généraux de la marine et Directeurs d'artillerie.*

(Administration des invalides : bureau des invalides et des pensions.)

Paris, le 18 janvier 1858.

Ordre de joindre aux propositions de pensions concernant les armuriers et infirmiers de la marine, des certificats analogues à ceux qui sont exigés par la circulaire du 13 mai 1856 pour les équipages de la flotte et pour la gendarmerie maritime.

MESSIEURS, aux termes d'une circulaire du 13 mai 1856 (*Bulletin officiel*, p. 461), les mémoires de proposition à la pension, établis par les conseils d'administration, soit des divisions des équipages de la flotte, soit de la gendarmerie maritime, doivent être accompagnés de certificats constatant que les marins ou militaires auxquels ils s'appliquent *étaient ou n'étaient pas liés au service en vertu des lois des 21 mars 1832 ou 26 avril 1855.*

D'après les principes posés dans les circulaires des 2 et 14 novembre dernier, sous le timbre de la direction du personnel, il conviendra de joindre, à l'avenir, des certificats analogues aux propositions de pensions concernant les *armuriers* de la marine.

Je fais la même recommandation en ce qui concerne les *infirmiers* qui seront proposés pour la retraite.

Veuillez faire prendre note de ces dispositions en marge de la circulaire du 13 mai 1856, à laquelle sont, d'ailleurs, annexés les modèles des certificats exigés.

Recevez, Messieurs, l'assurance de ma considération très-distinguée.

L'Amiral Ministre Secrétaire d'État de la marine et des colonies,

Signé HAMELIN.

Le Ministre de la marine au *Préfet maritime à Brest.*   (M. O. p. N°)

(Direction du personnel : bureau de la solde, des revues et de l'habillement, et bureau des corps organisés et de la justice maritime.)

Paris, le 2 mars 1858.

Les chefs armuriers doivent bénéficier des dispositions de la loi sur la dotation de l'armée, sous les mêmes conditions que les autres employés du personnel des armuriers militaires de la marine.

Monsieur le Préfet, par lettre en date du 22 février dernier, vous m'avez consulté sur la question de savoir si, en présence des dispositions de la circulaire du 27 novembre dernier (1), relative à l'administration du personnel des armuriers de la marine, les chefs armuriers qui ne sont pas encore liés au service en vertu d'engagements militaires pouvaient prétendre, néanmoins, aux hautes payes accordées par la loi sur la dotation de l'armée, ou si, pour y avoir droit, ils devraient souscrire des engagements.

L'incertitude qui s'est produite à ce sujet provient de ce que ces employés militaires ont été, à tort, considérés au port de Brest comme étant dans une position identique à celle des gardes d'artillerie et des ouvriers d'état.

La position des chefs armuriers a été déterminée par les articles 19 et 21 du décret d'organisation, en date du 23 janvier 1856. Aux termes de l'article 19, tous les ouvriers armuriers, sans acception de grade, sont aptes à recevoir la médaille militaire; l'article 21 assimile aux adjudants sous-officiers les chefs armuriers des deux classes.

La conséquence à tirer de ces dispositions est que le décret a entendu placer ces agents dans la catégorie des sous-officiers, et qu'à ce titre, et conformément à l'article 25 du décret, ils ne

---

(1) Cette circulaire du 27 novembre 1857 n'est pas reproduite dans le présent Recueil, ses dispositions ayant été remplacées par celles de la dépêche du 8 juin 1866, insérée in extenso, page 293.

peuvent, de même que les maîtres, seconds maîtres et quartiers-maîtres armuriers, être maintenus au service qu'en vertu d'engagements et de rengagements.

Les avantages attachés à cette situation sont dès lors acquis, de plein droit, aux chefs armuriers, et il convient de leur faire une application complète et sans réserve des dispositions de la circulaire du 2 novembre 1857, laquelle a statué sur la position du personnel des armuriers militaires de la marine vis-à-vis de la loi du 26 avril 1855, sur la dotation de l'armée.

Veuillez, je vous prie, donner des ordres pour l'exécution des prescriptions contenues dans la présente dépêche.

Recevez, etc.

L'Amiral Ministre Secrétaire d'État de la marine et des colonies,

Signé HAMELIN.

(B. O. p. 33.) *Le Ministre de la marine aux Préfets maritimes; Officiers généraux, supérieurs et autres, commandant à la mer; Commissaires généraux de la marine; Conseils d'administration des corps de troupes de la marine, des divisions et des bâtiments.*

(Direction du personnel : bureau des corps organisés et de la justice maritime.)

Paris, le 5 juin 1858.

Envoi d'un décret impérial, en date du 15 mai 1858, relatif aux versements exceptionnels faits aux caisses d'épargne par des militaires ou marins liés au service suivant les conditions de la loi du 26 avril 1855.

Messieurs, j'ai l'honneur de vous adresser ampliation d'un décret impérial en date du 15 mai 1858, rendu sur le rapport de M. le ministre de l'agriculture, du commerce et des travaux publics, et relatif aux *versements exceptionnels* que les militaires et marins des armées de terre et de mer liés au service, suivant les conditions de la loi du 26 avril 1855, peuvent être admis à faire aux caisses d'épargne.

Les dispositions que consacre ce décret sont applicables aux militaires des corps de troupe de la marine ainsi qu'aux marins des équipages de la flotte provenant du recrutement ou de l'engagement volontaire.

Recevez, etc.

L'Amiral Ministre Secrétaire d'État de la marine et des colonies,
Signé HAMELIN.

ANNEXE.

—

DÉCRET.

NAPOLÉON, par la grâce de Dieu et la volonté nationale, EMPEREUR DES FRANÇAIS,

A tous présents et à venir, SALUT.

Sur le rapport de notre ministre secrétaire d'État au département de l'agriculture, du commerce et des travaux publics,

Vu l'avis de nos ministres secrétaires d'État aux départements de la marine et des colonies, de la guerre, et des finances;

Vu les lois des 22 juin 1845 et 30 juin 1851, et l'ordonnance du 28 juillet 1846, sur les caisses d'épargne;

Vu la loi du 26 avril 1855 et le décret du 9 janvier 1856, sur la création d'une dotation de l'armée, sur le rengagement et le remplacement et sur les pensions militaires;

Notre Conseil d'État entendu,

AVONS DÉCRÉTÉ et DÉCRÉTONS ce qui suit:

ARTICLE PREMIER.

Les hommes liés au service dans les armées de terre et de mer, suivant les conditions déterminées par la loi du 26 avril 1855 et le décret du 9 janvier 1856, qui voudront jouir de la faveur accordée aux remplaçants dans les armées de terre et de mer par la loi du 30 juin 1851, sur les caisses d'épargne, devront satisfaire aux conditions suivantes.

ART. 2.

Les militaires et marins admis à contracter un rengagement et les engagés volontaires après libération, qui se présenteront pour déposer en un seul versement, aux caisses d'épargne, toute portion de prime à eux payable soit au début, soit dans le cours de la durée du service, conformément aux articles 12 et 14 de la loi du 26 avril 1855 et à l'article 26 du décret du 9 janvier 1856, produiront, suivant qu'ils seront rengagés ou engagés :

Une expédition de l'acte de rengagement dressé par le sous-intendant ou par le commissaire de la marine,

Ou une expédition de l'acte d'engagement volontaire après libération reçu par le maire et visé par le sous-intendant militaire ou par le commissaire de la marine.

Ils produiront, en outre, un certificat constatant l'origine et le montant des deniers, délivré par le comptable qui leur aura remis les fonds.

ART. 3.

Les remplaçants admis par application de l'article 15 de la loi du 26 avril 1855, qui voudront déposer en un seul versement, soit la totalité, soit toute portion du prix de leur remplacement, produiront une expédition de l'acte administratif de remplacement dressé par le sous-intendant militaire ou par le commissaire de la marine, conformément aux articles 64 et 65 du décret du 9 janvier 1856.

ART. 4.

Les remplaçants admis par application de l'article 10 de la loi du 26 avril 1855 continueront à produire les justifications exigées par l'article 2, §§ 1 et 2, de l'ordonnance du 28 juillet 1846.

ART. 5.

Nos ministres secrétaires d'État aux départements de l'agriculture, du commerce et des travaux publics, des finances, de la guerre, et de la marine, sont chargés, chacun en ce qui le concerne, de l'exécution du présent décret.

Fait au palais des Tuileries, le 15 mai 1858.

Signé NAPOLÉON.

Par l'Empereur :

Le Ministre de l'agriculture, du commerce et des travaux publics,

Signé E. Rouher.

Le Ministre Secrétaire d'État de la guerre à MM. les Généraux commandant les divisions et les subdivisions territoriales et actives; les Préfets des départements; les Intendants et les Sous-Intendants militaires; les Chefs de corps de toutes armes; les Chefs de légion et les Commandants de compagnie de gendarmerie; les Commandants des dépôts de recrutement et de réserve.

(1ʳᵉ direction, personnel : bureau du recrutement.)

Paris, le 7 septembre 1858.

Envoi d'un décret impérial qui élève à 3 1/2 p. 0/0 l'intérêt applicable aux versements volontaires faits à la caisse de la dotation de l'armée.

Messieurs, aux termes de l'article 1ᵉʳ de la loi du 26 avril 1855 et du décret du 9 janvier 1856, portant règlement d'administration publique pour l'application de cette loi, la caisse de la dotation de l'armée reçoit les versements volontaires qui lui sont faits par les militaires de tous grades, dans le cours de leur service, ainsi que les versements opérés par des jeunes gens ou en leur nom, avant l'appel de leur classe, en vue de leur exonération du service militaire.

Le décret précité fixait à 3 p. 0/0 l'intérêt applicable à ces versements.

La caisse de la dotation étant appelée à devenir la véritable caisse d'épargne de l'armée, il importait qu'elle offrît à ses déposants les mêmes avantages que les caisses d'épargne. A cet effet, un décret impérial rendu, sur ma proposition, le 28 août dernier, a élevé de 3 p. 0/0 à 3 1/2 p. 0/0 l'intérêt auquel donnent droit les versements volontaires faits à la caisse de la dotation de l'armée. Vous en trouverez ci-joint un exemplaire.

Les généraux commandant les divisions territoriales et actives et les préfets prendront immédiatement les mesures nécessaires pour y donner la plus grande publicité possible.

Recevez, etc.

Le Maréchal de France
Ministre Secrétaire d'État de la guerre,

Signé VAILLANT.

ANNEXE.

—

DÉCRET IMPÉRIAL.

*Concernant les versements volontaires faits, à titre de dépôt, à
la caisse de la dotation de l'armée par les militaires de tous
grades, dans le cours de leur service.*

Du 28 août 1858.

NAPOLÉON, par la grâce de Dieu et la volonté nationale,
Empereur des Français,

A tous présents et à venir, salut.

Sur le rapport de notre ministre secrétaire d'État au département
de la guerre;

Vu l'avis de la commission supérieure de la dotation de l'armée,
en date du 2 mars 1857;

Vu l'avis de notre ministre secrétaire d'État au département des
finances, en date du 13 juin 1857;

Vu les lois des 30 juin 1851 et 7 mai 1853, sur les caisses d'é-
pargne;

Vu la loi du 26 avril 1855, relative à la création d'une dotation
de l'armée, au rengagement, au remplacement et aux pensions militaires;

Vu les articles 16 et 20 de notre décret du 9 janvier 1856, portant
règlement d'administration publique pour l'exécution de ladite loi;

Notre Conseil d'État entendu,

Avons décrété et décrétons ce qui suit :

ARTICLE PREMIER.

Les versements volontaires faits, à titre de dépôt, à la caisse
de la dotation de l'armée par les militaires de tous grades, dans
le cours de leur service, ou par des tiers en leur nom, et les
versements faits à la même caisse par des jeunes gens, ou en
leur nom, avant l'appel de leur classe, en vue d'une exonération
ultérieure, donnent droit à un intérêt de 3 1/2 p. o/o.

ART. 2.

Nos ministres secrétaires d'État aux départements de la guerre et des finances sont chargés, chacun en ce qui le concerne, de l'exécution du présent décret.

Fait au palais de Saint-Cloud, le 28 août 1858.

Signé NAPOLÉON.

Par l'Empereur :

Le Maréchal de France
Ministre Secrétaire d'État au département de la guerre,

Signé VAILLANT.

LE MINISTRE DE LA MARINE AUX Préfets maritimes. [B. O. p. 394.]

(Direction du personnel : bureau des corps organisés
et de la justice maritime.)

Paris, le 16 décembre 1858.

Dispositions relatives aux jeunes soldats qui demandent à se faire exonérer sans rejoindre les corps auxquels ils ont été affectés.

MONSIEUR LE PRÉFET, je vous transmets ci-après ampliation d'une circulaire, en date du 30 novembre 1858, émanant du département de la guerre et relative aux jeunes soldats qui, déjà compris dans le contingent de la classe, demandent à se faire exonérer, sans rejoindre les corps auxquels ils ont été affectés.

Les dispositions contenues dans cette circulaire doivent être rendues applicables aux jeunes soldats désignés pour un des corps de l'armée de mer.

En conséquence, il résulte des mesures que je viens d'arrêter de concert avec M. le maréchal Vaillant qu'à l'avenir les demandes de l'espèce formées par des jeunes soldats des départements de l'intérieur, désignés pour un des corps de l'armée de mer, me seront transmises directement par l'autorité militaire, à laquelle il appartiendra de m'adresser des propositions individuelles en faveur de ceux de ces jeunes gens dont le maintien dans leurs foyers paraîtrait complétement justifié.

Je me réserve de statuer sur ces demandes et de faire opérer directement l'exonération des intéressés par l'intermédiaire des généraux divisionnaires, qui, en même temps, demeureront chargés de notifier ma décision à l'autorité maritime compétente.

Veuillez appeler sur les dispositions qui précèdent l'attention de qui de droit.

Recevez, etc.

L'Amiral Ministre Secrétaire d'État de la marine,
Signé HAMELIN.

ANNEXE

Le Ministre de la guerre aux Maréchaux commandants supérieurs des divisions; à M. le général commandant supérieur des forces militaires de terre et de mer en Algérie; aux Généraux commandant les divisions de l'Intérieur.

(1re direction, personnel ; bureau du recrutement, dotation.)

Paris le 30 novembre 1858.

Au sujet des jeunes soldats de la classe de 1857 qui demanderaient à se faire exonérer sans rejoindre les corps auxquels ils sont affectés.

Messieurs, j'ai été consulté sur les mesures à prendre à l'égard des jeunes soldats de la classe de 1857 qui demanderaient à se faire exonérer du service sans rejoindre les corps auxquels ils ont été affectés.

La loi du 26 avril 1855 a créé un droit absolu à l'exonération pour les appelés qui effectuent, dans les dix jours qui suivent la clôture des opérations des conseils de révision, le versement de la prestation individuelle; mais ce droit cesse pour les jeunes gens lorsqu'ils ont laissé expirer le délai légal. Ce n'est plus qu'à titre de faveur qu'ils peuvent obtenir leur exonération du service. Cette faveur doit être appliquée avec une sage réserve, et seulement lorsque les demandes sont fondées sur des motifs tout à fait exceptionnels, et appuyées des plus sérieuses justifications (circulaire du 23 janvier 1858). Cette question intéresse d'une manière toute particulière le recrutement de l'armée, qui pourrait se trouver compromis si le produit des appelés venait à être réduit outre mesure par un trop grand nombre d'exonérations.

Par ces motifs, je me réserve de statuer sur la position des jeunes gens qui, ne s'étant pas fait exonérer par les conseils de révision, demanderaient leur exonération comme militaires sous les drapeaux. Si, parmi ces hommes, il en est dont le maintien dans leurs foyers vous paraisse complétement justifié, vous aurez à m'adresser à leur égard des propositions individuelles, et vous pourrez, s'il y a lieu, surseoir provisoirement à leur départ, en attendant ma décision.

Recevez, etc.

Le Maréchal de France
Ministre Secrétaire d'État de la guerre,

Signé VAILLANT.

LE *Ministre de la marine* aux *Préfets maritimes.*

(Direction du personnel ; bureau des corps organisés
et de la justice maritime.)

Paris, le 26 février 1859.

Au sujet du décompte des services des militaires de la gendarmerie impériale maritime qui demandent à s'engager ou à se rengager, en conformité de la loi du 26 avril 1855.

MONSIEUR LE PRÉFET, j'ai été consulté sur la question de savoir s'il y a lieu d'admettre dans le décompte des services des militaires de la gendarmerie maritime qui demandent à se rengager ou à s'engager, en conformité de la loi du 26 avril 1855, le temps qu'ils ont passé dans l'arme en vertu de commissions ministérielles.

D'après la jurisprudence adoptée par le département de la guerre, et que j'ai cru devoir rendre applicable à la gendarmerie impériale maritime, les services dont il s'agit doivent être assimilés à ceux qui ont été accomplis sous l'empire des lois sur le recrutement de l'armée, s'ils ont succédé, sans interruption à ces derniers. Mais il n'en est pas ainsi lorsqu'il s'est écoulé un intervalle, quel qu'il soit, entre l'expiration du service légal et l'admission dans la gendarmerie.

Dans ce dernier cas, il n'y a pas lieu de tenir compte des services faits en vertu de commissions ministérielles, pour déterminer les droits aux allocations prévues par l'article 12 de la loi du 26 avril 1855.

Par une conséquence naturelle de ces dispositions, les militaires de la gendarmerie sont admissibles à souscrire des *rengagements* :

1° Lorsqu'ils sont entrés dans la septième et dernière année du service auquel ils sont liés en vertu des lois sur le recrutement de l'armée, comme appelés, substituants, remplaçants, engagés volontaires ou rengagés;

2° Lorsqu'après avoir accompli leur service légal dans une de ces positions, ils ont continué à servir, *sans interruption*, dans la gendarmerie comme commissionnés.

Quant aux engagements volontaires, ils ne peuvent être souscrits que par d'anciens militaires libérés depuis moins d'une année (1), et dont l'admission dans la gendarmerie maritime est postérieure à leur libération, pourvu qu'ils aient accompli à cette époque au moins sept ans de service, en vertu des lois sur le recrutement de l'armée, qu'ils ne soient ni mariés, ni veufs avec enfants, ni âgés de plus de trente-cinq ans.

La décision préalable du ministre est nécessaire pour l'engagement des militaires de la gendarmerie placés dans cette situation. Mais les rengagements à souscrire par les sous-officiers, brigadiers et gendarmes encore liés au service doivent s'effectuer sans l'intervention ministérielle, attendu qu'ils sont prévus par l'article 25 du décret du 9 janvier 1856 et par le tableau n° 1 qui accompagne ce règlement.

Veuillez, je vous prie, assurer l'exacte observation de ces principes dans la compagnie de gendarmerie maritime employée sous vos ordres.

Recevez, etc.

L'Amiral Ministre Secrétaire d'État de la marine,

Signé HAMELIN.

---

(1) Circulaires des 19 juin et 5 juillet 1856, *Bulletin officiel*, 1856, p. 586-587.

Le Ministre de la marine aux Préfets maritimes.   (B. O. p. 535.)

(Direction du personnel : bureau des corps organisés
et de la justice maritime.)

Paris, le 23 juin 1859.

Les services accomplis comme inscrit maritime *ne peuvent être
compris dans les décomptes des droits acquis aux allocations
accordées par la loi de dotation.*

Monsieur le Préfet, mon attention a été appelée sur la divergence d'opinions qui s'est produite, dans plusieurs circonstances, au sujet de la valeur à attribuer, dans l'appréciation des droits à la jouissance des allocations établies par la loi du 26 avril 1855, aux services antérieurs accomplis en qualité d'*inscrit maritime.*

Cette question trouve sa solution dans ce principe fondamental, que *la loi de dotation n'est pas applicable aux marins de l'inscription,* principe qui résulte des termes mêmes des articles 11 et 13 de la loi du 26 avril 1855, et qui, nettement établi par la circulaire du 14 février 1856 (*Bulletin officiel,* 1856), trouve sa consécration dans les actes divers sur lesquels repose aujourd'hui la jurisprudence suivie par le département de la marine dans l'application de cette loi.

Il ne peut donc rester aucun doute sur ce point, en se reportant aux dispositions que je viens de rappeler, et, dès lors, il demeure bien entendu que les services acquis comme inscrit maritime *ne peuvent, dans aucun cas, être compris dans le décompte des services antérieurs donnant régulièrement droit aux allocations accordées par la loi du 26 avril 1855,* allocations qui, pour le marin de cette provenance, trouvent d'ailleurs leur équivalent dans la *prime de réadmission* établie par l'article 91 du décret organique du 5 juin 1856 et réglementée par le décret du 11 août suivant (titre II, chapitre IV, section 5).

Veuillez faire notifier à qui de droit les explications contenues dans la présente dépêche.

Recevez, etc.

L'Amiral Ministre Secrétaire d'État de la marine,

Signé HAMELIN.

(Journal mil. p. 183.) LE MINISTRE SECRÉTAIRE D'ÉTAT DE LA GUERRE à MM. les Maréchaux commandants supérieurs; les Généraux commandant les divisions et les subdivisions territoriales et actives; les Intendants et les Sous-Intendants militaires; les Chefs de corps de toutes armes.

(1re direction, personnel; bureau du recrutement, dotation.)

Paris, le 16 août 1859.

Dispositions relatives aux militaires rengagés ou engagés,
avec prime, qui se font exonérer du service.

MESSIEURS, aux termes des instructions ministérielles des 2 août 1855 et 26 janvier 1856, les sommes payées comptant aux militaires rengagés ou engagés, avec prime, ne sont pas sujettes à répétition, lorsque, dans les cas prévus par les articles 16 et 17 de la loi du 26 avril 1855, leur quotité excède la part proportionnelle à la durée du service accompli par les hommes dont la position vient à se modifier avant l'expiration de leur rengagement ou de leur engagement.

D'après la jurisprudence généralement suivie, cette mesure est appliquée aux rengagés et aux engagés, avec prime, qui obtiennent l'exonération du service; mais cette extension, que ne justifie pas un manque de ressources de la part des exonérés, ne saurait être maintenue sans inconvénient pour les intérêts de la caisse de la dotation.

En conséquence, et conformément à l'avis émis par la commission supérieure de la dotation, j'ai arrêté les dispositions suivantes :

Lorsque la somme payée comptant au rengagé ou à l'engagé sera supérieure à la part proportionnelle qui lui revient, le militaire sera tenu de verser à la caisse de la dotation de l'armée, en sus du prix de l'exonération, la portion de la prime qu'il aura reçue en trop. Si, au contraire, les allocations soldées au moment du rengagement ou de l'engagement sont inférieures à la part proportionnelle due au militaire, la différence sera liquidée à son profit.

Je vous invite à assurer, chacun en ce qui vous concerne, l'exécution de ces dispositions.

Recevez, etc.

Le Maréchal de France
Ministre Secrétaire d'État de la guerre,
Signé RANDON.

LE MINISTRE DE LA MARINE *aux Préfets maritimes; Gouverneurs des Colonies; Commissaires généraux de la marine; aux Conseils d'administration des divisions, des bâtiments et des corps de troupes de la marine.*

(Direction du personnel : bureau des corps organisés et de la justice maritime.)

Paris, le 14 février 1860.

Envoi d'une circulaire du ministre de la guerre portant instructions relatives aux dépôts faits par des officiers à la caisse de la dotation de l'armée.

MESSIEURS, j'ai l'honneur de vous adresser ampliation d'une circulaire de M. le ministre de la guerre portant instructions relatives aux dépôts faits par des officiers à la caisse de la dotation de l'armée.

Ces instructions, qui sont la conséquence d'une décision impériale du 13 novembre 1859, ont été concertées entre MM. les ministres de la guerre et des finances et sont applicables à mon département; elles ont pour objet d'autoriser les officiers à opérer *directement, sans l'intervention des conseils d'administration des corps,* le retrait des sommes par eux versées, à titre de dépôt, à la caisse de dotation, les affranchissant ainsi des obligations que l'article 32 du décret du 9 janvier 1856 impose, dans ce cas, aux militaires en activité de service.

Veuillez pourvoir à ce que ces nouvelles dispositions soient portées à la connaissance des intéressés.

Recevez, etc.

L'Amiral Ministre Secrétaire d'État de la marine,
Signé HAMELIN.

ANNEXE.

—

Le Ministre de la guerre aux Maréchaux commandant les corps d'armée; Généraux commandant les divisions et les subdivisions territoriales et actives; Intendants et Sous-intendants militaires; Chefs de corps de toutes armes; Chefs de légion et Commandants de compagnie de gendarmerie; Commandants des dépôts de recrutement et de réserve

(1re direction, personnel : bureau du recrutement.)

Paris, le 1er février 1860.

Instructions relatives aux dépôts faits par des officiers à la caisse de la dotation de l'armée.

Messieurs, aux termes de l'article 32 du décret du 9 janvier 1856, portant règlement d'administration publique pour l'exécution de la loi du 26 avril 1855, les versements volontaires faits, à titre de dépôt, à la caisse de la dotation de l'armée par des militaires de tous grades, dans le cours de leur service, ne peuvent être retirés que sur l'avis des conseils d'administration des corps.

Adoptées dans le but d'assurer le maintien de la discipline et de protéger les militaires contre de funestes entraînements, ces dispositions ne devaient pas évidemment être appliquées aux officiers.

De concert avec M. le ministre des finances et de l'avis de la commission supérieure de la dotation de l'armée, j'ai soumis cette observation à l'Empereur, et, par décision du 13 novembre dernier, Sa Majesté a bien voulu autoriser les officiers à opérer directement, sans l'intervention des conseils d'administration des corps, le retrait des sommes versées par eux à la caisse de la dotation, comme ils opèrent déjà leurs versements.

Ces officiers n'auront, en conséquence, qu'à faire parvenir une demande de retrait, par lettre non affranchie, à M. le directeur général de la caisse des dépôts et consignations, sur l'ordre duquel les préposés de la caisse (receveurs généraux et particuliers des finances) payeront les sommes dont le remboursement aura été réclamé. Dans le cas où il s'agirait du remboursement de la totalité des sommes versées, les officiers seront tenus de joindre à leurs demandes le livret de versement.

Conformément à la décision précitée, pour assurer aux versements volontaires faits par les officiers à la caisse de la dotation les mêmes avantages qu'aux versements effectués dans les caisses d'épargne, les officiers déposants auront, à l'avenir, la faculté de faire acheter de la rente *sans frais*. Ils adresseront, à cet effet, à M. le directeur général de la caisse des dépôts et consignations une demande, également par lettre non affranchie, accompagnée de leur livret et indiquant :

1° La somme à convertir en rente;

2° La nature de la rente à acheter, soit 4 1/2 nouveau, soit 3 p. o/o (les autres fonds étant souvent absents de la cote officielle, il ne serait pas toujours possible de satisfaire aux demandes qui en seraient faites);

3° Enfin, si l'inscription doit être départementale ou directe, et, dans ce dernier cas, dans quelle localité les arrérages devront être payés.

Les achats ne pouvant avoir lieu qu'au cours de la bourse du jour, les demandes qui indiqueraient des cours fixés d'avance ne recevraient aucune suite.

Je vous invite à donner aux dispositions contenues dans la présente circulaire la plus grande publicité.

Recevez, etc.

Le Maréchal de France
Ministre Secrétaire d'État de la guerre,

Signé RANDON.

Le Ministre de la Marine aux Préfets maritimes; Gouverneurs des colonies; Commissaires généraux de la marine; Conseils d'administration des divisions, des bâtiments et des corps de troupes de la marine.

(Direction du personnel : bureau des corps organisés
et de la justice maritime.)

Paris, le 11 août 1860.

Envoi d'un décret impérial et d'une circulaire du ministre de la guerre, relatifs aux versements volontaires faits par des militaires à la caisse de la dotation.

Messieurs, par une circulaire en date du 14 février 1860, insérée au Bulletin officiel de la marine, page 86, je vous ai notifié une décision impériale du 13 novembre 1859, qui autorise les officiers ayant opéré des versements volontaires à la caisse de la dotation de l'armée, à faire acheter, sans frais, de la rente par les soins de cette caisse.

Vous trouverez reproduit ci-après, avec une circulaire de M. le ministre de la guerre, portant instruction pour l'application de la mesure, un décret impérial, rendu le 18 juillet 1860, qui étend à tous les militaires en activité de service, sans distinction de grade, la faculté accordée par la décision précitée du 13 novembre dernier.

Ces nouvelles dispositions sont applicables aux militaires des divers corps de troupes de la marine et aux marins des équipages de la flotte liés au service dans les conditions de la loi du 26 avril 1855; je vous invite donc à pourvoir à ce qu'elles soient portées à la connaissance des intéressés.

Recevez, etc.

L'Amiral Ministre Secrétaire d'État de la marine,

Signé HAMELIN.

ANNEXE.

—

Le Ministre de la guerre aux Maréchaux commandant les corps d'armée; Généraux commandant les divisions et les subdivisions territoriales et actives; Préfets des départements; Intendants et Sous-Intendants militaires; Chefs de corps de toutes armes; Chefs de légion et Commandants de compagnie de gendarmerie; Commandants des dépôts de recrutement et de réserve.

(1re direction, personnel : bureau de recrutement.)

Paris, le 30 juillet 1860.

Envoi d'un décret impérial relatif aux versements volontaires faits par des militaires de tous grades à la caisse de la dotation.

MESSIEURS, la décision impériale du 13 novembre 1859 autorise les officiers qui ont opéré des versements volontaires à la caisse de la dotation de l'armée, à faire acheter, sans frais, de la rente par les soins de cette caisse.

Dans le but de faciliter aux sous-officiers et soldats le dépôt à la caisse de la dotation du montant des sommes qui leur sont allouées pour primes de rengagement ou de remplacement, un décret impérial, rendu le 18 juillet 1860, sur ma proposition et d'après l'avis conforme de la commission supérieure de la dotation, étend à tous les militaires en activité de service, sans distinction de grade, la faculté accordée par la décision précitée.

Afin d'éviter les abus auxquels pourrait donner lieu cette faculté, si elle n'était pas maintenue dans de justes limites, le même décret fixe :

1° A la somme de 600 francs le maximum des versements susceptibles d'être opérés dans le délai de *dix jours*. Cette restriction n'est pas applicable aux primes de rengagement, d'engagement après libération ou de remplacement administratif qui peuvent toujours être déposées en un seul versement, quel qu'en soit le montant;

2° A 3,000 francs, le maximum du compte ouvert à chaque déposant par la caisse de la dotation.

Aucun versement ne sera reçu sur un compte dont le crédit aura atteint cette limite, et, s'il arrive qu'elle soit dépassée par suite du règlement annuel des intérêts, l'administration de la caisse réduira le compte du déposant, en achetant d'office pour lui, et sans frais, une inscription de rente de *dix francs*.

Dans le cas où le déposant ne retirerait pas les titres de rente achetés pour son compte, l'administration de la caisse de la dotation de l'armée en restera dépositaire, et recevra les semestres d'intérêts au crédit du titulaire.

Je vous invite à donner à ces dispositions la plus grande publicité possible.

Recevez, etc.

L'Amiral Ministre Secrétaire d'État de la marine,
chargé par intérim du département de la guerre,

Signé HAMELIN.

———

DÉCRET.
Du 18 juillet 1860.

NAPOLÉON, par la grâce de Dieu et la volonté nationale, EMPEREUR DES FRANÇAIS,

A tous présents et à venir, SALUT.

Sur le rapport de notre ministre secrétaire d'État au département de la guerre;

Vu l'avis de la commission supérieure de la dotation de l'armée, en date du 18 avril 1860;

Vu la loi du 26 avril 1855, relative à la création d'une dotation de l'armée, au rengagement, au remplacement et aux pensions militaires;

Vu notre décret du 9 janvier 1856, portant règlement d'administration publique pour l'exécution de ladite loi;

Vu notre décision, en date du 13 novembre 1859, concernant les versements volontaires faits par des officiers à la caisse de la dotation de l'armée;

Notre Conseil d'État entendu,

Avons décrété et décrétons ce qui suit :

ARTICLE PREMIER.

Lorsque les versements volontaires faits, à titre de dépôt, à la caisse de la dotation de l'armée, par les militaires de tous grades, dans le cours de leur service, ou par des tiers en leur nom, seront suffisants pour acheter dix francs de rente au moins, le déposant pourra faire opérer cet achat sans frais, par les soins de l'administration de la caisse de la dotation de l'armée.

ART. 2.

Les déposants pourront verser de dix francs à six cents francs en dix jours.

Toutefois, les militaires liés au service dans les conditions de la loi du 26 avril 1855, comme rengagés, engagés volontaires après libération ou remplaçants par voie administrative, seront admis à déposer, en un seul versement, la totalité des allocations qui leur sont attribuées en vertu des actes qu'ils ont souscrits.

Aucun versement ne sera reçu sur un compte dont le crédit aura atteint trois mille francs, soit par le capital, soit par l'accumulation des intérêts.

ART. 3.

Lorsque, par suite du règlement annuel des intérêts, un compte excédera le maximum de trois mille francs fixé par l'article précédent, si le déposant, dans le délai de trois mois, n'a pas réduit son crédit au-dessous de cette limite, l'administration de la caisse de la dotation achètera, pour son compte et sans frais, une inscription de rente de dix francs.

ART. 4.

Dans le cas où le déposant ne retirerait pas les titres de rente achetés pour son compte, l'administration de la caisse de la dotation de l'armée en restera dépositaire, et recevra les semestres d'intérêts au crédit du titulaire.

ART. 5.

Notre ministre secrétaire d'État au département de la guerre
est chargé de l'exécution du présent décret.

Fait au palais de Saint-Cloud, le 18 juillet 1860.

Signé NAPOLÉON.

Par l'Empereur :

*Le Ministre Secrétaire d'État au département de la marine,
chargé par intérim du département de la guerre,*

Signé HAMELIN.

(R. O. p. 48.)   *Le Ministre de la marine aux Préfets maritimes.*

(Direction du personnel : bureau de la solde, des revues
et de l'habillement.)

Paris, le 30 août 1860.

*Les permissions de six ou de neuf mois aux militaires rengagés
donnent droit à la solde de congé pendant six mois.*

Messieurs, aux termes d'une décision prise par le ministre
de la guerre, sous la date du 2 juillet 1860 (*Journal militaire,*
page 4), les permissions de six ou de neuf mois délivrées, en
vertu des circulaires des 31 juillet et 25 novembre 1859, aux
militaires rengagés, donnent droit à la solde de congé *pendant
six mois.*

J'ai décidé que le bénéfice de la disposition dont il s'agit
sera étendu aux militaires des corps de troupes de la marine,
et je vous invite à donner des ordres en conséquence.

Recevez, etc.

L'Amiral Ministre Secrétaire d'État de la marine,

Signé HAMELIN.

Le Ministre de la marine et des colonies aux Préfets maritimes; [B. O. p. 321.]
*Gouverneurs des colonies; Commissaires généraux de la marine; Conseils
d'administration des divisions, des bâtiments et des corps de troupes de
la marine.*

(Direction du personnel : bureau des corps organisés
et de la justice maritime.)

Paris, le 15 décembre 1860.

*Instructions concernant l'application aux marins et troupes de la
marine de la loi du 24 juillet 1860 et du décret du 6 octobre
1860.*

Messieurs, j'ai l'honneur de vous transmettre ci-après ampliation de la loi du 24 juillet 1860, modifiant les articles 11, 13, 17 et 18 de la loi du 26 avril 1855. Vous trouverez également joints à la présente dépêche un décret impérial rendu le 6 octobre dernier, en exécution de la loi précitée du 24 juillet, et une circulaire de M. le ministre de la guerre portant instructions pour l'application de ces nouveaux actes, en ce qui concerne le personnel de l'armée de terre.

En vous notifiant ces nouvelles dispositions, je dois vous signaler les restrictions que je suis conduit à apporter dans leur application aux marins et aux militaires des troupes de la marine, par suite des exigences particulières au service du département.

La loi du 24 juillet 1860 (articles 11 et 13 de la loi du 26 avril 1855 modifiés) autorise les rengagements et engagements volontaires après libération d'une durée de *deux ans* au moins à *sept ans* au plus, et le décret impérial du 6 octobre (articles 1 et 2), rendu en exécution de l'article 11 précité, établit que les militaires de l'armée active et de la réserve *pourront* être admis à contracter des rengagements de deux à sept ans, dès qu'ils seront entrés dans leur quatrième année de service.

Il convient de remarquer d'abord que, au point de vue du recrutement du personnel, les départements de la guerre et de la marine ne sont pas dans la même situation; plusieurs circonstances difficiles, sinon impossibles à prévoir, telles que les exonérations, les exemptions à divers titres, etc. etc. peuvent diminuer le chiffre des ressources que le contingent annuel est présumé devoir donner à l'armée de terre, tandis que, dans tous les cas, l'armée de mer doit recevoir, sur ce même contingent, le nombre exact de jeunes soldats reconnu nécessaire à ses besoins, et dont le département de la marine fait la demande chaque année au département de la guerre.

D'un autre côté, il me suffira de rappeler, d'une part, que la durée réglementaire du séjour colonial pour les troupes de la marine est fixée à *quatre* années, et, d'autre part, que le service de la flotte tient souvent les équipages éloignés de France pendant trente, quarante ou cinquante mois et plus, pour démontrer que la faculté de souscrire des rengagements et engagements de *deux ans* ne saurait être compatible avec les obligations particulières aux marins et militaires de la marine.

Quant à admettre le personnel des troupes et des équipages à contracter des rengagements dès *la quatrième année de service*, on ne peut méconnaître que, en présence des fatigues du séjour colonial et de la navigation, il y aurait de sérieux inconvénients pour le département à entrer dans cette voie.

Vous remarquerez d'ailleurs que les articles 1 et 2 du décret du 6 octobre 1860 établissent, non pas *un droit* de rengagement dans les conditions nouvelles, mais *seulement* une *faculté* dont l'exercice doit rester subordonné aux intérêts généraux du service.

En conséquence et par suite des considérations que je viens de développer, j'ai décidé :

1° Que les rengagements et engagements volontaires après libération ne seront admis dans les équipages de la flotte et les troupes de la marine que pour une durée qui assure une nouvelle période de service de *quatre ans* au moins et de *sept ans* au plus ;

2° Que les marins et militaires de la marine ne seront admis à se rengager, comme par le passé, que dans la dernière année de leur service, sauf quelques cas particuliers qui pourront m'être soumis et à l'égard desquels je statuerai.

J'appelle votre attention sur les présentes dispositions.

Recevez, etc.

Le Ministre Secrétaire d'État de la marine et des colonies.

Signé Cte P. DE CHASSELOUP-LAUBAT.

ANNEXE.

Le Ministre de la guerre aux Maréchaux commandant les corps d'armée; Généraux commandant les divisions et les subdivisions territoriales et actives; Préfets et Sous-Préfets; Intendants et Sous-Intendants militaires; Chefs de corps et Conseils d'administration de toutes armes; Chefs de légion et Commandants de compagnie de gendarmerie; Commandants des dépôts de recrutement et de réserve.

(1re direction, Personnel : bureau du recrutement.)

Paris, le 6 octobre 1860.

Envoi d'un décret impérial pris en exécution de la loi du 24 juillet 1860, qui modifie les articles 11, 13, 17 et 18 de la loi du 26 avril 1855. — Instruction relative à ladite loi.

Messieurs, l'expérience de cinq années a démontré la nécessité d'introduire dans la loi du 26 avril 1855 des modifications ayant surtout pour objet de rendre plus faciles et plus larges les conditions imposées aux militaires qui demandent à contracter des rengagements et des engagements volontaires après libération. Ces modifications se rapportent aux articles 11, 13, 17 et 18 de la loi précitée; elles sont spécifiées dans la loi du 24 juillet 1860, dont vous trouverez ci-jointe une ampliation.

Voici, dans l'ordre des articles modifiés, les dispositions nouvelles auxquelles vous aurez à vous conformer.

RENGAGEMENTS.

(Loi du 26 avril 1855, article 11, modifié par la loi du 24 juillet 1860.)

Aux termes de la loi du 26 avril 1855 et du décret réglementaire du 9 janvier 1856, les rengagements, dont la durée avait été fixée de trois à sept ans, ne pouvaient être contractés que par des militaires qui accomplissaient leur *septième et dernière* année de service, ou par les engagés volontaires entrés dans leur quatrième année.

La loi du 24 juillet 1860 autorise les rengagements d'une durée de deux à sept ans.

Elle permet d'étendre, en vertu d'un décret impérial, la faculté de se rengager, dès la quatrième année de service, à tous les militaires *indistinctement*, à quelque titre qu'ils servent (appelés, substituants, remplaçants, engagés volontaires et rengagés) et quelle que soit la date de leur libération.

Un décret impérial en date du 6 octobre 1860, dont ampliation est ci-jointe, rend cette disposition immédiatement exécutoire.

ENGAGEMENTS VOLONTAIRES APRÈS LIBÉRATION.

(Loi du 26 avril 1855, article 13, modifié par la loi du 24 juillet 1860.)

La durée des engagements volontaires après libération, dont le minimum était de trois ans (décret du 3 mai 1859), est, comme celle des rengagements, fixée de deux à sept ans, et ces actes peuvent désormais être contractés par les anciens militaires dans les *deux années* qui suivent leur libération du service.

Le temps de service qui, aux termes de l'article 11 de la loi du 26 avril 1855, était exigé des militaires pour qu'ils fussent aptes à contracter des rengagements, ayant été réduit par la nouvelle loi du 24 juillet 1860, la même réduction a été rendue applicable au temps de service que doivent avoir accompli les anciens militaires lorsqu'ils demandent à s'engager après libération.

Par suite, les anciens militaires, libérés après quatre années de service au moins, seront admissibles à souscrire des engagements volontaires après libération, donnant droit, suivant leur durée, aux avantages spécifiés par l'article 12 de la loi du 26 avril 1855 et par les arrêtés ministériels en vigueur.

RÈGLEMENT DES ALLOCATIONS REVENANT :

1° Aux militaires réformés ou retraités par suite de blessures reçues ou d'infirmités contractées dans un service commandé (loi du 26 avril 1855, article 17, modifié par la loi du 24 juillet 1860);

2° Aux héritiers des militaires décédés à la suite de blessures reçues ou d'infirmités contractées dans un service commandé (loi du 26 avril 1855, article 18, modifié par la loi du 24 juillet 1860).

D'après les articles 17 et 18 de la loi du 26 avril 1855, les militaires réformés et les familles des militaires décédés n'avaient droit, sur les sommes allouées à titre de prime ou d'annuités de rengagement ou de remplacement administratif, qu'à une part proportionnelle à la durée du service accompli.

La loi du 24 juillet 1860 a maintenu cette disposition, fondée sur le principe que la prime de rengagement est la rémunération d'un service effectif; mais, par un sentiment de bienveillante équité, elle a établi une exception en faveur des militaires dont la réforme ou la retraite aurait été prononcée à la suite de blessures reçues ou d'infirmités contractées dans un service commandé. En conséquence, ces militaires recevront la totalité des allocations qui leur reviennent en vertu des actes qui les lient au service.

La même faveur est étendue aux héritiers et ayants cause des militaires décédés à la suite de blessures reçues ou d'infirmités contractées dans un service commandé.

Les allocations dues en vertu de cette disposition aux militaires ou à leurs familles sont payées aux intéressés, dans le lieu de leur résidence, par les soins de la caisse des dépôts et consignations.

Indépendamment des autres justifications exigées par le décret réglementaire du 9 janvier 1856, il devra être produit un certificat délivré par le conseil d'administration du corps, et constatant l'origine des blessures et des infirmités qui ont occasionné la retraite, la réforme ou le décès.

Je compte sur le concours empressé de toutes les autorités pour faire parvenir à la connaissance des militaires et des populations les nouvelles dispositions contenues dans la loi du 24 juillet 1860, dans le décret de ce jour et dans la présente circulaire. MM. les préfets y donneront toute la publicité dont ils disposent. De leur côté, MM. les généraux commandant les divisions territoriales et actives en feront l'objet d'un ordre du jour aux troupes placées sous leur commandement.

Recevez, etc.

Le Maréchal de France
Ministre Secrétaire d'État de la guerre,

Signé RANDON.

*24.

LOI

Qui modifie les articles 11, 13, 17 et 18 de la loi du 26 avril 1855, relative à la création d'une dotation de l'armée, au rengagement, au remplacement et aux pensions militaires.

NAPOLÉON, par la grâce de Dieu et la volonté nationale, EMPEREUR DES FRANÇAIS,

A tous présents et à venir, SALUT.

AVONS SANCTIONNÉ et SANCTIONNONS, PROMULGUÉ et PROMULGUONS ce qui suit :

LOI.

Extrait du procès-verbal du Corps législatif.

LE CORPS LÉGISLATIF A ADOPTÉ LE PROJET DE LOI dont la teneur suit :

ARTICLE UNIQUE.

Les articles 11, 13, 17 et 18 de la loi du 26 avril 1855 sont remplacés par les suivants :

ART. 11. Les rengagements sont d'une durée de deux ans au moins et de sept ans au plus.

Ils ne peuvent être contractés que par les militaires qui accomplissent leur septième année de service, soit dans l'armée active, soit dans la réserve, ou par les engagés volontaires qui sont dans leur quatrième année de service.

La faculté de se rengager dès la quatrième année de service pourra, en vertu d'un décret impérial, être étendue à tous les militaires indistinctement. La durée des rengagements est réglée de manière que les militaires ne soient pas maintenus sous les drapeaux après l'âge de quarante-sept ans.

ART. 13. L'engagement volontaire après libération, contracté pour une durée de deux à sept ans, dans les conditions prescrites par l'article 11, et moins de deux ans après cette libération (1), donne droit, suivant sa durée, aux avantages spécifiés par l'article 12.

Art. 17. Les dispositions de l'article 16 sont applicables aux militaires passant dans des corps qui ne se recrutent pas par la voie des appels.

Néanmoins les sommes dues à ces derniers ne leur sont payées, en tout ou partie, que sur l'avis du conseil d'administration du nouveau corps.

Les mêmes dispositions sont applicables aux militaires réformés ou retraités ; mais ceux de ces militaires dont la réforme ou la retraite aurait été prononcée par suite de blessures reçues ou d'infirmités contractées dans un service commandé reçoivent la totalité des sommes qui leur reviennent en vertu des actes qui les lient au service.

Art. 18. Les sommes attribuées par les articles 12 et 13 aux rengagés et aux engagés volontaires après libération, et celles attribuées aux remplacements par voie administrative, en exécution de l'article 15, sont incessibles et insaisissables.

En cas de mort, une part de ces sommes, proportionnelle à la durée du service, est dévolue aux héritiers et ayants cause des militaires.

Toutefois, si la mort des militaires a eu lieu à la suite de blessures reçues ou d'infirmités contractées dans un service commandé, la totalité des allocations qui leur auraient été attribuées appartiendra à leurs héritiers ou ayants cause.

En cas de déshérence, les sommes dues profitent à la dotation de l'armée.

Délibéré en séance publique, à Paris, le 14 juillet 1860.

Le Président,
Signé Comte DE MORNY.

Les Secrétaires,
Signé Comte LOUIS DE CAMBACÉRÈS, comte LÉOPOLD LE HON,
comte JOACHIM MURAT.

---

(1) Les dispositions de l'article 45 du décret du 9 janvier 1856 (page 42 du présent recueil) étant pleinement applicables aux engagements volontaires après libération, le délai de *deux années* accordé par la loi du 14 juillet 1860 compte *du jour de la libération effective*, et non du jour à partir duquel la période légale de service est expirée. (Avis du ministre de la guerre en date du 2 mars 1863.)

Extrait du procès-verbal du Sénat.

Le Sénat ne s'oppose pas à la promulgation de la loi portant modification des articles 11, 13, 17 et 18 de la loi du 26 avril 1855, relative à la création d'une dotation de l'armée, au rengagement, au remplacement et aux pensions militaires.

Délibéré et voté en séance, au palais du Sénat, le 13 juillet 1860.

Le Président,

Signé TROPLONG.

Les Secrétaires,

Signé A. LAITY, comte DE GROSSOLLES-FLAMARENS,
baron T. DE LACROSSE.

Vu et scellé du sceau du Sénat :

Le Sénateur Secrétaire,

Signé Baron T. DE LACROSSE.

MANDONS et ORDONNONS que les présentes, revêtues du sceau de l'État et insérées au Bulletin des lois, soient adressées aux cours, aux tribunaux et aux autorités administratives, pour qu'ils les inscrivent sur leurs registres, les observent et les fassent observer, et notre ministre secrétaire d'État au département de la justice est chargé d'en surveiller la publication.

Fait au palais de Saint-Cloud, le 24 juillet 1860.

Signé NAPOLÉON.

Vu et scellé du grand sceau :

Le Garde des sceaux, Ministre secrétaire d'État au département de la justice,

Signé DELANGLE.

Par l'Empereur :

Le Ministre d'État,

Signé ACHILLE FOULD.

DÉCRET.

NAPOLÉON, par la grâce de Dieu et la volonté nationale, Empereur des Français,

A tous présents et à venir, salut.

Vu la loi du 26 avril 1855, relative à la création d'une dotation de l'armée, au rengagement, au remplacement et aux pensions militaires ;

Vu notre décret du 9 janvier 1856, portant règlement d'administration publique pour l'application de ladite loi ;

Vu la loi du 24 juillet 1860, qui modifie les articles 11, 13, 17 et 18 de la loi précitée du 26 avril 1855 ;

Vu notamment le troisième paragraphe de l'article 11 de la loi du 24 juillet 1860, ainsi conçu :

« La faculté de se rengager dès la quatrième année de service » pourra, en vertu d'un décret impérial, être étendue à tous les mili-» taires *indistinctement*. La durée des rengagements est réglée de » manière que les militaires ne soient pas maintenus sous les drapeaux » après l'âge de quarante-sept ans ; »

Sur le rapport de notre ministre secrétaire d'État au département de la guerre,

Avons décrété et décrétons ce qui suit :

ARTICLE PREMIER.

Les militaires de l'armée active ou de la réserve peuvent être admis à contracter un rengagement de deux à sept ans, dès qu'ils sont entrés dans leur quatrième année de service.

ART. 2.

Les anciens militaires libérés depuis moins de deux ans, après avoir accompli quatre années de service au moins, seront reçus à souscrire un engagement volontaire, après libération, de deux à sept ans, donnant droit, suivant sa durée, aux avantages spécifiés par la loi du 26 avril 1855.

ART. 3.

Notre ministre secrétaire d'État de la guerre est chargé d'assurer l'exécution du présent décret.

Fait au palais de Saint-Cloud, le 6 octobre 1860.

Signé NAPOLÉON.

Par l'Empereur

Le Maréchal de France
Ministre Secrétaire d'État de la guerre,

Signé RANDON.

(B. O. p. 491.) *Le Ministre de la marine et des colonies aux Préfets maritimes et Commissaires généraux.*

(2ᵉ direction, Personnel : 5ᵉ ureau, Solde, Revues et Habillement.)

Paris, le 11 mars 1861.

Mode à suivre pour le rappel des sommes acquises par les marins à titre de hautes payes de rengagement sur les fonds de la dotation de l'armée.

MESSIEURS, j'ai été consulté sur la question de savoir comment il doit être procédé au rappel des sommes acquises, *à titre de hautes payes de rengagement sur les fonds de la dotation de l'armée,* en faveur des marins dont les droits, contrairement aux prescriptions des paragraphes 4, 5 et 6 de la circulaire du 13 mars 1856, n'auraient pas été constatés en temps utile par les conseils d'administration des bâtiments sur lesquels ils étaient embarqués.

Aux termes du paragraphe 3 de la circulaire précitée, la *constatation* des sommes dues pour hautes payes de rengagement, sur les fonds de la dotation de l'armée, *doit être opérée au titre des divisions ou des bâtiments à bord desquels ces sommes auront été acquises.*

Cette disposition ne comporte aucune exception.

En conséquence, si un conseil d'administration n'a pas rempli les obligations qui lui sont imposées par la circulaire du 13 mars 1856, c'est aux commissaires aux armements du port qui centralise la dépense du bâtiment qu'il appartient, lorsque l'erreur est reconnue, soit au moment du décomptage du rôle, soit par suite d'une réclamation de l'intéressé, de dresser l'état constatant les droits de la partie prenante et de pourvoir directement au payement des sommes acquises.

Veuillez, je vous prie, donner des ordres en conséquence.

Recevez, etc.

Le Ministre Secrétaire d'État de la marine et des colonies,

Signé C.ᵗᵉ P. DE CHASSELOUP-LAUBAT.

LE MINISTRE DE LA MARINE ET DES COLONIES *aux Préfets maritimes;* (B. O. p. 241.)
Officiers généraux, supérieurs et autres, commandant à la mer; Commissaires généraux de la marine; Conseils d'administration des bâtiments, des divisions et des corps de troupes de la marine.

(2ᵉ direction, personnel : 2ᵉ bureau, inscription maritime, équipages de la flotte et justice maritime; et 4ᵉ bureau, troupes de la marine.]

Paris, le 17 mai 1861.

Envoi d'une circulaire du ministre de la guerre relative au payement des allocations dues aux militaires sardes devenus Français.

MESSIEURS, je vous transmets ci-joint ampliation d'une circulaire de S. Exc. M. le ministre de la guerre, en date du 10 de ce mois, et portant instructions relatives au payement des sommes dues aux militaires sardes devenus Français et servant comme engagés ou remplaçants.

Veuillez appeler l'attention de qui de droit sur ces dispositions, qu'il y aura lieu d'appliquer aux marins et militaires des troupes de la marine qui se trouveraient dans les conditions de nationalité et de service précisées par les instructions ci-après reproduites.

Recevez, etc.

Le Ministre Secrétaire d'État de la marine et des colonies,

Signé C.ᵗᵉ P. DE CHASSELOUP-LAUBAT.

ANNEXE.

Le Ministre de la guerre aux Maréchaux commandant les corps d'armée ; Généraux commandant les divisions territoriales et actives ; Préfets des départements ; Intendants et Sous-Intendants militaires ; Chefs de corps et Conseils d'administration de toutes armes ; Chefs de légion et commandants de compagnie de gendarmerie ; Commandants des dépôts de recrutement et de réserve.

(1re direction, personnel : bureau du recrutement.)

Paris, le 10 mai 1861.

Instructions relatives au payement des sommes dues aux militaires sardes devenus Français et servant comme engagés ou remplaçants.

Messieurs, un décret impérial, en date du 24 avril dernier, dont l'ampliation est ci-jointe, réunit à la dotation de l'armée le service des dépôts faits par des militaires sardes devenus Français et servant en vertu d'engagements ou de remplacements. Ce même décret prescrit que les sommes dues aux militaires d'après les lois sardes leur seront payées aux conditions réglées par ces lois et suivant les formes qui seront déterminées par des instructions ministérielles.

PAYEMENT DES INTÉRÊTS.

Déjà, un avis inséré au Journal militaire officiel du 18 janvier 1861 et au Moniteur universel du 11 du même mois vous a fait connaître le mode à suivre pour le payement des intérêts échus depuis que le Gouvernement sarde avait cessé de les payer. Ces intérêts seront, à l'avenir, payés tous les trois mois par les soins de la caisse des dépôts et consignations. A cet effet, les conseils d'administration des corps adresseront au directeur général de cette caisse, à l'expiration de chaque trimestre, un état nominatif des hommes ayant droit à ces allocations.

Les intérêts dus aux militaires rentrés dans leurs foyers leur seront payés sur une demande adressée directement par eux au directeur général de ladite caisse.

REMBOURSEMENT DU CAPITAL.

Pour le remboursement du capital, il sera procédé conformément aux dispositions ci-après.

Les sommes déposées par les engagés et les remplaçants sont remboursables intégralement :

Aux militaires qui, ayant terminé leur temps de service, ont obtenu leur congé définitif ;

Aux hommes exonérés du service, réformés ou admis à la retraite ;

Aux sous-officiers nommés officiers, ou appelés à un des emplois militaires qui leur sont dévolus par les lois et par les règlements ;

Enfin aux héritiers des militaires décédés.

Le remboursement du capital déposé s'effectue dans le lieu de la résidence des militaires ou de leurs héritiers, sur l'autorisation du directeur général de la caisse des dépôts et consignations, auquel les intéressés font parvenir directement leur demande.

DÉCHÉANCES.

L'envoi, à titre de punition, dans un corps disciplinaire et la détention par suite de jugement entraînent la privation des intérêts pendant la durée de la punition ou de la peine.

Les déserteurs et les hommes condamnés à des peines qui les excluent des rangs de l'armée perdent tout droit à la somme par eux déposée. Ils perçoivent seulement les intérêts échus jusqu'au jour de la déclaration de désertion ou de la condamnation. D'après les lois sardes, les allocations dont les engagés et les remplaçants encourraient ainsi la déchéance étaient dévolues au Trésor. Le décret impérial du 24 avril 1861 les attribue à la caisse de la dotation de l'armée. En conséquence, les conseils d'administration des corps devront donner immédiatement avis au directeur général de la caisse des dépôts et consignations des déchéances encourues.

Je vous invite à assurer, chacun en ce qui vous concerne,

l'exécution des dispositions contenues dans la présente circulaire.

Recevez, etc.

Le Maréchal de France
Ministre Secrétaire d'État de la guerre,

Signé BANDON.

DÉCRET.

Du 24 avril 1861.

NAPOLÉON, par la grâce de Dieu et la volonté nationale, EMPEREUR DES FRANÇAIS,

A tous présents et à venir, SALUT.

Vu notre décret en date du 11 juin 1860, portant promulgation du traité relatif à la réunion de la Savoie et de l'arrondissement de Nice à la France, conclu, le 24 mars 1860, entre la France et la Sardaigne;

Vu l'article 5 de la convention du 21 novembre 1860, arrêtée en exécution du traité précité;

Vu la loi du 26 avril 1855, relativement à la création d'une dotation de l'armée, au rengagement, au remplacement et aux pensions militaires;

Vu notre décret du 9 janvier 1856, portant règlement d'administration publique pour l'exécution de cette loi;

Vu l'avis émis par la commission supérieure de la dotation de l'armée, dans sa séance du 15 février 1861;

Vu l'avis de notre ministre secrétaire d'État au département des finances;

Sur le rapport de notre ministre secrétaire d'État au département de la guerre,

AVONS DÉCRÉTÉ et DÉCRÉTONS ce qui suit:

ARTICLE PREMIER.

Le service des dépôts faits par des militaires sardes devenus Français et servant en vertu d'engagements et de remplacements est réuni au service de la dotation de l'armée, et sera, conséquemment, géré à ce titre par l'administration de la caisse des dépôts et consignations, à laquelle déjà ont été versées les sommes provenant des dépôts ayant cette origine.

ART. 2.

Dans les cas de déchéance prévus par les lois et les règlements sur le recrutement sarde, les sommes dévolues au trésor public seront attribuées à la caisse de la dotation.

ART. 3.

Les sommes dues aux militaires en vertu des lois sardes leur seront payées aux conditions réglées par ces lois et suivant les formes qui seront déterminées par des instructions ministérielles.

ART. 4.

Nos ministres secrétaires d'État aux départements de la guerre et des finances sont chargés, chacun en ce qui le concerne, de l'exécution du présent décret.

Fait au palais des Tuileries, le 24 avril 1861.

Signé NAPOLÉON.

Par l'Empereur :

Le Maréchal de France
Ministre Secrétaire d'État de la guerre,

Signé RANDON.

[B. O. p. 181.] Le *Ministre de la marine et des colonies aux Préfets maritimes; Gouverneurs des colonies; Commissaires généraux de la marine; Conseils d'administration des divisions, des bâtiments et des corps de troupes de la marine.*

(1re direction, personnel; 2e bureau, inscription maritime, équipages de la flotte et justice maritime.)

Paris, le 27 septembre 1861.

Le bénéfice de la loi du 24 juillet 1860 (article 18 modifié, § 3, de la loi du 26 avril 1855) est acquis aux héritiers ou ayants cause des marins et militaires morts des suites d'une maladie endémique contractée par le fait du service.

Messieurs, j'ai été consulté sur la question de savoir si les dispositions de la loi du 24 juillet 1860 (article 18 modifié, § 3, de la loi du 26 avril 1855) sont applicables aux héritiers ou ayants cause d'un marin ou militaire mort des suites d'une maladie endémique contractée par le fait du service.

En principe, le bénéfice de ces dispositions est acquis toutes les fois que, le marin ou le militaire rengagé étant mort dans le *cours de son engagement*, les infirmités qui ont amené son décès sont de nature à ouvrir un droit à une pension ou même à une gratification de réforme.

Ce principe est applicable de plein droit dans le cas particulier qui m'a été soumis, c'est-à-dire lorsqu'il s'agit d'un marin ou militaire qui, ayant souscrit un rengagement ou un engagement volontaire après libération donnant droit aux allocations prévues par la loi du 26 avril 1855, succombe (dans le cours dudit rengagement, si c'est un rengagé) à une maladie endémique, aux influences de laquelle il a été exposé par *le fait du service*.

Veuillez appeler l'attention de qui de droit sur ces explications, auxquelles il y aura lieu de se conformer dans tous les cas de l'espèce.

Recevez, etc.

Le Ministre Secrétaire d'État de la marine et des colonies,

Signé Cte P. DE CHASSELOUP-LAUBAT.

Le Ministre de la marine et des colonies à M. le Préfet maritime (B. O., p. 81.)
à Cherbourg.

(2ᵉ direction, personnel; 2ᵉ bureau, inscription maritime,
équipages de la flotte et justice maritime.)

Paris, le 8 février 1862.

*Les certificats et pièces produits par les marins admis à se
rengager ou à contracter des engagements volontaires, après
libération, doivent rester annexés à la minute des actes de
rengagement ou d'engagement.*

Monsieur le Préfet, par une lettre du 7 janvier dernier,
vous m'avez consulté sur la question de savoir si les marins admis à se rengager peuvent rester en possession des certificats
de bonne conduite qu'ils ont produits.

Ainsi que M. le commissaire général de la marine en a exprimé l'opinion, la solution négative que le dernier paragraphe
de l'article 54 du décret du 9 janvier 1856 donne à la question
en ce qui concerne les engagements volontaires après libération,
doit être étendue aux rengagements. Il y a, en effet, un intérêt
d'ordre à ne pas laisser les hommes détenteurs de pièces dont
ils pourraient abuser et dont la possession devient d'ailleurs
sans utilité pour eux, puisque le seul fait de leur admission à
se rengager est par lui-même un témoignage suffisant de leur
bonne conduite antérieure et de leur aptitude.

Il demeure donc entendu qu'à l'avenir les certificats de bonne
conduite et toutes pièces produites par les marins qui se rengagent resteront annexés à la minute des actes de rengagement, ainsi que l'article 54 du décret du 9 janvier 1856 le
prescrit à l'égard des engagements volontaires après libération.

Veuillez porter à la connaissance de qui de droit le contenu
de la présente dépêche, dont je prescris l'insertion au Bulletin
officiel de la marine.

Recevez, etc.

Le Ministre Secrétaire d'État de la marine et des colonies,
Signé Cᵗᵉ P. DE CHASSELOUP-LAUBAT.

(Journal militaire, p. 85.)

LE MARÉCHAL DE FRANCE, MINISTRE SECRÉTAIRE D'ÉTAT DE LA GUERRE, à LL. EExc. MM. les Maréchaux commandant les corps d'armée; MM. les Généraux commandant les divisions territoriales et actives; les Intendants et Sous-Intendants militaires; les Chefs de corps de toutes armes.

(1re direction, personnel : bureau du recrutement, dotation.)

Paris, le 11 février 1862.

Formalités à remplir pour le remboursement aux corps des sommes dont ils ont fait l'avance à la dotation de l'armée.

MESSIEURS, aux termes de l'article 29 du décret du 9 janvier 1856, portant règlement d'administration publique pour l'application de la loi du 26 avril 1855, les remboursements des sommes payées aux rengagés sont effectués sur la production de bordereaux récapitulatifs établis par les conseils d'administration des corps.

Indépendamment de cette formalité, les remboursements dont il s'agit ne pourront, à l'avenir, avoir lieu que sur l'avis préalable donné au préposé de la caisse des dépôts et consignations par le sous-intendant militaire chargé de la surveillance administrative du corps.

Le remboursement une fois effectué, le préposé de la caisse l'inscrira sur le livret de solde du corps et en avisera immédiatement le sous-intendant militaire, qui veillera à ce que mention en soit faite sans délai sur le registre journal de la dotation.

Je rappelle, à cette occasion, que, d'après l'article 30 du décret précité du 9 janvier 1856, l'inscription sur le livret de solde doit être faite par les préposés de la caisse. C'est à tort qu'un certain nombre de conseils d'administration ont cru pouvoir opérer eux-mêmes à l'avance cette inscription en la soumettant purement et simplement à la signature du préposé. J'invite les intendants militaires à ne rien négliger pour qu'une semblable irrégularité ne se renouvelle pas.

Recevez, etc.

Le Maréchal de France
Ministre Secrétaire d'État de la guerre,

Signé : RANDON.

Le Ministre de la marine et des colonies aux Gouverneurs et Commandants des colonies.

(2ᵉ direction. Personnel : 4ᵉ bureau. Troupes de la marine.)

Paris, le 11 juin 1862.

Dotation de l'armée. — Exonération.

Messieurs, des difficultés se sont produites relativement à la fixation du délai après lequel doivent être rendus exécutoires, aux colonies, les arrêtés de S. Exc. M. le ministre de la guerre, réglant chaque année le taux de la prime de rengagement et de la prestation à verser pour l'exonération des militaires présents sous les drapeaux.

J'ai décidé que les actes dont il s'agit cesseraient de recevoir leur exécution à la date de l'arrivée, dans chacune des colonies, de la dépêche notifiant la nouvelle décision de M. le ministre de la guerre. Vous devrez prendre, chaque fois, pour fixer cette date, un arrêté spécial qui sera rendu public et inséré au Bulletin officiel de la colonie.

Je vous prie de tenir la main à ce que l'administration de la colonie de........, se conforme strictement, à l'avenir, à cette disposition.

Pour faciliter le travail de vérification dont est chargée la caisse des dépôts et consignations, il devra lui être envoyé, par mon intermédiaire, une copie de l'arrêté dont il s'agit. De plus, les pièces comptables concernant les militaires exonérés devront, à titre de renseignement, mentionner cet arrêté, auquel la caisse des dépôts et consignations pourra se reporter.

L'insertion de la présente circulaire au Bulletin officiel de la marine tiendra lieu de notification.

Recevez, etc.

Le Ministre Secrétaire d'État de la marine et des colonies,

Signé Cᵗᵉ P. DE CHASSELOUP-LAUBAT.

Le MINISTRE DE LA MARINE ET DES COLONIES *aux Préfets maritimes, Commissaires généraux et Chefs du service de la marine dans les ports secondaires; Conseils d'administration des divisions, des bâtiments et des corps de troupes de la marine.*

(2ᵉ direction, Personnel : 2ᵉ bureau, Inscription maritime, Équipages de la flotte et Justice maritime; 4ᵉ bureau, Troupes de la marine.

Paris, le 11 août 1865.

Les sommes qui constituent la portion complémentaire des primes et annuités de rengagement ne sont payables aux ayants droit qu'à l'époque de leur libération définitive du service.

MESSIEURS, aux termes de l'article 12 de la loi du 26 avril 1865, relative à la dotation de l'armée, les militaires admis à contracter des rengagements ou des engagements volontaires après libération ne peuvent toucher les sommes formant le complément des allocations auxquelles l'acte qu'ils ont souscrit leur donne droit *qu'à l'époque de leur libération définitive*, les première et deuxième portions des primes et annuités étant seules payables pendant le cours du service.

J'ai eu plusieurs fois l'occasion de constater que ce principe a été perdu de vue; il est arrivé, en effet, dans diverses circonstances, que les conseils d'administration des divisions des équipages de la flotte ou des corps de troupes, donnant une fausse interprétation au texte de l'article 12 précité, ont cru pouvoir payer le complément de la prime ou des annuités acquises par un premier rengagement à un marin ou militaire qui souscrivait un nouvel acte ayant pour effet de le maintenir en activité.

Je crois donc utile de rappeler ici, en recommandant de ne pas perdre ce principe de vue, que, quelle que soit la durée de la période pendant laquelle le marin ou le militaire reste présent sous les drapeaux, par suite de rengagements se succédant sans interruption, ce n'est qu'à l'époque de sa *libération définitive* qu'il y a lieu de liquider, au profit de l'intéressé, les sommes qui constituent les *portions complémentaires* des allocations auxquelles lui donnent droit lesdits engagements.

Recevez, etc.

Le Ministre Secrétaire d'État de la marine et des colonies,
Signé Cte P. DE CHASSELOUP-LAUBAT.

Le Ministre de la marine et des colonies *aux Préfets maritimes;
Gouverneurs des colonies; Commissaires généraux de la marine; Conseils d'administration des divisions, des bâtiments et des corps de troupes
de la marine.* (B. O. p. 16.)

(2ᵉ direction, Personnel : 2ᵉ bureau, 2ᵉ section, Équipages de la
flotte; 4ᵉ bureau, Troupes, et 3ᵉ bureau, Solde, etc.)

Paris, le 23 mars 1863.

*Envoi de trois arrêtés du ministre de la guerre, déterminant
pour l'année 1863, les conditions d'exonération, de rengagement, d'engagement volontaire après libération et de remplacement, par voie administrative, des marins et militaires liés
au service dans des conditions de la loi du 21 mars 1832. —
Dispositions nouvelles concernant les officiers-mariniers et les
sous-officiers admis à contracter des rengagements ou des engagements volontaires avec prime.*

. . . .
. . . .

Vous remarquerez qu'aux termes de l'article 2 de l'arrêté ci-après, en date du 28 février 1863, la première portion de la
prime ou des annuités allouées à tout sous-officier admis à contracter un rengagement sera désormais employée, par les soins
de la caisse de la dotation de l'armée, à l'achat d'une rente
3 p. o/o au nom du rengagé. Ce principe nouveau est nécessairement applicable aux premiers maîtres, maîtres et seconds

16.

maîtres des équipages de la flotte, ainsi qu'aux sous-officiers des corps de troupes de la marine, et il y aura lieu, dès lors, de se conformer strictement, dans les cas de l'espèce, aux mesures d'exécution prescrites tant par l'arrêté précité que par la circulaire de M. le ministre de la guerre en date du 2 mars 1863 (*Annexe n° 2*). L'article 4 dudit arrêté dispose, en outre, que le montant de la première mise de petit équipement sera désormais prélevé sur la première portion de la prime ou des annuités allouées à tout militaire admis à souscrire un engagement volontaire après libération. Cette disposition n'a pas d'application en ce qui concerne le personnel des équipages de la flotte, et se rapporte exclusivement aux sous-officiers, caporaux et soldats des corps de troupes.

En vous notifiant, le 24 décembre 1860 (*Bulletin officiel*, p. 547), la loi du 24 juillet de la même année, modificative de celle du 26 avril 1855, et le décret du 6 octobre suivant, je vous ai fait connaître que, par dérogation à l'article 1er dudit décret, et eu égard aux exigences spéciales du service maritime, les rengagements des marins et des militaires des troupes de la marine continueraient à n'être reçus que dans le cours de la dernière année de service des intéressés. M. le maréchal Randon vient de m'informer que ce principe a été rétabli pour les militaires de l'armée de terre, lesquels se trouvent dès lors replacés, en ce qui concerne les rengagements, dans les conditions générales tracées par l'article 11 de la loi du 26 avril 1855.

Veuillez donner connaissance à qui de droit du contenu de la présente dépêche.

Recevez, etc.

Le Ministre Secrétaire d'État de la marine et des colonies,

Signé Cte P. DE CHASSELOUP-LAUBAT.

ANNEXE.

—

*Le Ministre de la guerre aux Maréchaux commandant les corps
d'armée; Généraux commandant les divisions et les subdivisions territoriales et actives; Préfets des départements; Intendants et Sous-Intendants militaires; Chefs de corps et Conseils d'administration de toutes
armes; Chefs de légion et Commandants de compagnie de gendarmerie; Commandants des dépôts de recrutement et de réserve.*

(1re direction, Recrutement et Dotation de l'armée : bureau
de la dotation.)

Paris, le 2 mars 1863.

*Arrêté portant fixation de la prime allouée aux rengagements
et aux engagements volontaires après libération*

. . . .

. . . .

Il a été reconnu que, l'autorisation de se rengager étant
pour les sous-officiers tout à la fois une récompense de leurs
anciens services et un encouragement qui leur facilite les
moyens de mériter un avancement légitime, leur rengagement,
dans l'un et l'autre cas, ne pouvait pas avoir pour cause déter-
minante la faculté de toucher immédiatement une somme
d'argent.

C'est par cette considération qu'une décision impériale du
28 février 1863 a prescrit, en principe, que la première portion de la prime allouée aux sous-officiers sera désormais employée à l'achat d'un titre nominatif de rente 3 p. 0/0, dont ils
toucheront les intérêts par trimestre.

Mon arrêté du 28 février 1863 règle l'application de ce
principe.

En conséquence, aussitôt qu'un sous-officier contractera un
rengagement donnant droit à la prime ou à des annuités, le
corps adressera à M. le directeur général de la caisse des dépôts
et consignations une feuille individuelle, conforme au modèle

ci-joint (n° *1*), et indiquant, avec le nom, les prénoms et le grade de rengagé, la date et la durée de son rengagement, les allocations auxquelles il peut prétendre, et la première portion de la prime ou des annuités à employer en rentes.

Ces renseignements serviront pour l'inscription au compte ouvert, au nom du rengagé, de la somme due à titre de première portion de la prime, et qui sera immédiatement employée en rentes 3 p. o/o, achetées sans frais par la caisse de la dotation de l'armée.

Le titre de rente sera inscrit, au nom du rengagé, sur le grand-livre de la dette publique. Il sera incessible et insaisissable, en vertu de l'article 18 de la loi du 26 avril 1855, et restera déposé à la caisse de la dotation jusqu'à la fin du rengagement. À cette époque, remise en sera faite au titulaire avec la fraction de la première portion de la prime qui n'aura pas pu être employée en rentes.

Les arrérages dus aux sous-officiers rengagés seront payés, à titre d'avance, dans les corps, le premier jour de chaque trimestre, par les soins du trésorier ou de l'officier payeur.

Pour obtenir de la caisse de la dotation le remboursement des avances faites à ce titre, le conseil d'administration établira un état collectif, conforme au modèle ci-joint (n° 2), et faisant connaître les payements effectués. Cet état, revêtu des signatures des parties prenantes, sera adressé à ladite caisse, en double expédition, dont l'une doit y être conservée et l'autre être mise à l'appui du compte de son préposé.

Une mention spéciale, inscrite sur le livret individuel du rengagé, indiquera :

Le montant de la première portion de la prime;
Le capital employé en rentes;
La somme de rente achetée;
La série et le numéro du titre de rente;
La date de la jouissance;
La fraction du capital non employée.

En cas de décès du rengagé, le titre de rente sera remis à ses héritiers.

Il n'est rien changé, d'ailleurs, au payement de la haute paye de 10 centimes ou de 20 centimes due aux sous-officiers en vertu de leur rengagement, non plus qu'aux dispositions relatives à la dernière portion de la prime, qui continue à être payable à la libération définitive du service.

Mon arrêté prescrit que, sur la première portion de la prime ou des annuités revenant aux engagés volontaires, sera prélevé le montant de la première mise de petit équipement, suivant l'arme à laquelle sera affecté l'engagé volontaire après libération, et conformément au tarif n° 52 annexé à l'ordonnance du 5 décembre 1840.

Le sous-intendant chargé d'ordonnancer le payement de la première portion indiquera, au bas de l'acte d'engagement, le montant de la somme à prélever, et le préposé de la caisse des dépôts et consignations déduira cette somme de la première portion à payer.

En conséquence, la première mise de petit équipement des engagés volontaires cessera d'être imputée sur les fonds de la solde; elle sera formée au moyen de la somme prélevée sur le montant de la première portion de la prime.

Les corps auront à en faire l'avance, et en seront remboursés, à la fin de chaque mois, par la caisse de la dotation, sur le vu d'un état nominatif des engagés volontaires après libération incorporés pendant le courant du mois (*Modèle ci-joint, n° 3*) et qui sera établi en double expédition.

Je vous invite à assurer, chacun en ce qui vous concerne, l'exécution des dispositions contenues dans la présente circulaire, dont vous m'accuserez réception.

Recevez, etc.

Le Maréchal de France
Ministre Secrétaire d'État de la guerre,

Signé RANDON.

Arrêté du Ministre Secrétaire d'État de la guerre, portant fixation des allocations attribuées aux rengagements et aux engagements volontaires après libération du service.

Paris, le 28 février 1863.

LE MARÉCHAL DE FRANCE MINISTRE SECRÉTAIRE D'ÉTAT DE LA GUERRE,

Vu l'article 14 de la loi du 26 avril 1855, sur la dotation de l'armée;

Vu la délibération prise par la commission supérieure de la dotation, le 27 février 1863,

Arrête :

ARTICLE PREMIER.

Les rengagements de sept ans donneront droit :

1° A une somme de 2,200 francs, dont 1,000 francs payables au moment du rengagement ou de l'incorporation, et 1,200 francs à la libération définitive du service;

2° A la haute paye de rengagement de 10 centimes par jour.

Tout rengagement contracté pour moins de sept ans donnera droit, jusqu'à quatorze ans de service :

1° A une somme de 310 francs par chaque année de rengagement, dont 140 francs payables au moment du rengagement ou de l'incorporation, et 170 francs après la libération définitive;

2° A la haute paye de rengagement de 10 centimes par jour.

Après quatorze ans de service, le rengagé n'aura droit qu'à la haute paye journalière de 20 centimes.

ART. 2.

Nul sous-officier ne sera admis à se rengager que sous les conditions suivantes :

S'il contracte un rengagement de sept ans, il aura droit :

1° A une somme de 2,200 francs, dont 1,000 francs seront immédiatement employés en un achat de rentes 3 p. o/o au nom du rengagé, et 1,200 francs payables à la libération définitive du service;

2° A la haute paye de rengagement de 10 centimes par jour.

S'il contracte un rengagement pour moins de sept ans, il aura droit, jusqu'à quatorze ans de service :

1° A une somme de 310 francs par chaque année de rengagement, dont 140 francs seront immédiatement employés en un achat de rentes 3 p. o/o au nom du rengagé, et 170 francs payables à la libération définitive;

2° A la haute paye de rengagement de 10 centimes par jour.

Les rentes seront achetées, sans frais, par la caisse de la dotation de l'armée. Le titre de rente, incessible et insaisissable, en vertu de l'article 18 de la loi du 26 avril 1855, sera inscrit, au nom du militaire, sur le grand-livre de la dette publique, et restera déposé à la caisse de la dotation de l'armée jusqu'à la fin du rengagement. A cette époque, il sera remis au titulaire, avec la fraction de la première portion de la prime qui n'aura pu être employée en rentes.

Les arrérages seront payés par trimestre. Les corps en feront l'avance, qui sera remboursée par la caisse de la dotation.

En cas de décès du rengagé, le titre de rente sera remis à ses héritiers.

Une mention spéciale, inscrite sur le livret individuel du rengagé, indiquera :

Le montant de la première portion de la prime;
Le capital employé en rentes;
La somme de rentes achetée;
La série et le numéro du titre de rente;
La date de la jouissance;
La fraction du capital non employée.

ART. 3.

Les engagements volontaires après libération donneront droit, suivant le temps du service accompli, aux avantages spécifiés dans l'article 1ᵉʳ ci-dessus.

ART. 4.

Sur la première portion de la prime ou de l'annuité allouée aux engagés volontaires après libération, sera prélevé le montant de la première mise du petit équipement, suivant l'arme à laquelle l'engagé sera affecté, et conformément au tarif n° 52 annexé à l'ordonnance du 5 décembre 1840.

ART. 5.

Le présent arrêté sera exécutoire à partir du 15 mars 1863.
Paris, le 28 février 1863.

Signé RANDON.

DOTATION DE L'ARMÉE.

ÉTAT N° 1.

Loi du 26 avril 1855.
Circulaire ministérielle
du 5 mars 1863 (n° 3).

PRIME DE RENGAGEMENT. — Désigner ...... { Le corps .... / Le bataillon .... / La compagnie ou l'escadron ...... / La batterie ou la section ......

Feuille individuelle pour servir à constater le droit à la prime allouée à un sous-officier
rengagé dans les conditions de la loi du 26 avril 1855.

(À cette feuille doit être joint l'état signalétique et de services du rengagé.)

NOM, prénoms et surnom.	GRADE.	NUMÉRO MATRICULE.	DATE du RENGAGEMENT.	DURÉE du RENGAGEMENT.	ÉPOQUE à partir de laquelle commence à courir le rengagement.	DURÉE DE SERVICE ACCOMPLI.		ALLOCATION TOTALE (prime ou annuité) à laquelle donne droit le rengagement, en vertu de l'arrêté ministériel du 18	PREMIÈRE portion de la prime à employer en rentes 3 p. o/o
						à l'époque du rengagement.	à l'époque où doit commencer à courir le rengagement.		

Vu :

Le Sous-Intendant militaire
chargé de la surveillance administrative du corps.

A .... , le .... 18 .

Certifié la présente feuille individuelle par nous.
Membres du conseil d'administration.

<table>
<tr><td>

DOTATION
DE L'ARMÉE.
____
Enotes 3 p. o/o inscrites
au nom des sous-officiers
rengagés.
____
ᵉ TRIMESTRE 18

</td><td>

(1)

ÉTAT N° 2.

____

____

</td><td>

Loi du 26 avril 1855.
Circulaire ministerielle
du 2 mars 1863 (n° 5).

</td></tr>
</table>

*État des sommes payées à des sous-officiers rengagés dans les conditions
de la loi du 26 avril 1855, à titre d'arrérages échus pendant le   ᵉ trimestre 18*

NOMS, PRÉNOMS ET SURNOMS.	NUMÉRO MATRICULE.	GRADES.	MONTANT des intérêts PAYÉS.	ÉMARGEMENT PORTANT QUITTANCE.	OBSERVATIONS.

(1) Désigner le corps.

CERTIFIÉ par nous, Membres du conseil d'administration, le présent état
s'élevant à la somme de

    A   , le   18

VU et VÉRIFIÉ par nous, Sous-Intendant militaire, chargé de la surveillance
administrative du   , le présent
état s'élevant à la somme de   à payer à ce corps
par le préposé de la caisse des dépôts et consignations le plus voisin de la place
de

    A   , le   18

REÇU du préposé de la caisse des dépôts et consignations à
la somme de   pour les causes énoncées ci-dessus.

    A   , le   18

Les Membres du conseil d'administration,

27.

DÉPENSE IMPUTABLE
à la
DOTATION DE L'ARMÉE.

Première mise de petit
équipement des engagés
volontaires après libéra-
tion.

ÉTAT N° 3.

Loi du 26 avril 1855.
Circulaire ministérielle
du 2 mars 1865 (n° 5).

Indiquer le corps...

*État nominatif des engagés volontaires après libération incorporés pendant le mois
d   18   , destiné à servir au remboursement des avances faites
par le corps pour leur première mise de petit équipement.*

NOMS, PRÉNOMS ET SURNOMS.	NUMÉRO MATRICULE.	DATES des actes d'engagement.	LIEUX où les engagements volontaires ont été contractés.	DATE de l'incorporation des hommes.	MONTANT de la première mise de petit équipement.	OBSERVATIONS.
					TOTAL.........	

VU ET VÉRIFIÉ :

Le Sous-Intendant militaire
chargé de la surveillance
administrative du corps,

CERTIFIÉ par nous, Membres du conseil d'administration, le présent état
s'élevant à la somme de

A   , le   18   .

Reçu du préposé de la caisse des dépôts et consignations À
la somme de   pour les causes
énoncées ci-dessus.

A   , le   18   .

Les Membres du conseil d'administration,

*Le Ministre de la marine et des colonies aux Préfets maritimes;
Commissaires généraux et Chefs du service de la marine dans les ports
secondaires; Conseils d'administration des divisions et des bâtiments.*

(2ᵉ direction, personnel : 2ᵉ bureau, 2ᵉ section, équipages de la flotte.)

Paris, le 19 mai 1863.

*Les sommes qui constituent la portion complémentaire des primes
et annuités de rengagement peuvent être payées aux marins
qui, à l'expiration des rengagements ou engagements volontaires après libération leur ayant donné droit auxdites primes
ou annuités, continuent à servir en qualité d'inscrits maritimes.*

Messieurs, j'ai été consulté sur la question de savoir si les
sommes qui constituent la portion complémentaire des primes
et annuités de rengagement peuvent être payées aux marins
qui, après avoir été liés au service dans les conditions des lois
des 21 mars 1832 et 26 avril 1855, restent volontairement
maintenus à l'activité à titre d'inscrits.

J'ai décidé que les conditions nouvelles dans lesquelles ces
marins continuent à servir peuvent, au point de vue spécial
de la dotation de l'armée, être considérées comme équivalant à
une libération définitive, puisque, en fait, les intéressés n'appartiennent plus à la catégorie des hommes placés sous le régime des lois sur le recrutement de l'armée.

Il demeure donc entendu que tout officier-marinier ou marin
qui se trouverait dans le cas spécial dont il s'agit pourra, s'il en
fait la demande, toucher la portion complémentaire des primes
et annuités auxquelles lui donnait droit l'acte en vertu duquel il
était lié au service avant de se faire porter sur les matricules de
l'inscription.

Veuillez appeler l'attention de qui de droit sur le contenu de
la présente dépêche, dont il devra être pris note en marge des
exemplaires de la loi du 26 avril 1855 en usage dans votre
service.

Recevez, etc.

Le Ministre Secrétaire d'État de la marine et des colonies,
Signé Cᵗᵉ P. DE CHASSELOUP-LAUBAT.

(B. O. p. 545.) *Le Ministre de la marine et des colonies à M. le Préfet maritime de Rochefort et à MM. les Gouverneurs des colonies.*

(2ᵉ direction, personnel : 4ᵉ bureau, 2ᵉ section.)

Paris, le 27 juin 1863.

Application de la loi du 26 avril 1855 aux militaires des compagnies disciplinaires des colonies.

Messieurs, des doutes se sont élevés sur la question de savoir s'il y avait lieu d'appliquer aux militaires des compagnies disciplinaires des colonies les dispositions de la loi du 26 avril 1855.

Les militaires désignés pour les compagnies disciplinaires des colonies y sont incorporés après avoir subi les peines auxquelles ils ont été condamnés et pour y terminer leur temps de service. Ils ne peuvent donc être assimilés aux hommes envoyés à titre temporaire dans les compagnies de discipline ordinaires de la marine ou de la guerre; mais ils se trouvent dans la même position que les soldats des bataillons d'infanterie légère d'Afrique et doivent être traités comme ces derniers.

Par suite de cette assimilation, j'ai décidé, après m'être concerté avec S. Exc. le ministre de la guerre, que les militaires des compagnies disciplinaires rengagés en conformité de la loi du 26 avril 1855 continueront à recevoir, comme le prêt, tous les cinq jours, la haute paye de rengagement.

Quant aux allocations revenant à ces militaires dans le cours de leur service, à titre de primes ou d'annuités, elles ne leur seront remises qu'au moment de leur libération.

Il ne vous échappera pas que cette disposition a pour objet de sauvegarder les intérêts des militaires, sans compromettre la discipline, en évitant de mettre dans leurs mains des sommes dont ils feraient souvent un mauvais usage et dont ils n'ont pas besoin tant qu'ils sont au corps.

Les disciplinaires ne sont pas admis à souscrire de nouveaux rengagements. Les prescriptions du décret réglementaire du

9 janvier 1856 s'opposent à ce que cette faculté leur soit accordée.

Les sous-officiers, caporaux, clairons et soldats ordonnances faisant partie du cadre des compagnies sont seuls susceptibles de jouir, à cet égard, des avantages déterminés par la loi précitée.

Recevez, etc.

Le Ministre Secrétaire d'État de la marine et des colonies,

Signé Cte P. DE CHASSELOUP-LAUBAT.

LE MINISTRE DE LA MARINE ET DES COLONIES à *M. le Préfet maritime* (B. O. y. 8.)
à Lorient.

(2e direction, personnel, 2e bureau, 2e section, équipages
de la flotte.)

Paris, le 6 juillet 1863.

*Le second maître N . . . est en droit de prétendre à la prime
pour le rengagement de sept ans qu'il a souscrit à Brest, le
23 février 1863.*

MONSIEUR LE PRÉFET, par lettre du 16 juin dernier, répondant à ma dépêche du 20 avril 1863, vous m'avez consulté sur la question de savoir si un second maître mécanicien qui a souscrit, le 23 février dernier, devant le commissaire aux armements de Brest, un rengagement de sept ans pour compter du 1er septembre 1862, peut prétendre, quoique marié, à la prime allouée pour les rengagements de l'espèce.

La loi du 26 avril 1855 et les actes subséquents ont subordonné la concession de ladite prime à la seule obligation d'avoir accompli, dans les conditions de la loi de 1832, une première période de service de sept années.

Telle est la position de l'officier-marinier qui fait l'objet de

votre lettre du 16 juin précitée; dès lors, ce marin est régulièrement en droit de prétendre à la prime.

Recevez, etc.

Le Ministre secrétaire d'État de la marine et des colonies,

Signé Cte P. DE CHASSELOUP-LAUBAT.

(B. O. t. 96.) *Le Ministre de la marine et des colonies aux Préfets maritimes,
Gouverneurs et Commandants des colonies.*

(2e direction, personnel : 4e bureau, troupes de la marine.)

Paris, le 31 août 1863.

*Dispositions relatives aux militaires liés au service avec prime
et reconnus impropres au service.*

Messieurs, mon attention a été appelée récemment sur la
situation d'un militaire appartenant aux troupes de la marine,
lié au service dans les conditions de la loi du 26 avril 1855, et
atteint d'aliénation mentale.

Je crois devoir vous faire connaître les règles générales appliquées aux militaires de l'armée de terre reconnus impropres au
service après avoir contracté des rengagements, des engagements
volontaires ou des remplacements administratifs, dans les conditions de la loi du 26 avril 1855.

La position particulière de ces hommes qui ont reçu une
rémunération anticipée de leur service ayant occasionné de
fréquentes tentatives de fraude, il a été admis en principe que,
à moins d'une *impossibilité absolue*, ils seraient, nonobstant leur
défaut d'aptitude, maintenus au corps, pour y être employés à
telle nature de service que comporte leur état de santé.

Il est cependant fait exception à cette règle lorsque les militaires dont il s'agit ont accompli, sur la durée de l'acte qu'ils
ont souscrit, un temps proportionnel à la somme qui leur a été

payée, ou lorsque les infirmités qui les rendent impropres au service sont survenues postérieurement à leur admission.

Dans ce dernier cas, il suffit que l'incapacité de servir soit constatée pour que les hommes puissent recevoir un congé de réforme.

Je vous invite à pourvoir à ce que ces dispositions soient appliquées aux troupes de la marine.

L'insertion au Bulletin officiel de la marine tiendra lieu de notification.

Recevez, etc.

Le Ministre Secrétaire d'État de la marine et des colonies,
Signé C.te P. DE CHASSELOUP-LAUBAT

Extrait d'une dépêche du Ministre de la guerre,
du 12 septembre 1863.

« Le militaire lié au service avec prime, ne peut être dégagé des obligations qu'il a contractées au moyen d'un envoi anticipé dans la réserve; mais il peut recevoir un congé ou une permission temporaire lorsque des affaires urgentes et de famille rendent indispensable son retour momentané dans ses foyers. »

(2.e direction, Personnel; 5.e bureau, Solde, Revues et Habillement.)   (R. O. p. 320.)

Paris, le 14 octobre 1863.

Prélèvement, à titre de première mise de petit équipement, sur la prime ou les annuités revenant aux engagés volontaires après libération et aux remplaçants administratifs.

Une décision du ministre de la guerre, en date du 10 août 1863 (insérée au Journal militaire, page 142), détermine la somme à prélever, à titre de première mise de petit équipement, sur la première portion de la prime ou des annuités revenant aux engagés volontaires après libération et aux remplaçants administratifs.

Les fixations arrêtées à l'égard des corps de troupes de l'armée de terre sont applicables aux troupes de la marine.

Le Directeur du Personnel,
Signé A. MOULAC.

ANNEXE.
—

(Journal militaire, p. 121.)

Décision ministérielle relative au montant de la somme à prélever, à titre de première mise de petit équipement, sur la première portion de la prime ou des annuités revenant aux engagés volontaires après libération et aux remplaçants administratifs.

(1ʳᵉ direction, Recrutement et Dotation de l'armée ;
bureau de la dotation.)

Paris, le 10 août 1863.

Les arrêtés ministériels du 28 février 1863 ont prescrit de prélever, sur la première portion de la prime ou des annuités attribuées aux engagés volontaires après libération et aux remplaçants administratifs, le montant de la première mise de petit équipement, selon l'arme à laquelle les hommes sont affectés.

Le tableau ci-après indique, pour chacun des corps de l'armée susceptibles de recevoir des engagés volontaires après libération et des remplaçants administratifs, le montant du prélèvement à effectuer.

GARDE IMPÉRIALE.

Régiments de grenadiers,	
—————— de voltigeurs	60ᶠ
Bataillon de chasseurs à pied	
Régiment de zouaves	65
Régiments de cuirassiers	
Régiment de dragons de l'Impératrice	
—————— de lanciers	7.
—————— de chasseurs	
—————— de guides	
Division d'artillerie à pied	60
Régiment d'artillerie monté { servants à pied	65
{ conducteurs	75
Régiment d'artillerie à cheval	75
Escadron du train d'artillerie	75
Division du génie { sapeurs	60
{ conducteurs	70
Escadron du train des équipages militaires	75

TROUPES DE LIGNE.

Régiments d'infanterie	
Bataillons de chasseurs à pied	40
Régiments de zouaves	

Lorsque la portion susceptible d'être payée comptant, en vertu de l'engagement ou du remplacement administratif, est inférieure à la première mise de petit équipement, la différence doit être imputée sur les fonds du service de la solde, qui, sauf l'exception prescrite par les arrêtés ministériels du 28 février 1863, reste toujours chargé des dépenses de l'espèce.

Comme, dans les régiments d'artillerie et du génie, la première mise de petit équipement varie suivant que les hommes sont, à leur arrivée au corps, classés parmi les servants à pied, les servants à cheval ou les conducteurs, le prélèvement à opérer sur les allocations aux engagés volontaires après libération et aux remplaçants administratifs dirigés sur ces corps, sera calculé sur le pied de la première mise de 75 francs. Si, à son arrivée au corps, l'homme n'est pas classé comme conducteur, la différence lui sera remboursée, en fin de trimestre, à titre d'excédant du complet de la masse individuelle. (*Décision ministérielle du 16 mai 1863.*)

(B. O. p 323.) *LE MINISTRE DE LA MARINE ET DES COLONIES aux Préfets maritimes; Conseils d'administration des divisions et des corps de troupes de la marine.*

(2ᵉ direction, Personnel : 2ᵉ bureau, 2ᵉ section, Équipages de la flotte, et 4ᵉ bureau, 1ʳᵉ section, Troupes de la marine.)

Paris, le 19 octobre 1863.

Envoi d'une circulaire de M. le ministre de la guerre relative aux militaires libérables en 1863, liés au service dans les conditions de la loi du 26 avril 1855, et passés dans la réserve.

MESSIEURS, je vous transmets ci-joint ampliation d'une circulaire que S. Exc. le ministre de la guerre a adressée, le 30 septembre dernier, à LL. EExc. les maréchaux commandant les corps d'armée, aux généraux commandant les divisions militaires territoriales, etc. en vue de faire payer dans leurs foyers, par les soins de la caisse des dépôts et consignations, les militaires libérables en 1863, liés au service dans les conditions de la loi du 26 avril 1855 et passés dans la réserve.

Je vous prie de vouloir bien signaler à l'attention de qui de droit ces dispositions, qui sont applicables aux militaires des troupes de la marine ainsi qu'aux marins provenant du recrutement (rengagés, engagés volontaires après libération, remplaçants administratifs) libérables en 1863, et se trouvant actuellement dans leurs foyers, avec autorisation d'y rester jusqu'à l'époque de leur congédiement définitif.

Recevez, etc.

Le Ministre Secrétaire d'État de la marine et des colonies,

Signé Cᵗᵉ P. DE CHASSELOUP-LAUBAT

ANNEXE.

—

*Le Ministre de la guerre aux Maréchaux commandant les corps
d'armée, Généraux commandant les divisions et les subdivisions territoriales et actives; Intendants et Sous-Intendants militaires; Chefs de
corps de toutes armes; Chefs de Légion et Commandants de compagnie
de gendarmerie; Commandants des dépôts de recrutement et de réserve.*

(1re direction, Recrutement et Dotation de l'armée: bureau de la
dotation.)

Paris, le 30 septembre 1863.

*Dispositions relatives aux militaires libérables en 1863, liés au
service dans les conditions de la loi du 26 avril 1855 et passés
dans la réserve.*

Messieurs, ma circulaire de ce jour (*Bureau du recrutement,
n° 701*) prescrit le passage dans la réserve des militaires servant en vertu de la loi du 26 avril 1855, dont le temps de service expirera en 1863, et qui n'exprimeront pas l'intention de
rester au corps jusqu'à leur libération.

Ces militaires ont, pour la plupart, droit à la dernière portion, *payable à la libération définitive du service*, de la prime ou
des annuités qui leur ont été attribuées à titre de rengagés,
d'engagés volontaires après libération ou de remplaçants administratifs.

Ces sommes leur seront payées directement, dans leurs
foyers, par les soins de la caisse des dépôts et consignations.

A cet effet, après le départ des hommes, et dans le délai de
quinze jours, les conseils d'administration adresseront au directeur général de la caisse des dépôts et consignations, à Paris,
un état (*Modèle ci-joint*) indiquant les sommes à payer.

Les ayants droit y seront inscrits par département et par
ordre alphabétique.

De son côté, la caisse des dépôts et consignations avisera ses préposés (receveurs généraux et particuliers des finances) des payements à effectuer, et fera parvenir en temps utile aux sous-intendants militaires chargés du service du recrutement, des lettres de payement individuelles, que ces fonctionnaires transmettront à chaque intéressé par l'entremise du maire de sa commune.

Sur la production de la lettre d'avis de payement, le militaire recevra du préposé de la caisse dans son arrondissement le complément de sa prime, après avoir justifié de son identité au moyen de son livret, de son congé, ou de toute autre pièce émanant de l'autorité militaire.

En cas de changement de résidence dûment autorisé, ou de modifications survenues dans la position des hommes, les commandants des dépôts de recrutement en donneront *immédiatement* avis aux sous-intendants militaires, et ceux-ci en informeront le directeur général de la caisse des dépôts et consignations. Il importe que cette prescription soit rigoureusement exécutée, pour éviter des recherches inutiles et des retards regrettables dans le payement des sommes dues aux ayants droit.

Je vous invite à assurer, chacun en ce qui vous concerne, l'exécution des dispositions contenues dans la présente circulaire, et à m'en accuser réception.

Recevez, etc.

*Le Maréchal de France
Ministre Secrétaire d'État de la guerre,*

Signé RANDON,

DIVISION MILITAIRE.

PLACE. Désignation des corps.......

Circulaire ministérielle du 30 septembre 1863.

État nominatif des militaires libérables pendant l'année 1863, auxquels la dernière portion de la prime doit être payée dans leurs foyers par les receveurs des finances.

NUMÉRO MATRICULE.	NOMS, prénoms et surnoms des militaires [1].	GRADES.	DATE DU RENGAGE-MENT, de l'engagement ou du remplacement.	DURÉE DU RENGAGE-MENT, de l'engagement ou du remplacement.	ÉPOQUE À LAQUELLE le rengagement, l'engagement ou le remplacement a commencé à courir.	INDI-CATION du corps qui a payé la première portion.	DATE de la LIBÉRATION.	MONTANT des ALLOCATIONS auxquelles donne droit le rengagement, l'engagement ou le remplacement.	SOMMES PAYÉES pendant le cours de service.	SOMMES RESTANT à payer à la libération.	LIEUX où ils se sont retirés.		OBSERVATIONS.
											Com-munes.	Dé-parte-ments.	(1) Les militaires doivent être classés suivant les départements où ils seront retirés et par ordre alphabétique.

VU et VÉRIFIÉ : A , le 18

Le Sous-Intendant militaire chargé de la surveillance administrative du corps.

Les Membres du conseil d'administration,

*LE MINISTRE DE LA MARINE ET DES COLONIES aux Préfets maritimes;
Officiers généraux et supérieurs commandant à la mer; Commissaires
généraux et Commissaires de l'inscription maritime*

(2ᵉ direction, Personnel : 2ᵉ bureau, 2ᵉ section, Équipages de la flotte.
— Administration de l'établissement des invalides de la marine ;
bureau central des invalides et des pensions, bureau des prises,
bris et naufrages et du service Gens de mer.)

Paris, le 17 mars 1864.

*Les marins provenant du recrutement ou de l'engagement volon-
taire, embarqués sur des bâtiments en cours de campagne ou
éloignés des ports militaires, pourront souscrire des actes de
rengagement devant les commissaires d'escadres, commissaires
et sous-commissaires de divisions navales.*

Messieurs, en vue de faciliter, autant que possible, le maintien au service des marins provenant du recrutement ou de l'engagement volontaire, j'ai décidé que, par extension du paragraphe 13 de la circulaire du 14 février 1856 (*Bulletin officiel*, page 177), les hommes de cette provenance embarqués sur des bâtiments en cours de campagne ou éloignés des ports militaires pourront être admis à contracter, devant les commissaires d'escadres, commissaires et sous-commissaires de divisions navales des rengagements dans les conditions des lois des 26 avril 1855 et 24 juillet 1860.

Ces rengagements, dont le minimum de durée sera de quatre ans (circulaire du 14 décembre 1860, *Bulletin officiel*, 2ᵉ semestre, page 547), seront reçus sur la production d'un certificat d'acceptation et d'un certificat de bonne conduite et d'aptitude délivrés par le commandant du bâtiment à bord duquel le marin demandant à se rengager sera embarqué.

NOTA. Les dispositions de cette circulaire ont été modifiées par celles des trois derniers paragraphes de la dépêche du 9 mai 1866, insérée dans le présent Recueil.

La circulaire du 17 mars 1864 ne doit plus être applicable qu'en ce qui concerne les *officiers mariniers*.

Les actes de rengagement seront dressés, en double expédition, sur l'imprimé réglementaire, modifié pour le cas de l'intervention des commissaires d'escadres ou de divisions.

La première expédition restera annexée à un registre à souche déposé entre les mains du fonctionnaire qui aura reçu l'acte, et la deuxième expédition sera adressée, par la plus prochaine occasion, aux commissaires aux armements du port comptant de la dépense du bâtiment auquel appartient le rengagé; avis du rengagement devra être immédiatement donné à la division dans laquelle le marin sera immatriculé.

Après vérification de la situation de l'intéressé sous le rapport du recrutement ou de l'engagement volontaire, et du droit à la prime ou aux annuités, le commissaire aux armements inscrira au dos de l'acte la certification conforme au modèle ci-annexé, et transmettra ledit acte au commissaire de l'inscription maritime, qui, de son côté, fera opérer par le trésorier des invalides le versement à la caisse des gens de mer (*à titre d'avance remboursable par la caisse de la dotation de l'armée*) de la somme due à l'ayant droit.

Conformément aux dispositions que la circulaire du 13 mars 1856 (*Bulletin officiel*, page 268) a prescrites pour le payement des hautes payes de rengagement acquises par des hommes en cours de campagne, le remboursement des sommes avancées par la caisse des invalides pour le compte de la caisse de la dotation de l'armée sera opéré sur la présentation d'un bordereau récapitulatif desdites avances (*Modèle E*, annexé à ladite circulaire), auquel sont rattachés les actes de rengagement qui auront servi à constater le payement.

Je ne terminerai pas sans insister sur l'intérêt qui s'attache à ce que les marins comprennent les avantages que leur offre la faculté de se rengager en cours de campagne, puisqu'ils pourront désormais, au moyen d'une simple procuration émanant des conseils d'administration de leurs bâtiments, donner à leurs familles les moyens de toucher immédiatement les portions de prime payables par anticipation aux rengagés.

Recevez, etc.

Le Ministre Secrétaire d'État de la marine et des colonies,

Signé Cte P. DE CHASSELOUP-LAUBAT.

ANNEXE

Modèles de la certification et des visa à porter au dos des actes de rengagement contractés par les marins en cours de campagne devant les commissaires d'escadres, commissaires et sous-commissaires de divisions.

<table>
<tr><td>Certification
du commissaire
aux armements.</td><td>Le Commissaire aux armements au port de
certifie que le sieur   qualifié dans l'acte qui précède, a droit de recevoir du préposé de la caisse des dépôts et consignations
à   , pour le compte de la dotation de l'armée,
la somme de   que M. le commissaire de
l'inscription maritime est prié de faire déposer à la caisse des gens de mer, au profit du marin ci-dessus dénommé.

A   le   18</td></tr>
</table>

<table>
<tr><td>Visa du commissaire
de
l'inscription maritime.</td><td>Vu le présent acte, pour la somme de
que M. le trésorier des invalides de la marine est invité à déposer à la caisse des gens de mer, au profit de l'ayant droit, sauf remboursement ultérieur de ladite somme à la caisse des invalides par la caisse de la dotation de l'armée.

A   le   18

Le Commissaire de l'inscription maritime,</td></tr>
</table>

<table>
<tr><td>Déclaration
du versement opéré
par
le trésorier des invalides.</td><td>Le Trésorier des invalides certifie avoir fait le dépôt à la caisse des gens de mer, au profit de l'ayant droit, de la somme mentionnée ci-dessus.

A   le   18</td></tr>
</table>

Nota. L'acte de rengagement transmis au commissaire de l'inscription maritime sera accompagné d'un état de remise à la caisse des gens de mer, dressé par le commissaire aux armements.

Le Ministre de la marine et des colonies aux Préfets maritimes,   (B. O. p. 115.)
Commissaires généraux de la marine et Conseils d'administration des
divisions.)

(2° direction. Personnel : 2° bureau, 3° section. Équipages
de la flotte.)

Paris, le 17 mars 1864.

Les officiers-mariniers, quartiers-maîtres et marins qui, après
avoir été retenus d'office sous les drapeaux au delà de la pé-
riode légale et avoir pris leur congé, demandent à souscrire
un engagement volontaire après libération, peuvent prétendre
à la prime entière.

Messieurs, j'ai été consulté sur la question de savoir à quelles
allocations peut prétendre un marin provenant du recrutement qui, après avoir été maintenu *d'office* en activité de service au delà de la période légale et avoir pris son congé, est
admis à souscrire un engagement volontaire après libération.

Aux termes de l'article 45, § 3, du décret du 9 janvier 1865,
les militaires qui, après sept années de service, ont été retenus
sous les drapeaux, en vertu de l'article 30 de la loi du 21 mars
1832, sont admis à contracter, avec droit à la prime entière,
un rengagement dont les effets remontent au jour de l'expiration de leur service.

Par analogie, les hommes congédiés à la suite d'un service
prolongé par des causes indépendantes de leur volonté, et qui
demandent à souscrire un engagement volontaire après libération, peuvent aussi prétendre à la prime entière.

Je n'ai pas besoin d'ajouter que ces dispositions ne s'appliquent qu'à la concession de la prime, et que, dans aucun
cas, l'engagement volontaire après libération ne saurait avoir
d'effet rétroactif.

L'insertion de la présente au Bulletin officiel de la marine tiendra lieu de notification.

Recevez, etc.

Le Ministre Secrétaire d'État de la marine et des colonies,
Signé Cte P. DE CHASSELOUP-LAUBAT.

(S. C. p. 13) *Le Ministre de la marine et des colonies aux Préfets maritimes, Officiers généraux, supérieurs et autres, commandant à la mer ; Commissaires généraux et Chefs du service de la marine ; Commissaires de l'inscription maritime.*

(2ᵉ direction, Personnel : 2ᵉ bureau, 2ᵉ section, Équipages de la flotte.)

Paris, le 16 juillet 1861.

L'inscrit maritime renonciataire, appelé à prendre part au tirage de la classe à laquelle il appartient et compris dans le contingent en vertu du numéro qui lui est échu, peut toujours user du droit d'exonération prévu par l'article 5 de la loi du 26 avril 1855, pourvu que sa déclaration de renonciation soit antérieure aux opérations des conseils de révision.

Messieurs, des doutes se sont élevés sur les conséquences que la déclaration de renonciation à la navigation doit légalement avoir pour l'inscrit maritime appelé à prendre part au tirage de la classe à laquelle il appartient.

Si la déclaration de renonciation est antérieure aux opérations des conseils de révision, elle a nécessairement pour effet de placer l'inscrit, compris dans le contingent par le numéro qui lui est échu, dans la même situation que tous les jeunes gens appelés à prendre part en même temps que lui aux opérations du recrutement ; le renonciataire peut, dès lors, user légalement du droit d'exonération que l'article 5 de la loi du 26 avril 1855 donne aux jeunes soldats *compris dans le contingent, mais non encore incorporés.*

Dans le cas, au contraire, où l'inscrit, déduit, à ce titre, du contingent, n'aurait renoncé aux professions maritimes que postérieurement aux opérations du conseil de révision, cette renonciation aurait pour conséquence de lui enlever son caractère d'*inscrit*, en lui rendant celui de jeune soldat ; il ne pourrait donc plus être admis à s'exonérer que dans la forme et dans les conditions prévues par l'article 8 de la loi du 26 avril précité.

Recevez, etc.

Le Ministre Secrétaire d'État de la marine et des colonies,

Signé Cte P. DE CHASSELOUP-LAUBAT.

LE MINISTRE DE LA MARINE ET DES COLONIES aux Préfets maritimes. B. O. p. 265.

(2e direction, Personnel : 4e bureau, Troupes; 2e bureau, Équipages de la flotte.)

Paris, le 8 octobre 1864.

La circulaire ministérielle du 17 mars 1864 est applicable aux militaires de tous les corps de troupes de la marine.

MESSIEURS, j'ai l'honneur de vous informer que la circulaire ministérielle du 17 mars 1864 (*Bulletin officiel*, page 215) est applicable aux militaires de l'armée de mer qui contractent des engagements volontaires après libération, au titre de n'importe quel corps de la marine.

Je vous prie d'assurer, en ce qui vous concerne, l'exécution de cette mesure.

L'insertion de la présente circulaire au Bulletin officiel de la marine tiendra lieu de notification.

Recevez, etc.

Le Ministre Secrétaire d'État de la marine et des colonies,

Signé Cte P. DE CHASSELOUP-LAUBAT.

(Journal milit. p. 335.) *Le Ministre Secrétaire d'État de la guerre à MM. les Intendants et les Sous-Intendants militaires.*

(1re direction. Recrutement et Dotation de l'armée : bureau de la dotation.)

Paris, 10 décembre 1864.

Au sujet du rengagement des engagés volontaires dans leur quatrième année de service.

Messieurs, il m'a été rendu compte que, par une fausse interprétation de la circulaire du 21 février 1863, plusieurs militaires liés au service, en vertu d'engagements volontaires de sept ans, ont été irrégulièrement admis à se rengager dans la quatrième année de leur engagement.

Je vous rappelle que la circulaire précitée, conformément au principe posé par celle du 14 avril 1856 (n° 459), n'autorise à se rengager que les hommes entrés dans leur quatrième et dernière année de service.

Vous remarquerez, du reste, que les engagements volontaires de deux ans ayant été fermés par le décret impérial du 12 février 1863, l'application de la disposition qui admet les engagés volontaires à se rengager dans les conditions ci-dessus rappelées est, par ce seul fait, également supendue, puisqu'il ne peut plus se trouver, dans les rangs de l'armée, d'hommes liés au service comme engagés à ce titre. Les seuls militaires auxquels puisse encore s'appliquer le bénéfice de cette disposition sont ceux qui, ayant souscrit deux engagements volontaires successifs de deux ans et étant libérés depuis moins de deux années, demanderaient à contracter des engagements volontaires après libération.

Vous voudrez bien m'accuser réception de la présente circulaire.

Recevez, etc.

Le Maréchal de France Ministre Secrétaire d'État de la guerre,

Signé RANDON.

*Le Ministre de la marine et des colonies aux Préfets maritimes ;
Gouverneurs des colonies ; Commissaires généraux de la marine ;
Conseils d'administration des divisions et des bâtiments de la flotte.*

(2ᵉ direction, Personnel : 2ᵉ bureau, 2ᵉ section, Équipages
de la flotte.)

Paris, le 21 janvier 1865.

*La décision impériale du 28 février 1863, relative à l'emploi de
la première portion de la prime ou des annuités allouées aux
sous-officiers qui contractent des rengagements ou des engagements volontaires après libération, cesse d'être applicable aux
officiers-mariniers et aux armuriers de la flotte.*

Messieurs, j'ai l'honneur de vous informer que, sur ma proposition, l'Empereur a bien voulu décider, le 7 de ce mois, que
les dispositions de la décision impériale du 28 février 1863
relative à l'emploi de la première portion de la prime et des
annuités allouées aux sous-officiers qui se rengagent, cesseront
d'être applicables aux officiers-mariniers de la flotte, ainsi
qu'aux armuriers de la marine.

En conséquence, les premiers maîtres, maîtres et deuxièmes
maîtres des équipages de la flotte, ainsi que les maîtres et
deuxièmes maîtres appartenant au personnel des armuriers militaires de la marine, admis à contracter des rengagements ou
des engagements volontaires après libération dans les conditions
de la loi du 26 avril 1855, devront désormais être immédiatement mis en possession de la première portion des primes ou
annuités auxquelles ces actes leur donneront droit.

Recevez, etc.

Le Ministre Secrétaire d'État de la marine et des colonies,

Signé Cⁿ P. DE CHASSELOUP-LAUBAT.

RAPPORT À L'EMPEREUR.

Paris, le 7 janvier 1865.

Sire,

Une décision impériale du 28 février 1863 a établi que la première portion de la prime ou des annuités allouées aux sous-officiers rengagés dans les conditions de la loi du 26 avril 1855 devait être employée à l'achat d'une rente nominative 3 p. o/o dont les titulaires toucheraient les intérêts pendant le cours de leur activité, le titre de rente ne devant leur être remis qu'à l'époque de leur libération définitive.

Cette mesure a été nécessairement étendue aux premiers maîtres, maîtres et seconds maîtres des équipages de la flotte, ainsi qu'aux sous-officiers du corps des armuriers militaires de la marine; mais son application a présenté des inconvénients.

En effet, les officiers mariniers et les armuriers de la flotte sont dans une situation qui diffère essentiellement de celle des sous-officiers de l'armée de terre et des corps de troupes de la marine; ils sont pour la plupart pères de famille, et la mise en possession immédiate de la première portion de la prime ou des annuités, loin d'être pour eux une occasion de désordre, devient tout au contraire un moyen d'améliorer la situation des leurs. Enfin, les corps auxquels ils appartiennent ne disposent d'aucun fonds pour leur faire l'avance des arrérages de rentes.

Ces considérations me conduisent à proposer à Votre Majesté de vouloir bien décider que les dispositions de la décision impériale du 28 février 1863 cesseront d'être applicables aux officiers-mariniers et armuriers de la flotte.

Je suis, avec le plus profond respect, Sire, de Votre Majesté, le très-humble et très-obéissant serviteur et fidèle sujet.

Le Ministre Secrétaire d'État de la marine et des colonies,

Signé Cte P. DE CHASSELOUP-LAUBAT.

Approuvé :

Signé **NAPOLÉON**.

Le Ministre de la marine et des colonies à Monsieur le Préfet (B. O. p. 91)
maritime à . . . .

(2ᵉ direction, Personnel ; 2ᵉ bureau, 2ᵉ section, Équipages
de la flotte.)

Paris, le 8 avril 1865.

Au sujet des allocations à payer à divers armuriers de la marine,
pour prime de rengagement, bien qu'ils fussent mariés avant
leur premier engagement.

Monsieur le Préfet, vous m'avez transmis, le 27 février dernier, une réclamation formée par des armuriers militaires de la marine, récemment rengagés, auxquels l'administration du port de . . . . n'a pas cru pouvoir faire concéder les primes, annuités ou hautes payes prévues par la loi sur la dotation de l'armée, par le motif que ces armuriers étaient mariés avant leur premier engagement.

Cette question a déjà été résolue plusieurs fois, notamment par ma dépêche du 6 juillet 1863, insérée au Bulletin officiel, page 6, et par celle que je vous ai adressée le 14 septembre 1864.

Les conditions particulières du service de la marine ayant conduit à admettre les engagements ou rengagements des officiers-mariniers ou de certains militaires n'appartenant pas à un corps de troupe, *qu'ils fussent mariés ou non*, il n'y a plus à rechercher quelle est l'époque à laquelle ces militaires ou marins ont pu contracter mariage, en vue de subordonner à cette époque la concession des allocations qui sont prévues, d'une manière générale, par la loi du 26 avril 1855 pour tout rengagement après sept ans ou plus de services accomplis dans les conditions de la loi du 31 mai 1832.

Je ne puis donc que vous prier de faire régulariser dans ce sens la position des armuriers dont il s'agit.

Je saisis cette occasion pour vous faire connaître que toutes les questions relatives à l'application de la loi sur la dotation de l'armée et aux droits qui en découlent sont centralisées au *bureau de l'inscription maritime, 2ᵉ section, équipages de la flotte*. C'est donc ce timbre que devront porter, à l'avenir, des lettres que, vous seriez dans le cas de m'adresser à ce sujet, quels que fussent d'ailleurs, les corps auxquels pourraient appartenir les intéressés.

Recevez, Monsieur, l'assurance de ma considération très-distinguée.

Le Ministre Secrétaire d'État de la marine et des colonies,

Signé Cte P. DE CHASSELOUP-LAUBAT.

(B. O., p. 255.) *LE MINISTRE DE LA MARINE ET DES COLONIES aux Préfets maritimes, Officiers généraux et autres, commandant à la mer; Gouverneurs et Commandants de colonies.*

(2e direction, Personnel : 5e bureau, Solde, Revues et Habillement.)

Paris, le 8 avril 1865.

Dotation de l'armée. — Application des nouvelles dispositions aux corps de troupes de la marine. — Modifications en ce qui concerne les équipages de la flotte.

MESSIEURS, le département de la guerre a publié, sous la date du 4 décembre 1863, de nouvelles instructions relatives à la comptabilité spéciale de la dotation de l'armée.

J'ai l'honneur de vous informer que les dispositions qu'elles contiennent sont applicables de tous points aux corps de troupes de la marine.

Quant aux équipages de la flotte, qui sont régis, sous ce rapport, par l'instruction du 13 mars 1856, il m'a paru seulement nécessaire de remplacer par le modèle A, ci-annexé, les feuilles du rôle d'équipage relatives à la dotation de l'armée, et de substituer le modèle B, également ci-joint, à l'état nominatif qui est adressé actuellement, avec la feuille de journées de la division ou du bâtiment, au commissaire aux armements chargé de la tenue du rôle d'équipage.

Toutefois, ces modifications n'auront lieu, pour les équipages, qu'à partir du 1ᵉʳ janvier 1866.

L'insertion au Bulletin officiel tiendra lieu de notification.

Recevez, Messieurs, l'assurance de ma considération très distinguée.

Le Ministre Secrétaire d'État de la marine et des colonies,

Signé Cᵗᵉ P. DE CHASSELOUP-LAUBAT.

FOLIOS DU RÔLE	NOMS, prénoms et surnoms.	GRADES	OBSERVATIONS influant sur les décomptes.	DURÉE du service accompli		DATE de l'acte administratif... l'emploi duquel a été acquittée le rengagement... après libération ou le rengagement administratif	MONTANT de la prime...	MONTANT DE LA PREMIÈRE PARTIE	PAIEMENTS effectués à titre de la première partie.		à faire à la libération définitive.		
									Sommes payées (b)	Lieu et date des paiements.			
1	2	3	4	5	6	7	8	9	10	11	12	13	
		(1)											
		(2)	(A) de pour ans à partir du libérable le										
		(1)											
		(2)	(A) pour ans à partir du libérable le										
		(1)											
		(2)	(A) le pour ans à partir du libérable le										
		(1)											
		(2)	(A) le pour ans à partir du libérable le										

(A) Indiquer en lettres la nature de l'acte souscrit.
(B) Indiquer dans la colonne 10 le montant du titre de rente acheté au nom des sous-officiers rengagés et les arrérages qui doivent être payés par trimestre.

INDICATION des époques auxquelles les hommes ont droit à la haute paye de		JOURNÉES de présence et d'absences légale donnant droit à la haute paye de		RECETTES des sommes acquises			PAYEMENTS faits pendant l'année.				OBSERVATIONS.
							Lieux et dates des payements.	MOTIFS.			
10 centièmes.	20 centièmes.	10 centièmes.	20 centièmes.	pour hautes payes de rengagement	pour primes et annuités.	TOTAL.		Hautes payes.	Primes et annuités.	TOTAL.	
15	16	17	18	19	20	21	22	23	24	25	26

(1) Actuel.
(2) Au jour du rengagement.

DÉPENSE
IMPUTABLE À LA CAISSE
de la
DOTATION DE L'ARMÉE.

HAUTE PAYE
de
RENGAGEMENT.

PORT.

Désignation
du bâtiment.

État nominatif des marins qui font ou qui ont fait partie de l'équipage … acquises par eux pour hautes payes de rengagement pendant l'an… titre pendant le cours de ladite année; 3° les sommes restant à leur…

FONCTIONS		NOMS, prénoms et surnoms.	GRADES.	INDICATION, par le n° d'ordre, des marins ayant reçu des allocations à titre			INDICATION, par le n° d'ordre, des marins jouissant de la haute paye au dernier jour de l'année.		Mutations influant sur les décomptes des hautes payes.	PARTIES CALES.				INDICATION, par le n° d'ordre, des marins jouissant de la haute paye au dernier jour de l'année.		NOMBRE de journées payées pendant l'année;
du rôle.	du registre matricule.			de rengagement.	d'engagement.	de remplacement.	en rengageant.	en rengageant.		Gains,		Pertes,		Haute paye de l'engagement.	Haute paye du rengagement.	en rengageant.
1	2	3	4	5	6	7	8	9	10	11	12	13	14	15	16	17

...PÉRIALE.

Loi du 25 avril 1855.
Instruction ministérielle
du 15 mars 1856.

———

Exercice 18

———

Modèle
concernant le payement
des hautes payes
dans les marins en cours
de campagne.

(Modèle B.)

...bâtiment ci-dessus désigné, faisant connaître : 1° le montant des sommes
...18 ; 2° le montant des sommes qui leur ont été payées au même
...er en fin d'exercice.

PRIMES, SALAIRES et parts proportionnelles				SOMMES payées	DÉCOMPTE des sommes acquises.			RESTE À PAYER			OBSERVATIONS.
[illegible] par le n° d'ordre : les marins qui ont touché les allocations ci-après :			Montant des allocations payées aux marins indiqués dans les colonnes 20, 21, 22 et 23 ci-contre.	Total des colonnes 14 et 15.			Total.			Total.		Observations.
[illegible] de solde 3 p. %	Complément de primes ou d'avance payable à la libération définitive.	Part proportionnelle à la date du service accompli.			Pour hautes payes.	Pour primes et salaires, etc.		Pour hautes payes.	Pour primes et salaires, etc.		
11	12	13	14	15	16	17	18	19	20	21	22

ÉTABLI par nous (1)

À .... le 18

(1) Membres du conseil d'administration de ...
... Capitaine comptable de ...

MINISTÈRE DE LA GUERRE.

*Instructions relatives à la comptabilité spéciale
de la dotation de l'armée.*

4 décembre 1863.

Registre spécial
des
militaires liés au service
en conformité
des lois du 26 avril 1855
et
du 24 juillet 1860

1. Il est ouvert dans chaque corps un registre spécial destiné à recevoir l'inscription détaillée des renseignements relatifs aux militaires liés au service dans les conditions des lois du 26 avril 1855 et du 24 juillet 1860, en vertu de rengagements, d'engagements volontaires après libération et de remplacements par voie administrative.

2. Ce registre, établi conformément au modèle ci-joint n° 1, est tenu par le trésorier. Il fait connaître, d'un côté, les droits des hommes en raison de la nature, de la date et de la durée des actes qu'ils ont souscrits, et, de l'autre, les payements qui leur ont été faits à titre de prime ou d'annuités.

3. Les renseignements portés dans la colonne 7 (*détail des services*) devront reproduire, avec une exactitude rigoureuse, les indications contenues dans la matricule du corps.

4. Les colonnes 19 et 20 ont pour objet d'indiquer, d'une manière précise, les dates auxquelles s'ouvre pour les rengagés et pour les engagés volontaires après libération le droit à la haute paye de rengagement de 10 centimes, acquise à l'expiration de la septième année de services militaires, et à celle de 20 centimes due après quatorze ans de service.

5. L'inscription des hommes s'effectue au fur et à mesure de la réception des actes souscrits par les intéressés. La série des numéros est la même pour tous les militaires portés sur le registre spécial. Le numéro sous lequel le militaire a été inscrit lui est conservé jusqu'à l'expiration du service déterminé par l'acte qu'il a souscrit. Si, après cette époque, il se lie de nouveau au service dans les conditions de la loi du 26 avril 1855, un nouveau numéro lui est donné.

6. Toutes les fois qu'un militaire aura été l'objet d'une décision spéciale (autorisation ou régularisation de rengagement, d'engagement après libération ou de remplacement administratif, ordre de reversement, imputation sur les sommes restant à toucher ultérieurement, etc. etc.), mention succincte devra en être faite dans la colonne d'observations.

7. Un registre spécial, également conforme au modèle n° 1, est tenu pour chaque compagnie, escadron, batterie, section ou détachement, par l'officier commandant.

8. Ces registres doivent toujours être en concordance avec le registre général du corps. A cet effet, les mutations qui intéressent, au point de vue de la dotation de l'armée, le personnel des rengagés, des engagés volontaires après libération et des remplaçants administratifs, sont immédiatement notifiées par les officiers commandant les compagnies, escadrons, batteries, sections ou détachements, au conseil d'administration central pour être inscrites sur le registre tenu par le trésorier.

9. Lorsqu'un militaire passe, dans le même corps, d'une compagnie à une autre, l'officier commandant adresse au commandant de la nouvelle compagnie l'extrait certifié par lui des indications contenues dans le registre spécial au nom de l'intéressé.

10. Dans le cas où le militaire passe d'un corps dans un autre, le même extrait est transmis, par les soins du sous-intendant chargé de la surveillance administrative du premier corps, au conseil d'administration du corps sur lequel l'homme est dirigé.

11. Il est établi, pour servir à la vérification des payements faits, sur les fonds de la dotation, aux militaires liés au service dans les conditions des lois du 26 avril 1855 et du 24 juillet 1860, comme rengagés, engagés après libération ou remplaçants administratifs, des feuilles de journées spéciales, suivant le modèle n° 2 ci-joint.

12. Les feuilles de journées sont dressées en double expédition, par compagnie, escadron, batterie, section ou détachement, et par trimestre.

13. Elles sont établies par les officiers commandants et vé-

rifiées par le trésorier, qui certifie qu'elles sont conformes au registre spécial tenu par lui.

14. Elles sont nominatives et présentent:

Les mutations (gains et pertes) survenues depuis le dernier jour du trimestre précédent;

Le détail des journées donnant droit à la haute paye de 10 ou de 20 centimes, et le décompte en deniers des sommes payées à ce titre;

Le nombre des militaires admis à recevoir des allocations à titre de primes, d'annuités ou d'arrérages de rentes (sous-officiers) et le montant de ces allocations.

15. Les résultats des feuilles de journées par compagnies, escadrons, batteries, sections ou détachements sont reportés sur un relevé général conforme au modèle ci-joint n° 3, et indiquant, pour tout le corps, les allocations payées pendant le trimestre au compte de la dotation.

16. Ce relevé indique également (colonne 20) les remboursements effectués par la caisse des dépôts et consignations, du 10 du premier mois du trimestre au 10 du premier mois du trimestre suivant.

17. A cet effet, les conseils d'administration devront faire compléter dans les dix premiers jours de chaque trimestre, au plus tard, le remboursement *intégral* des avances faites par eux pendant le trimestre précédent.

18. Quant aux avances opérées du 1ᵉʳ au 10 du premier mois du trimestre, ils ne devront s'en faire rembourser qu'à partir du 11 dudit mois.

19. Le relevé général est dressé, en double expédition, par le trésorier du corps et vérifié par le major.

20. Les conseils d'administration ou les officiers qui doivent en tenir lieu envoient les feuilles de journées aux sous-intendants militaires chargés de la surveillance administrative des corps, dans les quinze premiers jours qui suivent l'expiration du trimestre.

21. Cet envoi est accompagné:

De deux expéditions du relevé général;

De l'état des mutations et des mouvements survenus pendant le trimestre ;

De l'état nominatif des militaires admis pendant le trimestre à la haute paye de 10 centimes et à celle de 20 centimes, ou passés de la première à la deuxième ;

Des duplicata des feuilles individuelles destinées à constater le payement des portions de primes ou d'annuités allouées pendant le trimestre ;

D'un duplicata de l'état nominatif fourni par le corps à la caisse des dépôts et consignations pour obtenir le remboursement des arrérages trimestriels payés aux sous-officiers, possesseurs d'un titre nominatif de rente 3 p. o/o (*Modèle n° 2*, annexé à la circulaire ministérielle du 2 mars 1863, n° 5) ;

Des duplicata des bordereaux récapitulatifs des avances faites par les corps pendant le trimestre ;

D'un extrait du livret de solde faisant connaître les sommes remboursées au corps par les préposés de la caisse des dépôts et consignations pour avances de primes et de hautes payes.

22. Sur le vu des pièces, le sous-intendant militaire vérifie, en se reportant au registre spécial qu'il se fait représenter, les feuilles de journées qui lui ont été adressées.

23. Il s'assure par sa vérification :

Que toutes les mutations ont été reportées exactement sur les feuilles de journées, telles qu'elles sont inscrites sur le registre spécial et constatées par les pièces justificatives ;

Qu'il n'a pas été fait de double emploi dans les différentes feuilles de journées sur lesquelles les militaires peuvent se trouver compris, par suite de mutations dans le cours du même trimestre et dans le même corps ;

Que les allocations touchées pour haute paye de 10 centimes ou de 20 centimes sont d'accord avec les droits des militaires, tels qu'ils sont constatés par les indications portées dans les colonnes 19 et 20 du registre spécial ;

Que les sommes payées à titre de portions de primes et d'annuités ont été régulièrement allouées, en raison du temps de service accompli par les militaires, de la nature comme de la durée des actes par eux souscrits, et enfin des arrêtés ministériels sous l'empire desquels ces actes ont été reçus ;

Que les payements portés sur les feuilles de journées concordent avec les remboursements faits par les préposés de la caisse des dépôts et consignations.

24. Vérification faite des feuilles de journées, le sous-intendant militaire arrête le relevé général et signale, dans l'état placé au dos de ce relevé, les erreurs commises dans les payements effectués au compte de la dotation.

25. Le sous-intendant adresse à l'intendant militaire, dans les cinq premiers jours du deuxième mois qui suit chaque trimestre, une expédition du relevé général arrêté par lui. Il joint à cet envoi les feuilles de journées et les pièces justificatives à l'appui.

26. Aussitôt que l'intendant militaire a reçu ces documents, il procède à leur vérification.

27. Les payements qui ne lui paraissent pas justifiés font l'objet de feuilles de renseignements conformes au modèle n° 4 ci-joint.

28. Les feuilles de renseignements concernant les feuilles de journées sont adressées aux sous-intendants qui ont la surveillance administrative des corps, et communiquées par eux aux conseils d'administration pour avoir leurs observations.

29. Si, d'après les renseignements fournis, l'intendant juge qu'il y a lieu à rectification, il procède de la manière indiquée ci-après, suivant que les allocations à rectifier ont été faites :

À titre de haute paye,
À titre de primes ou d'annuités.

30. Les rectifications des erreurs commises dans le payement des hautes payes s'opèrent au moyen d'une feuille de rectification dressée par l'intendant militaire, conformément au modèle n° 5 ci-joint, et indiquant, d'une part, les sommes à payer aux militaires, et de l'autre, les sommes payées en trop qui doivent être reversées à la caisse de la dotation de l'armée.

31. Cette feuille est adressée au conseil d'administration du corps par l'intermédiaire du sous-intendant militaire, qui prend note des rectifications prescrites par l'intendant et veille à leur exécution immédiate.

32. Le sous-intendant adresse au ministre les récépissés de

versement, avec un extrait de la feuille de rectification en vertu de laquelle ils ont été effectués.

33. Les erreurs relatives au payement des primes et des annuités sont signalées dans les feuilles de vérification *individuelles* sur lesquelles le ministre statue.

34. Ces feuilles de vérification, conformes au modèle n° 6 ci-joint, reproduisent les renseignements fournis par le conseil d'administration du corps, au sujet des payements signalés comme irréguliers.

35. A chacune de ces feuilles est annexé le relevé des services du militaire qu'elle concerne.

36. L'intendant adresse au ministre, dans le troisième mois qui suit chaque trimestre :

Le relevé général;

Une expédition des feuilles de journées avec les pièces à l'appui;

Les feuilles de vérification individuelles indiquant les rectifications qu'il propose en ce qui concerne le payement des primes et des annuités;

Un duplicata de la feuille de rectification adressée par lui au corps en redressement d'erreurs commises dans le payement de la haute paye.

37. Conformément à l'article 30 du règlement d'administration publique du 9 janvier 1856, les sommes payées aux militaires sont inscrites, chaque trimestre, dans une section distincte, sur leur livret individuel. Cette inscription comprend toutes les allocations, soit à titre de primes et d'annuités, soit à titre de haute paye de 10 centimes ou de 20 centimes.

Inscriptions à porter sur le livret individuel des militaires.

38. Le registre journal, dont l'établissement est prescrit par l'article 30 du décret du 9 janvier 1856 est destiné à recevoir l'inscription, par ordre de date, des recettes et des dépenses effectuées dans les corps pour le compte de la dotation de l'armée.

Inscriptions sur le registre journal de la dotation.

39. Chacun des payements opérés à titre de prime ou d'annuité y est inscrit d'une manière distincte; il fait connaître le nom du rengagé, de l'engagé volontaire après libération et du remplaçant administratif, ainsi que la nature de l'allocation.

40. La haute paye de rengagement est portée en dépense à ce registre, au fur et à mesure des payements, et dans la forme indiquée pour l'inscription du payement du prêt sur le registre journal du corps.

Formalités à remplir pour le remboursement aux corps des sommes dont ils ont fait l'avance à la dotation de l'armée.

41. Le remboursement des sommes payées aux rengagés, engagés volontaires ou remplaçants administratifs, n'a lieu que sur l'avis préalable donné au préposé de la caisse des dépôts et consignations par le sous-intendant militaire chargé de la surveillance administrative du corps.

42. Le remboursement une fois effectué, le préposé de la caisse l'inscrit sur le livret de solde du corps et en avise le sous-intendant militaire, qui veille à ce que mention en soit faite sans délai sur le registre journal de la dotation.

Inscription à faire sur le registre journal des recettes et des dépenses du corps.

43. Ainsi que le recommande le paragraphe numéroté 14 de l'instruction ministérielle du 26 janvier 1856, les sommes payées ou encaissées pour le service de la dotation sont portées sommairement sur le registre journal des recettes et des dépenses du corps.

44. Cette inscription s'effectue, sans détail, au fur et à mesure des opérations qu'elle a pour objet de constater.

Production de l'état signalétique et de services à l'appui de la feuille individuelle.

45. Le temps de service des militaires et la durée des actes qu'ils ont souscrits sont souvent énoncés d'une manière inexacte sur les feuilles individuelles remises aux préposés de la caisse des dépôts et consignations. Afin d'éviter les erreurs de cette nature, l'état signalétique et de services du militaire est joint à la feuille individuelle établie à son nom.

Registre des actes d'exonération.

46. L'acte spécial d'exonération, dont l'établissement est prescrit par l'article 43 du décret réglementaire du 9 janvier 1856 (*Modèle n° 8*, annexé à ce décret), est inscrit sur un registre tenu par le trésorier, coté et parafé par le sous-intendant militaire chargé de la surveillance administrative du corps.

47. Cette inscription ne dispense pas de porter les exonérations sur les contrôles du corps, ainsi que l'exige le décret précité.

Production de l'état des services de l'exonéré à l'appui de l'acte d'exonération.

48. Avant d'apposer sa signature sur l'acte d'exonération d'un militaire, le sous-intendant se fait représenter son état signalétique et de services. Il constate que la somme versée par l'exo-

néré est d'accord avec le temps de service restant à accomplir, et qu'elle se rapporte aux fixations déterminées par l'arrêté ministériel en vigueur.

49. Il vérifie le décompte de la part proportionnelle revenant aux militaires liés au service dans les conditions des lois du 26 avril 1855 et du 24 juillet 1860, qui demandent à se faire exonérer, et s'assure qu'il leur a été fait application des dispositions contenues dans la circulaire ministérielle du 16 août 1859.

50. L'état de services, visé par lui, est ensuite remis au conseil d'administration du corps, pour être annexé au registre des exonérations avec le récépissé du versement.

Paris, le 4 décembre 1863.

Le Maréchal de France
Ministre Secrétaire d'État de la guerre,

Signé RANDON.

MODÈLE N° 1.

(1) Indication du corps.   (1)

REGISTRE SPÉCIAL

Pour servir à l'inscription des militaires liés au service dans les conditions des lois du 26 avril 1855 et du 24 juillet 1860, comme rengagés, engagés volontaires après libération ou remplaçants administratifs.

Dotation de l'armée.   3.

NUMÉROS				NOMS, PRÉNOMS et surnoms (1) — Dates et lieux de naissance (2)	GRADE au jour de l'engagement	DÉTAIL DES SERVICES	DURÉE DU SERVICE ACCOMPLI		DATE de la décision ministériel avec l'emploi duquel a été contracté le rengagement, l'engagement volontaire après libération ou le remplacement administratif	MONTANT de la prime ou des annuités complies donnant droit le rengagement, l'engagement volontaire après libération ou le remplacement administratif
d'ordre	matricule	du bataillon	de la compagnie				au jour où le rengagement ou l'engagement volontaire après libération a été contracté.	au jour où le rengagement ou l'engagement volontaire après libération doit commencer à courir.		
1	2	3	4	5	6	7	8	9	10	11
				(1)						
				(2)	(a) le pour ans à partir de Libérable le					
				(3)						
				(4)	(a) le pour ans à partir de Libérable le					

(1) Indiquer en bâtarde la nature de l'acte souscrit.

(2) Indiquer dans la colonne 11 le montant du titre de rente acheté au nom des sous-officiers rengagés et les annuités qui devront être payées par trimestre.

MONTANT de la première portion.	SOMME prélevée sur la première portion pour première mise de pied équipement.	PAYEMENTS			SOMMES restant dans en caisse d'action ultérieure	TOTAL des sommes à payer à la libération définitive.	INDICATION des époques auxquelles les hommes ont droit à la haute paye de		NOTATIONS.	OBSERVATIONS (a).
		EFFECTUÉS à titre de 1re portion.		À FAIRE à la libération définitive.			à 5 cent.	à 10 cent.		
		Sommes payées (b).	Lieu et date des payements.							
12	13	14	15	16	17	18	19	20	21	22

(a) Indiquer dans la colonne 22 les décisions spéciales dont les militaires auront été l'objet.

.ᵉ DIVISION
MILITAIRE.

PLACE
de
————

DOTATION DE L'ARMÉE.

.ᵉ TRIMESTRE 18

MODÈLE Nᵒ 2.

Indiquer
Le corps ....
Le bataillon ....
La compagnie ....
L'escadron ....
La batterie ....
La section ....
Le détachement ....

FEUILLE SPÉCIALE DE JOURNÉES

Présentant le décompte des allocations payées, pendant le .ᵉ trimestre 18 , aux militaires liés au service dans les conditions des lois du 26 avril 1855 et du 24 juillet 1860, comme rengagés, engagés volontaires après libération ou remplaçants administratifs.

NUMÉROS				NOMS et prénoms.	GRADE.	INDICATION, par le numéro d'ordre, des militaires ayant reçu des allocations à titre de.			INDICATION par le numéro d'ordre des militaires jouissant de la haute paye au dernier jour du trimestre précédent.		RÉCLAMATIONS.	CASES.	
d'ordre du registre spécial de la compagnie.	d'ordre du registre spécial du corps.	du contrôle annuel de la compagnie.	matricule.			rengagés.	engagés.	remp. placem.	à ... centimes.	à ... centimes.		à ... centimes.	à ... centimes.
1	2	3	4	5	6	7	8	9	10	11	12	13	14
Total													

(1) Grade de l'officier commandant.

(2) La compagnie, la section, l'escadron, la batterie ou le détachement.

Vérifié par le trésorier qui certifie la présente feuille conforme au régime spécial.

HAUTES PAYES.							PRIMES, ANNUITÉS ET PARTS PROPORTIONNELLES.						RAPPEL des sommes dues aux militaires par suite de rectifications antérieures.	TOTAL des colonnes 14, 15 et 27.	OBSERVATIONS.
PAYES.		INDICATION, par le numéro d'ordre 3, des militaires jouissant de la haute paye au dernier jour du trimestre.		NOMBRE de journées payées pendant le trimestre.		Dé-compte ou dé-cimes.	Indication, par le numéro d'ordre 2, des militaires qui ont touché les allocations ci-après :							
A 10 cen-times.	A 20 cen-times.	Haute paye de 10 cen-times.	Haute paye de 20 cen-times.	A 10 cen-times.	A 20 cen-times.		pre-mière portion de prime ou d'an-nuités.	arré-rages de rentes à p. 0/0.	compléments de primes ou d'annuités payables à la libération définitive.	part proportionnelle à la durée de service accompli.	Montant des allocations payées aux militaires indiqués dans les colonnes 22, 23, 24 et 25 ci-contre.			
15	16	17	18	19	20	21	22	23	24	25	26	27	28	29

Établi par nous (1)   commandant (2)

A   .16.   .18.

DIVISION
MILITAIRE.

PLACE

DOTATION DE L'ARMÉE.

TRIMESTRE 18

(1) Désigner le corps.

MODÈLE N° 3.

(1)

RELEVÉ GÉNÉRAL

Des allocations payées, pendant le   trimestre 18   , à des militaires liés au service dans les conditions des lois du 26 avril 1855 et du 24 juillet 1860, comme rengagés, engagés volontaires après libération ou remplaçants administratifs.

DÉSIGNATION		NOMBRE DE MILITAIRES qui ont touché des allocations au titre de			EFFECTIF au dernier jour du trimestre précédent des militaires jouissant de la haute paye		GAINS.		PERTES.		NOMBRE de militaires jouissant de la haute paye au dernier jour du trimestre.	
du bataillon.	des compagnies, escadrons, batteries ou sections.	complétés.	engagés volontaires.	remplaçants ou remplaçants réalisants tils.	à [illegible] cent.	à [illegible] cent.	à [illegible]	à [illegible]	à [illegible]	à [illegible]	Haute paye de [illegible] cent.	Haute paye de [illegible] cent.
1	2	3	4	5	6	7	8	9	10	11	12	13
Total.......												

Vu et certifié :
Le Major,

(1) [illegible] portées dans la colonne 13 doivent être cependant celles du total de la colonne 16 des feuilles de journées.
(2) En cas de différences, les motifs doivent en être expliqués dans la colonne d'observations.
(3) N'a aucune observation à présenter au sujet desdites allocations, et bien : proposé de vérifier lesdites allocations comme il est indiqué dans l'état ci-contre part.

NOMBRE de dossiers payés pendant le trimestre.		DÉCOMPTE en réserve.	MONTANT des allocations payées à titre de primes et d'encueils, et d'protégés de routes vue sous-officiers (1).	RAPPEL de sommes dues aux militaires par suite de rectifications antérieures	TOTAL des colonnes (8, 13, et 18.)	REMBOURSE-MENTS effectués par la caisse des dépôts et consignations.	DIFFÉRENCE (*)		OBSERVATIONS.
à	à						en plus.	en moins.	
10	12	13	17	18	19	20	21	22	23

A   le   18   Le Trésorier,

Arrêté le présent relevé général duquel il résulte que le total des diverses allocations payées pendant le   trimestre 18   aux militaires liés au service dans les conditions des lois du 16 avril 1855 et du 24 juillet 1860, s'élève à la somme de

A   le   18

Le Sous-Intendant militaire chargé de la surveillance administrative, qui (3)

33.

NOMS et prénoms des militaires qui ont reçu des allocations.	DÉSIGNATION des allocations suivant l'ordre des colonnes du relevé général.	DÉTAIL ET MOTIFS des rectifications proposées par le sous-intendant.	MONTANT PAR ARTICLE		MONTANT par NATURE D'ALLOCATIONS	
			des payements à effectuer.	des reversements à faire à la caisse des dépôts et consignations.	des payements à effectuer.	des reversements à faire à la caisse des dépôts et consignations.

A   , le   18   .

Le Sous-Intendant militaire,

MODÈLE N° 4.

(1) Indiquer le corps.
(2) Nom et grade de l'officier de l'intendance militaire.

Feuille de renseignements à adresser à M. (2)
militaire employé à

OBJETS À ÉCLAIRCIR	OBSERVATIONS du CONSEIL D'ADMINISTRATION.	RÉPONSE DE M. (2)
A , le 18 L'intendant militaire de	A , le 18 Les Membres du conseil d'administration du	A , le 18 ... militaire.

* Le sous-intendant, ou l'adjoint à l'intendance.

DIVISION
MILITAIRE

PLACE

DOTATION DE L'ARMÉE.

FEUILLES DE JOURNÉES
DU ᵉ TRIMESTRE 18

Rectification des payements faits à titre de haute paye de rengagement.

(1) Désignation du corps.
(2) Nom et grade de l'officier de l'intendance militaire.

MODÈLE N° 2.

Feuille de rectification.

D'après les erreurs reconnues dans les feuilles de journées établies pour le ᵉ trimestre 18 par le (1) ; lesquelles erreurs ont été relevées dans une feuille de renseignements adressée le à M. (2) militaire employé à et renvoyée avec les observations du conseil d'administration et les réponses de M. il sera procédé immédiatement aux rectifications dont le détail suit, savoir :

NATURE DES ALLOCATIONS (hautes payes de 10 cent. et de 20 cent.)	DÉTAILS et MOTIFS DES RECTIFICATIONS	MONTANT PAR ARTICLE	
		des payements à effectuer.	des recouvrements à faire à la caisse du de la dotation.
	Totaux		

A , le 18 .

L'Intendant militaire de la ᵉ division.

DIVISION
MILITAIRE.

PLACE

ROTATION DE L'ARMÉE. (1)

FEUILLE DE ROTATION
DU   TRIMESTRE 18

(1) Désignation du corps.
(2) Nom et grade du mi-
litaire.

MODÈLE Nº 6.

*Feuille de vérification relative aux allocations faites pendant
le   trimestre 18   au nommé (2)*

INDICATION DES PAYEMENTS dont LA RECTIFICATION EST DEMANDÉE.	OBSERVATIONS du CONSEIL D'ADMINISTRATION.	PROPOSITIONS de L'INTENDANT MILITAIRE.

A   le   18

L'Intendant militaire de la   division,

(B. O. p. 286.) *Le Ministre de la marine et des colonies à Monsieur le Préfet maritime à . . . .*

(2ᵉ direction, Personnel : 2ᵉ bureau, 2ᵉ section, Équipages de la flotte.)

Paris, le 8 avril 1865.

Le sieur X . . . , gendarme maritime, doit recevoir une annuité pour le rengagement de quatre ans qu'il a contracté le 13 janvier 1865.

Monsieur le Préfet, vous m'avez consulté, le 30 janvier dernier, au sujet des allocations qui doivent être attribuées sur les fonds de la dotation de l'armée au sieur X . . . , gendarme à la 4ᵉ compagnie de gendarmerie maritime, qui, après avoir servi comme remplaçant un jeune soldat de la classe 1851, s'est rengagé pour sept ans le 22 novembre 1857, et pour quatre ans le 13 janvier 1865.

D'après la jurisprudence constamment suivie dans les deux départements de la guerre et de la marine, à l'égard des remplaçants qui demeurent au service en vertu d'actes de rengagement, le sieur X . . . , bien que réunissant seulement 6 ans 1 mois 27 jours de services au 1ᵉʳ janvier 1859, époque à laquelle son premier rengagement a commencé à courir, avait droit à la prime de 1.500 francs, dont 500 francs payables comptant et 1,000 francs à sa libération définitive.

Par suite, ce militaire, ne devant compter que 13 ans 1 mois et 27 jours de services au 1ᵉʳ janvier 1866, date qui sert de point de départ à son deuxième rengagement, doit recevoir pour les 10 mois et 3 jours qui lui resteront à faire avant de compléter ses 14 ans de services une annuité de 320 francs sur laquelle 140 francs sont à payer immédiatement et 180 francs lors de sa libération définitive.

En ce qui concerne la haute paye de rengagement, le sieur X . . . a eu droit à celle de 10 centimes du 4 novembre 1859, et il devra toucher celle de 20 centimes à partir du 4 novembre 1866.

Recevez, etc.

Le Ministre Secrétaire d'État de la marine et des colonies,
Signé Cᵗᵉ P. DE CHASSELOUP-LAUBAT.

Le Ministre de la marine et des colonies aux Préfets maritimes ; Gouverneurs des colonies ; Officiers généraux commandant en chef à la mer ; Commissaires généraux de la marine ; Conseils d'administration des divisions et des bâtiments de la flotte.

(2ᵉ direction, Personnel : 2ᵉ bureau, 3ᵉ section, Équipages de la flotte.)

Paris, le 18 avril 1865.

Extension de la décision impériale du 7 janvier 1865 aux officiers-mariniers et armuriers de la marine titulaires de titres de rente, par application de la décision impériale du 28 février 1863.

Messieurs, vous trouverez reproduit ci-après un arrêté que j'ai pris, à la date du 6 de ce mois, dans le but de faire bénéficier des dispositions de la décision impériale du 7 janvier 1865 (*Bulletin officiel*, p. 44), les officiers-mariniers et armuriers de la marine au nom desquels avaient été achetés, sous l'empire de la décision impériale du 28 février 1863, des titres de rente 3 p. o/o au moyen de la première portion de la prime ou des annuités acquises par eux, lors de leur rengagement ou de leur engagement volontaire après libération.

Les officiers-mariniers et armuriers pourront donc s'adresser à M. le directeur général de la caisse des dépôts et consignations pour obtenir la remise des titres de rente dont il s'agit.

Recevez, etc.

Le Ministre Secrétaire d'État de la marine et des colonies,
Signé Cᵗᵉ P. DE CHASSELOUP-LAUBAT.

ANNEXE.

—

ARRÊTÉ.

Le Ministre Secrétaire d'État de la marine et des colonies,

Vu la décision impériale du 7 janvier 1865, portant que les officiers-mariniers et armuriers de la marine devront désormais être mis en possession de la première portion des primes et annuités auxquelles leur donneront droit les rengagements ou engagements volontaires après libération qu'ils pourront contracter dans les conditions de la loi du 6 avril 1865;

Considérant les motifs sur lesquels est basée cette décision impériale;

Vu l'avis de M. le directeur général de la caisse des dépôts et consignations, en date du 23 mars 1865,

Arrête :

Les officiers-mariniers et armuriers de la marine, rengagés ou engagés après libération, au nom desquel des titres de rente 3 p. o/o ont été achetés en exécution d'une décision impériale du 28 février 1863, pourront être mis en possession de ces titres avec faculté d'en disposer à leur convenance.

Paris, le 6 avril 1865.

Le Ministre Secrétaire d'État de la marine et des colonies,

Signé Cte P. DE CHASSELOUP-LAUBAT

Le Ministre Secrétaire d'État de la guerre à LL. EExc. MM. les Maréchaux commandant les corps d'armée; MM. les Généraux commandant les divisions et les subdivisions territoriales et actives; les Préfets des départements et les Sous-Préfets; les Intendants et les Sous-Intendants militaires; les Chefs de corps de toutes armes; les Chefs de légion et les Commandants de compagnie de gendarmerie; les Commandants des dépôts de recrutement et de réserve.

(1re direction, recrutement et dotation de l'armée: bureau du recrutement.)

Paris, le 16 janvier 1865.

Envoi d'un décret impérial relatif aux engagements volontaires.

Messieurs, je vous adresse ci-joint une ampliation d'un décret, en date du 6 de ce mois, *Journal militaire*, 1865, page 3, aux termes duquel les engagements volontaires seront dorénavant contractés avec désignation spéciale du corps choisi par l'engagé, qui devra, d'ailleurs, remplir les conditions de taille exigées pour l'arme.

La disposition nouvelle, par suite de laquelle l'engagé volontaire ne devra plus être changé de corps sans son consentement, entraînant nécessairement quelques modifications dans la formule adoptée pour la réception des actes d'engagement, vous en trouverez également ci-joint un nouveau modèle. J'invite MM. les préfets à le communiquer le plus promptement possible à MM. les maires, en les priant de s'y conformer désormais pour la rédaction des actes qu'ils pourront être appelés à recevoir.

Recevez, etc.

Le Maréchal de France
Ministre Secrétaire d'État de la guerre,

Signé RANDON.

DÉCRET IMPÉRIAL
Relatif aux engagements volontaires.

Paris, le 6 janvier 1865.

NAPOLÉON, par la grâce de Dieu et la volonté nationale, EMPEREUR DES FRANÇAIS,

A tous présents et à venir, SALUT.

Vu la loi du 21 mars 1832, sur le recrutement de l'armée;

Vu les ordonnances du 28 avril de la même année et du 15 janvier 1837, sur les engagements volontaires;

Sur le rapport de notre ministre secrétaire d'État au département de la guerre,

AVONS DÉCRÉTÉ et DÉCRÉTONS ce qui suit :

ARTICLE PREMIER.

Les engagements volontaires seront contractés pour le corps désigné par l'engagé, et dans les formes prescrites par l'article 34 de la loi du 21 mars 1832.

Les engagés volontaires ne pourront, par suite, être changés de corps sans leur consentement.

ART. 2.

Les actes d'engagement seront conformes au modèle annexé au présent décret.

ART. 3.

Les articles 5, 13 et 24 de l'ordonnance du 28 avril 1832 demeurent abrogés.

Sont également abrogées les dispositions de l'ordonnance du 15 janvier 1837, en ce qui concerne les engagements.

ART. 4.

Notre ministre secrétaire d'État au département de la guerre est chargé de l'exécution du présent décret.

Fait au palais des Tuileries, le 6 janvier 1865.

Signé NAPOLÉON.

Par l'Empereur :

Le Maréchal de France

Ministre Secrétaire d'État au département de la guerre,

Signé RANDON.

MODÈLE N° 1.

Acte d'engagement.

L'an   , le
à   heure , s'est présenté devant nous (1)
de la commune d
chef-lieu de canton , arrondissement d
département d

Le sieur (2)   , âgé de
exerçant la profession d (3)
domicilié à   , canton d
arrondissement d   , département d
résidant à   , canton d
arrondissement d   , département d
fils d   et de
domiciliés à   , canton d
département d   , cheveux
sourcils   , front   , yeux
nez   , bouche   , menton
visage (3)   , taille d'un mètre
          millimètres.

Lequel, assisté du sieur (4)
âgé de   , exerçant la profession d
domicilié à   , canton d
arrondissement d   , département d
et du sieur (5)   âgé de
exerçant la profession de   , domicilié à
canton d   , arrondissement d
département d   , appelés l'un et l'autre
comme témoins, conformément à la loi.

A déclaré vouloir s'engager dans le (6)

A cet effet, et après nous avoir fait la déclaration,

1° Qu'il n'est ni marié, ni veuf avec enfants;

2° Qu'il n'est ni lié au service, ni comme appelé ou substituant, ni comme engagé volontaire ou rengagé, ni comme remplaçant ou inscrit maritime;

Ledit sieur (7)   nous a présenté

1° Un certificat délivré sous la date du
par (8)
et constatant que ledit sieur (9)   n'est
atteint d'aucune infirmité, qu'il a la taille et les autres qualités requises pour être dirigé sur (10)

2° Son acte de naissance (2)
constatant qu'il est né le (11)

---

(1) Maire ou adjoint.

(2) Nom et prénoms.

(3) Si l'engagé a déjà servi, spécifier d'après sa déclaration (à la suite de l'indication de sa profession), en quelle qualité et dans quel corps.

(3) Indiquer ici les marques particulières.

(4) Nom et prénoms du premier témoin.

(5) Nom et prénoms du deuxième témoin.

(6) Désignation du corps.

(7) Nom et prénoms de l'engagé.

(8) Nom, grade et corps de l'autorité militaire signataire du certificat.

(9) Nom de l'engagé.

(10) Désignation du corps.

(2) Si ce n'est pas un acte de naissance que l'engagé produit, ou énoncer le titre qu'il présentera, conformément à l'article 46 du Code Napoléon.

(11) Indication du jour, du mois et de l'année de la naissance (en toutes lettres).

à   , canton d   , arron‑
dissement d   , département d

3° Un certificat de bonnes vie et mœurs délivré sous la date du
par le maire d (12)
conformément à l'article 90 de la loi du 21 mars 1832 et constatant :

1° Que ledit sieur (13)   jouit
de ses droits civils ;

2° Qu'il n'a jamais été condamné à une peine correctionnelle pour vol,
escroquerie, abus de confiance ou attentat aux mœurs ;

4° (c)

5° (d)

6° Les pièces dont le détail suit (e)

1° (f)

2° (g)

3° (h)

Nous, Maire du chef-lieu de canton d
après avoir reconnu la régularité des pièces produites par le sieur (14)
lui avons donné lecture :

1° Des articles 2, 31, 32, 33 et 34 de la loi du 21 mars 1832 ;

2° Des articles 17 et 18 de l'ordonnance royale du 28 avril 1832, lesquels prescrivent de faire conduire de brigade en brigade, par la gendarmerie, les engagés volontaires trouvés hors de la route qui leur est tracée, et de poursuivre comme insoumis ceux qui ne se rendent pas à leur destination dans les délais légaux ;

3° De l'article 1er du décret du 6 janvier 1863, aux termes duquel les engagés volontaires ne peuvent être changés de corps sans leur consentement.
Après quoi nous avons reçu l'engagement du sieur (15)
lequel a promis de servir avec fidélité et honneur pendant sept ans, durée de l'engagement volontaire, aux termes de l'article 33 de la loi du 21 mars 1832, et à partir de ce jour.

Lecture faite audit sieur (15)   et
aux deux témoins ci-dessus dénommés, du présent acte, ils ont signé avec nous (16)

(11) Indiquer la commune.

(12) Nom de l'engagé.

(1) Si l'engagé a moins de vingt ans, on indiquera, sous ce numéro, le consentement qu'il est tenu de produire, conformément à la loi.

(2) On indiquera, sous ce numéro, les autres pièces que l'engagé qui aura déjà servi devra produire, conformément à l'article 11 de l'ordonnance du 28 avril 1832 sur les engagements, pour justifier qu'il est dégagé de toute obligation.

(3) Si l'engagé se destine aux compagnies de vétérans, indiquer ici l'exécution des ordonnances des 17 novembre et 20 décembre 1831.

(4) 1° Les pièces produites pour justifier de quinze ans de service.

(5) 2° Le corps dans lequel il aura été libéré en dernier lieu et la date de la libération, d'après le congé ou le acte qui en tiendra lieu.

(6) 3° La date du certificat de bonne conduite délivré par le corps où il servait en dernier lieu.

(14) Nom et prénoms de l'engagé.

(15) Nom et prénoms de l'engagé.

(16) Si l'engagé ou les témoins ne peuvent signer, il sera fait mention de la cause qui les en empêche, conformément à l'article 14 du Code Napoléon.

MODÈLE N° 2

———

Certificat d'acceptation délivré par l'autorité militaire au sieur (1)
qui a déclaré vouloir contracter un
engagement volontaire pour servir dans (7)

———

Nous soussigné (2)

Certifions, 1° que nous avons fait visiter en notre présence par le sieur (3)
le sieur (1)   , né le
à   , canton d
arrondissement d   département
d   fils d (4)
et d (5)   , domicilié à
canton d   , arrondissement d
département d

Taille d'un mètre   millimètres, cheveux
sourcils   , yeux   , nez
bouche   , menton   , visage (6)
et qu'il résulte de cette visite que le sieur (1)
n'est atteint d'aucune infirmité ; qu'il est sain, robuste et bien
constitué ;

2° Qu'il a la taille et les autres qualités requises pour être admis dans
le (7)   , sur lequel il peut être dirigé.

En foi de quoi nous lui avons délivré le présent certificat, signé de nous et
du sieur (8)

Fait à   , le   18

Notes marginales :

(1) Nom et prénoms du jeune homme qui désire s'engager.

(2) Indication du grade et du corps de l'officier qui délivre le certificat.

(3) Indiquer ici si c'est un docteur en médecine ou en chirurgie, ou un officier de santé employé avec autre de l'état civil ou de la police judiciaire, ou d'un hôpital civil ou militaire.

(4) Nom et prénoms du père.

(5) Nom et prénoms de la mère.

(6) Indiquer les marques particulières.

(7) Indication du corps et de l'arme.

(8) Nom du docteur ou médecin.

(B. O. p. 345.) *Le Ministre de la marine et des colonies aux Préfets maritimes.*

(Direction du personnel et de l'artillerie : bureaux des équipages, des troupes et de l'administration de l'artillerie.)

Paris, le 29 avril 1865.

Exécution du décret du 6 janvier 1865 en ce qui concerne les troupes de la marine.

Monsieur le Préfet, par un décret en date du 6 janvier dernier, les articles 13 et 24 de l'ordonnance du 28 avril 1832 et l'ordonnance du 15 janvier 1837 ont été abrogés en ce qui concerne les engagements volontaires.

Ce même décret prescrivait l'emploi d'un nouveau modèle d'acte d'engagement qui aurait pu amener des difficultés dans son application à l'armée de mer.

J'ai entretenu de cette question M. le ministre de la guerre, qui, par une circulaire dont copie est ci-annexée, a bien voulu donner des ordres afin de prévenir toutes les difficultés que j'avais signalées.

Il en résulte que la seule mention à insérer dans l'acte d'engagement, relativement à la désignation du corps de la marine choisi par l'engagé, devra être faite en ces termes :

> Équipages de la flotte ;
> Artillerie de la marine et des colonies ;
> Infanterie de la marine.

Vous voudrez bien, toutes les fois qu'un acte d'engagement aura été contracté dans des conditions différentes, m'en rendre compte, afin que je prenne les mesures nécessaires pour faire annuler cet engagement.

L'insertion de la présente circulaire au Bulletin officiel de la marine tiendra lieu de notification.

Le Ministre Secrétaire d'État de la marine et des colonies,

Signé Cte P. DE CHASSELOUP-LAUBAT.

ANNEXE.

A LL. EExc. MM. les maréchaux commandant les corps d'armée;
A MM. les généraux commandant les divisions et les subdivisions
    territoriales et actives;
   les préfets des départements et les sous-préfets;
   les intendants et les sous-intendants militaires;
   les chefs de corps de toutes armes;
   les chefs de légion et les commandants de compagnie de
    gendarmerie;
   les commandants des dépôts de recrutement et de réserve.

Messieurs, pour faire suite à ma circulaire du 16 janvier
1865, n° 723, à laquelle était joint un décret impérial du 6 du
même mois, relatif aux engagements volontaires, j'ai l'honneur
de porter à votre connaissance les dispositions suivantes, en ce
qui concerne l'armée de mer.

D'après le désir exprimé par M. le ministre de la marine et
des colonies, et en raison des exigences toutes spéciales du service, la mention à insérer dans l'acte d'engagement, relativement à la désignation du corps choisi par l'engagé, devra être
faite en ces termes :

    Équipages de la flotte;
    Artillerie de la marine et des colonies;
    Infanterie de la marine.

L'engagé sera dirigé, pour les équipages de la flotte, sur le
port qu'il désignera, ou, à défaut, sur celui qui se trouvera le
plus proche de sa résidence; mais il sera prévenu qu'il est toujours susceptible de passer des équipages du port de Brest, par
exemple, à ceux des autres ports et réciproquement.

Pour l'artillerie, il pourra également être envoyé du régiment de cette arme dans l'une des six compagnies d'ouvriers,
et *vice versa*, ou versé de l'une des compagnies d'ouvriers sta-
tionnées dans les ports de France, dans la compagnie employée
aux colonies.

Enfin, pour l'infanterie de la marine, il pourra, après avoir
été incorporé dans le corps de son choix, être tenu de servir
dans l'un quelconque des régiments, ou même de concourir à la
formation des cadres du bataillon d'apprentis fusiliers marins.

du bataillon de tirailleurs sénégalais, des compagnies disciplinaires des colonies, des troupes indigènes dans les établissements d'outre-mer ou de tout autre corps qui viendrait à être créé, et dont le recrutement aurait lieu par voie de prélèvements dans l'infanterie.

Tout militaire servant à titre d'engagé dans l'armée de terre qui, sur sa demande, passerait dans l'armée de mer, sera soumis à ces obligations.

Vous voudrez bien assurer, chacun en ce qui vous concerne, l'exécution de la présente circulaire.

Je prie spécialement MM. les préfets d'inviter MM. les maires à donner lecture de ces dispositions à tout homme qui se présentera pour s'engager dans l'armée de mer.

Recevez, etc.

Le Maréchal de France
Ministre Secrétaire d'État de la guerre,

Signé RANDON.

[B. O. p. 278.] *Le Ministre de la marine et des colonies aux Préfets maritimes; Gouverneurs des colonies; Officiers généraux commandant à la mer; Commissaires généraux de la marine; Conseils d'administration des corps de troupe, des divisions et des bâtiments de la flotte.*

(2ᵉ direction, Personnel : 2ᵉ bureau, 2ᵉ section, Équipages de la flotte.)

Paris, le 13 mai 1863.

Les militaires et marins retenus sous les drapeaux au delà du temps de service qu'ils doivent à l'État, et qui sont autorisés à se rengager, ont droit aux allocations déterminées par l'arrêté en vigueur au moment où ces militaires et marins ont eu droit à leur libération.

Messieurs, l'article 45, § 3, du règlement d'administration publique du 9 janvier 1856 dispose que les militaires qui, après les sept années de leur service, sont retenus sous les drapeaux, sont admis à contracter un engagement *dont les effets remontent au jour de l'expiration de leur service.*

Quelques incertitudes s'étant produites au sujet de la valeur de cette expression : « effets », par rapport à la quotité des allocations auxquelles donne droit le rengagement, il me paraît utile de rappeler que, d'après la jurisprudence adoptée de concert entre les deux départements de la guerre et de la marine, les allocations dont il s'agit doivent être réglées *conformément à l'arrêté en vigueur au moment où les militaires ou marins ont eu droit à leur libération.*

Cette disposition a été prise dans le but de maintenir une égalité parfaite, quant aux avantages qui leur sont attribués, entre ces militaires et marins et ceux qui se sont rengagés à la fin de l'année, et il importe de ne pas s'en écarter.

Il est bien entendu que la même règle doit être appliquée aux rengagés qui contractent un nouveau rengagement après avoir été maintenus au service dans des conditions semblables.

Recevez, etc.

Le Ministre Secrétaire d'État de la marine et des colonies,
Signé Cⁱᵉ P. DE CHASSELOUP-LAUBAT.

Le Ministre de la marine et des colonies aux Préfets maritimes, (B. O. p. 246.)
Chefs du service de la marine et Commissaires de l'inscription maritime; Officiers généraux, supérieurs et autres, commandant à la mer.

(2ᵉ direction, Personnel : 2ᵉ bureau, Inscription maritime
et Équipages de la flotte.)

Paris, le 31 mai 1865.

Les inscrits maritimes sont libres de contracter des engagements et des rengagements pour servir dans les équipages de la flotte.

Messieurs, le décret du 3 décembre 1850, qui interdisait aux inscrits maritimes de contracter des engagements volontaires de sept ans pour servir dans les équipages de la flotte, se trouvant abrogé par le décret du 22 octobre 1863, rien ne s'oppose à ce que ces marins soient admis à profiter des dispositions des lois qui règlent ces engagements.

Vous voudrez donc bien, à l'avenir, considérer les inscrits maritimes comme libres de contracter des engagements et des rengagements dans les conditions des lois des 21 mars 1832, 26 avril 1855 et 24 juillet 1860; et, afin que les maires des chefs-lieux de canton n'en ignorent, je prie mon collègue au département de l'intérieur de faire insérer la présente circulaire dans le Moniteur des communes.

Recevez, etc.

Le Ministre Secrétaire d'État de la marine et des colonies.

Signé Cte P. DE CHASSELOUP-LAUBAT.

(B. O. p. 505.) *LE MINISTRE DE LA MARINE ET DES COLONIES aux Préfets maritimes; Gouverneurs des colonies; Officiers généraux, supérieurs et autres, commandant à la mer; Commissaires généraux de la marine; Conseils d'administration des bâtiments armés, des divisions des équipages de la flotte et des corps de troupes de la marine.*

(2e direction, Personnel : 2e bureau, 2e section, Équipages de la flotte.)

Paris, le 21 novembre 1865.

Les militaires et marins rengagés ou engagés après libération n'ont pas droit à la haute paye de rengagement sur la dotation de l'armée pendant le temps qu'ils sont maintenus au service après l'époque de leur libération.

MESSIEURS, les nécessités du service de la marine s'opposent à ce que les militaires et marins en service dans les colonies françaises ou dans des stations lointaines puissent être congédiés au moment où ils ont droit à leur libération.

On m'a demandé si ceux de ces militaires et marins qui jouissent des allocations payées sur la caisse de la dotation de l'armée, à titre de rengagés ou d'engagés volontaires après libération, devaient recevoir ou continuer de recevoir la haute paye de rengagement pendant le temps qu'ils sont ainsi maintenus au service au delà de l'époque à partir de laquelle ils devraient être renvoyés dans leurs foyers.

Cette question doit être résolue par la négative. En effet, une des conditions du fonctionnement de la caisse de la dotation de l'armée est de pouvoir compenser par des rengagements ou des engagements après libération les vides produits par les exonérations dans les effectifs de l'armée et de la marine. — C'est pour arriver à ce résultat, et pour diminuer ainsi les charges du recrutement, que des primes et des hautes payes de rengagement ont été accordées par la loi du 26 avril 1855 aux militaires et marins qui demandent à rester sous les drapeaux.

La caisse de la dotation de l'armée n'est donc liée qu'à l'égard des rengagés ou des engagés après libération. Elle n'a, par suite, aucun payement à faire à des hommes qui se trouvent temporairement maintenus au service dans les conditions indiquées ci-dessus, puisqu'ils ont cessé d'être des rengagés ou des engagés après libération.

Dans cette position, les militaires des troupes de la marine ne peuvent prétendre qu'au payement d'un chevron, conformément à l'article 138 de l'ordonnance du 22 juin 1847, et les marins doivent recevoir un supplément de solde égal à la quotité de ce chevron, ainsi que le prévoit la décision du 24 mai 1861 (*Bulletin officiel*, p. 376).

Recevez, etc.

Le Ministre Secrétaire d'État de la marine et des colonies,
Signé Cte P. DE CHASSELOUP-LAUBAT.

Le Ministre de la marine et des colonies aux Préfets maritimes.

(3e direction, Services administratifs : 3e bureau, Solde, Revues et Habillement.)

Paris, le 27 février 1866.

La gendarmerie et tous les corps de l'armée de mer ont droit au remboursement des frais de bureau et d'impressions de la dotation de l'armée, d'après les bases de la circulaire du 30 juin 1865.

Messieurs, j'ai été consulté sur la question de savoir si les compagnies de gendarmerie maritime peuvent prétendre aux allocations supplémentaires accordées en vertu de la circulaire du 30 juin 1865, pour frais de bureau et d'impressions concernant la dotation de l'armée.

Il résulte des indications qui m'ont été fournies à cet égard par M. le ministre de la guerre que tous les corps de l'armée de mer auxquels les dispositions de l'instruction du 29 décembre 1863 ont été rendues applicables, ont droit au remboursement des frais qu'ils ont à supporter en raison des nouvelles écritures à tenir.

Recevez, etc.

Le Ministre Secrétaire d'État de la marine et des colonies,
Signé Cte P. DE CHASSELOUP-LAUBAT.

ANNEXE N° I.

Paris, le 30 juin 1865.

Monsieur l'Intendant, la circulaire du 29 décembre 1863 (1) a déterminé le chiffre de l'indemnité à rembourser aux corps, pour frais de bureau et d'impressions relatifs à la dotation de l'armée.

L'application de l'instruction relative à la comptabilité spéciale de la dotation ayant donné lieu à de nouvelles dépenses, j'ai décidé que les corps en seraient couverts au moyen d'une allocation supplémentaire, proportionnelle au nombre des rengagés et des engagés après libération.

Le montant de cette allocation est indiqué dans le tableau ci-après :

	ANNÉES 1864 ET 1865.		
	ALLOCATION fixée par la circulaire du 29 décembre 1863.	ALLOCATION supplémentaire par année.	TOTAL.
De 1 à 20 rengagés et engagés après libération...........	25	10	35
De 21 à 50, idem...........	50	20	70
De 51 à 100, idem...........	70	30	100
De 101 à 150, idem...........	85	35	120
De 151 à 200, idem...........	100	40	140
De 201 à 300, idem...........	125	50	175
De 301 à 400, idem...........	145	58	203

(1) Insérée ci-après, page 280.

Au-dessus de 400 rengagés ou engagés, le total de l'indemnité annuelle continuera de s'augmenter de 28 francs par chaque centaine ou fraction de centaine en plus.

Ces chiffres ont été établis sur une base très-large, afin de tenir compte aux corps de la première dépense qu'ils ont eu à supporter en 1864 et en 1865, pour l'achat d'un assez grand nombre de registres. A partir de 1866, la situation ne sera plus la même, puisqu'il n'y aura plus qu'à tenir à jour les registres au fur et à mesure des nouvelles admissions de rengagés, d'engagés après libération et de remplaçants administratifs. Les frais étant alors moins considérables, l'allocation proportionnelle n'a été fixée, pour 1866, qu'aux chiffres suivants :

Pour 1 à 20 rengagés et engagés après libération.....	30f
—— 21 à 50 —————————————————	60
—— 51 à 100 ————————————————	85
—— 101 à 150 ———————————————	105
—— 151 à 200 ———————————————	120
—— 201 à 300 ———————————————	150
—— 301 à 400 ———————————————	174

Au-dessus de 400 rengagés ou engagés après libération, l'indemnité annuelle sera augmentée de 24 francs pour chaque centaine ou fraction de centaine en plus.

Les conseils d'administration s'étant déjà fait payer les sommes qui leur revenaient pour 1864, suivant les fixations de la circulaire du 29 décembre 1863, ils n'auront à réclamer pour ladite année que l'allocation supplémentaire. Quant aux indemnités applicables à 1865 et à 1866, elles devront être encaissées à la fin de chacune de ces années, et, suivant la règle suivie jusqu'à ce jour, les dépenses faites continueront à être imputées, à titre d'avance, au compte de la masse générale d'entretien.

Il est bien entendu, d'ailleurs, que les dépenses portées à la masse générale d'entretien ne devront, dans aucun cas, excéder le chiffre du remboursement prévu au titre de la dotation de l'armée.

Je vous invite à prendre les mesures nécessaires pour l'exécution des dispositions prescrites par la présente circulaire, dont vous aurez soin de m'accuser réception.

Recevez, etc.

Le Maréchal de France
Ministre Secrétaire d'État de la guerre,

Signé RANDON.

ANNEXE N° 2.

Le Ministre Secrétaire d'État de la guerre à MM. les Intendants et Sous-Intendants militaires; les Chefs de corps et les Conseils d'administration de toutes armes.

(Journal mil. D, p. 56.)

(1re direction, Recrutement et dotation de l'armée : bureau de la dotation.)

Paris, le 29 décembre 1863.

Substitution à l'abonnement alloué aux corps, pour frais de bureau et d'impressions, d'une indemnité proportionnelle au nombre des rengagés et des engagés volontaires après libération.

Messieurs, aux termes des circulaires ministérielles des 1er avril 1857 et 2 juillet de la même année, les frais de bureau et d'impressions occasionnés aux corps par le service de la dotation de l'armée sont remboursés au moyen d'un abonnement annuel.

En raison des variations que présente, dans les corps des mêmes armes, le nombre des rengagés, ce mode de procéder m'a paru devoir être modifié.

En conséquence, et sur l'avis conforme de la commission supérieure de la dotation de l'armée, j'ai décidé que l'abonnement sera désormais remplacé par une allocation proportionnelle au nombre des militaires liés au service dans les conditions des lois du 26 avril 1855 et du 24 juillet 1860, comme rengagés et comme engagés volontaires après libération, sans tenir compte des remplaçants administratifs qui n'occasionnent aux corps aucune dépense sérieuse.

Cette allocation sera établie ainsi qu'il suit :

De 1 à 20 rengagés et engagés volontaires après libération.	25ᶠ
De 21 à 50	50
De 51 à 100	70
De 101 à 150	85
De 151 à 200	100
De 201 à 300	125
De 301 à 400	145

Au-dessus de 400 rengagés ou engagés après libération,

l'indemnité accordée continuera à s'augmenter de 20 francs pour chaque centaine ou fraction de centaine en plus.

En prévision des variations que le nombre des rengagés et des engagés volontaires après libération pourrait subir dans le cours de l'année, l'allocation annuelle sera fixée d'après l'effectif moyen de ces militaires.

A cet effet, les conseils d'administration établiront, à la fin de chaque année, un état conforme au modèle ci-joint, qui sera vérifié par le sous-intendant militaire chargé de la surveillance administrative du corps, et sur la production duquel la somme due sera remboursée par le préposé de la caisse des dépôts et consignations.

Ce remboursement une fois effectué, le montant en sera versé à la masse générale d'entretien, qui restera, comme le prescrit la circulaire du 27 avril 1856, chargée de faire l'avance des frais dont il s'agit.

Toutefois, en ce qui concerne les sections d'infirmiers, les prescriptions particulières contenues dans la circulaire du 19 juillet 1857 (*Direction de l'administration. — Bureaux des hôpitaux et des invalides*), pour le remboursement à ces compagnies des dépenses de l'espèce, continueront à être observées.

Vous voudrez bien m'accuser réception de la présente circulaire, dont les dispositions devront être immédiatement appliquées pour le remboursement des frais de bureau et d'impressions auxquels a donné lieu, pendant l'année 1863, le service de la dotation de l'armée.

Recevez, etc.

Le Maréchal de France
Ministre Secrétaire d'État de la guerre,
Signé BANDON

DÉPENSE IMPUTABLE
à la
DOTATION
DE L'ARMÉE.

FRAIS DE BUREAU
et
d'impression.

Désigner
le
corps.

Décision ministérielle
du
24 décembre 1862.

Dépenses à rembourser pour frais de bureau et d'impressions pendant l'année 18

NOMBRE DE MILITAIRES liés au service comme engagés et engagés volontaires après libération, en vertu des lois du 16 avril 1855 et du 24 juillet 1860 (1).	TOTAL.	EFFECTIF moyen (douzième de l'effectif total).	DÉPENSE à rembourser.	OBSERVATIONS.
Au 1er janvier............				(1) Les chiffres portés dans cette colonne devront toujours être en parfaite concordance avec ceux des situations mensuelles de l'effectif adressées au Ministre.
1er février............				Un double du présent sera envoyé au ministre (bureau de la dotation de l'armée), aussitôt après que le remboursement aura été effectué.
1er mars............				
1er avril............				
1er mai............				
1er juin............				
1er juillet............				
1er août............				
1er septembre............				
1er octobre............				
1er novembre............				
1er décembre............				

Certifié par nous, Membres du conseil d'administration dudit corps, le présent état, montant à la somme de

A , le 18 .

Vu et vérifié :
*Le Sous-Intendant militaire
chargé de la surveillance administrative du corps,*

Reçu du préposé de la Caisse des dépôts et consignations la somme de
pour la cause énoncée ci-dessus.

A , le 18

Les Membres du conseil d'administration.

— 283 —

*Le Ministre de la marine et des colonies aux Préfets maritimes;
Gouverneurs des colonies; Officiers généraux, supérieurs et autres,
commandant en chef à la mer; Commissaires généraux de la marine;
Conseils d'administration des équipages de la flotte, des bâtiments armés
et des corps de troupes de la marine.*

(B. O. p. 154.)

(2ᵉ direction, Personnel : 2ᵉ bureau, 2ᵉ section, Équipages
de la flotte.)

Paris, le 2 mars 1866.

*Le complément de la prime de rengagement due aux marins,
militaires des troupes de la marine, etc. morts en France
du choléra régnant épidémiquement, sera payé à leurs héritiers, si ces marins et autres se trouvaient présents à leurs
corps et dans le cours de leur rengagement au moment où ils
ont été atteints par la maladie.*

Messieurs, par suite de ma circulaire du 27 septembre 1864,
insérée au Bulletin officiel (p. 295), et par analogie avec les
dispositions arrêtées par S. Exc. le ministre de la guerre, j'ai
décidé que le bénéfice de l'article 18, § 3, de la loi du 24 juillet 1860 sera acquis aux héritiers des marins des équipages de
la flotte, militaires des troupes de la marine, etc. morts en
France des suites du *choléra régnant épidémiquement,* pourvu que
lesdits marins, militaires et autres aient été *présents à leurs corps
et se soient trouvés dans le cours de leur engagement au moment où
la maladie les a atteints.*

En conséquence, le complément de la prime de rengagement
des hommes liés au service en vertu de la loi sur la dotation de
l'armée, et décédés dans les circonstances indiquées ci-dessus,
sera payé *directement* à leurs héritiers ou ayants cause, par les
soins de la caisse des dépôts et consignations.

Recevez, Messieurs, l'assurance de ma considération très-
distinguée.

Le Ministre Secrétaire d'État de la marine et des colonies,
Signé Cᵗᵉ P. DE CHASSELOUP-LAUBAT.

Le Ministre de la marine et des colonies aux Préfets maritimes, Commissaires généraux de la marine; Membres des conseils d'administration des corps de troupe de la marine et des divisions des équipages de la flotte.

[Directions du personnel et de l'artillerie. — 1er et 2e bureau, Corps entretenus et Équipages de la flotte, et 1er bureau, 1re section, Personnel.]

Paris, le 3 avril 1866.

Dispositions adoptées en vue de régulariser vis-à-vis de leurs anciens corps, et par rapport à la dotation de l'armée, la position des auxiliaires militaires nommés commis aux écritures de 4e classe.

Messieurs, un certain nombre d'auxiliaires militaires des bureaux du commissariat appartenant aux équipages de la flotte, ou aux troupes de la marine, ont été nommés commis aux écritures de 4e classe par application de l'article 4 du décret du 7 octobre 1863.

Il est devenu, par suite, nécessaire de régulariser la position de ces employés vis-à-vis de leurs anciens corps aussi bien qu'à l'égard de la dotation de l'armée, et j'ai arrêté, dans ce but, les dispositions suivantes, qui devront également servir de règle pour l'avenir :

1° Tout militaire ou marin qui sera pourvu d'un emploi de commis aux écritures de 4e classe devra continuer de figurer *pour mémoire*, et jusqu'à sa libération définitive, sur les contrôles du corps auquel il appartenait.

Il recevra un titre de congé de six mois renouvelable, et dans le cas où il viendrait à se démettre ou à être révoqué de ses nouvelles fonctions, il restera à la disposition du département de la marine, pour compléter, s'il y a lieu, son service militaire.

Cette mesure sera appliquée aux hommes réadmis avec prime, rengagés et engagés après libération, ainsi qu'à ceux provenant des premières levées, du recrutement ou de l'engagement volontaire, et aux remplaçants d'inscrits.

2° D'après les articles 16 de la loi du 26 avril 1855, 28 du règlement du 9 janvier 1856, et d'après les paragraphes 5 à 8 de la circulaire du ministre de la guerre, en date du 26 du même mois, les militaires ou marins liés au service dans les conditions du premier de ces actes doivent recevoir, au moment où ils sont nommés à l'un des *emplois militaires ou civils* qui leur sont dévolus par les lois et règlements, une *part proportionnelle* sur le complément de leur prime de rengagement, lorsqu'ils ont acquis, en raison du temps écoulé depuis ce rengagement, une somme plus forte que la première portion de ladite prime payée par anticipation.

L'exécution de cette prescription ne peut présenter aucune difficulté.

Mais il n'en est pas ainsi pour le cas où, en l'absence de dispositions contraires, un militaire ou marin viendrait à être nommé commis aux écritures avant d'avoir acquis la totalité de la première portion de la prime de rengagement.

Les lois et règlements rappelés ci-dessus n'admettent pas que la caisse de la dotation puisse exercer une répétition sur cette somme dont le rengagé resterait propriétaire, ne se fût-il écoulé que quelques jours entre son rengagement et son admission dans le personnel des commis aux écritures.

Mais, comme de graves abus pourraient en résulter, j'ai décidé, par analogie avec ce qui se pratique au département de la guerre dans des cas semblables, qu'aucun militaire ou marin rengagé ou engagé après libération ne sera admis à se présenter aux examens de commis aux écritures de 4ᵉ classe, s'il n'a accompli, depuis le jour où il s'est lié de nouveau à l'État, un temps de service suffisant pour lui donner droit à l'intégralité de la première portion de prime ou d'annuités reçue par lui par anticipation.

La même règle doit être suivie relativement aux marins de l'inscription réadmis avec prime dans les conditions de l'article 21 du décret du 22 octobre 1863, à moins, toutefois, qu'ils ne remboursent à l'État la partie qu'ils n'auraient pas encore acquise sur la première annuité payée lors de la signature de l'acte d'admission.

Recevez, Messieurs, l'assurance de ma considération très-distinguée.

Le Ministre Secrétaire d'État de la marine et des colonies,

Signé P. DE CHASSELOUP-LAUBAT.

(B. O. p. 301.) *Le Ministre de la marine et des colonies aux Préfets maritimes.*

(2ᵉ direction, Personnel : 3ᵉ bureau, Troupes.)

Paris, le 6 avril 1866.

Rengagement des militaires n'ayant pas vingt-cinq ans de service.

Monsieur le Préfet, par une décision en date du 27 février 1864, dont vous trouverez copie ci-jointe, M. le ministre de la guerre vient de statuer sur certaines difficultés qui s'étaient élevées au sujet de l'application de l'article 11 de la loi du 26 avril 1855, aux termes duquel la durée des rengagements doit être réglée de manière que les militaires ne soient pas maintenus sous les drapeaux après l'âge de quarante-sept ans.

Les mesures adoptées par M. le ministre de la guerre sont de tout point applicables aux troupes de la marine. Vous aurez donc toute latitude pour statuer dorénavant en ce sens.

L'insertion de la présente circulaire au Bulletin officiel de la marine tiendra lieu de notification.

Recevez, Messieurs, l'assurance de ma considération très-distinguée.

Le Ministre Secrétaire d'État de la marine et des colonies,

Signé P. DE CHASSELOUP-LAUBAT.

ANNEXE

—

Interprétation à donner au dernier paragraphe de l'article 11 de la loi du 26 avril 1855.

Messieurs, des difficultés se sont élevées au sujet de l'application de l'article 11 de la loi du 26 avril 1855, aux termes duquel la durée des rengagements doit être réglée de manière que les militaires ne soient pas maintenus sous les drapeaux après l'âge de quarante-sept ans.

Afin de lever toute incertitude à cet égard, les corps de troupe se conformeront, à l'avenir, aux dispositions suivantes, qui fixent l'interprétation à donner à cet article.

Les militaires comptant moins de vingt-cinq ans de service pourront toujours être admis à se rengager, lors même qu'ils seraient âgés de plus de quarante-sept ans, ou que leur rengagement devrait avoir pour effet de les maintenir sous les drapeaux au delà de cet âge.

Dans ce dernier cas, la durée de leur rengagement devra être réglée de manière qu'ils ne soient maintenus que pendant le temps nécessaire pour leur permettre d'acquérir des droits à la pension de retraite.

Les militaires comptant vingt-cinq ans de service ne pourront être admis à se rengager que si l'acte qu'ils souscrivent ne doit pas avoir pour effet de les maintenir sous les drapeaux après l'âge de quarante-sept ans.

A cette occasion, je rappelle que, d'après la loi du 24 juillet 1860, les rengagements, dont la loi du 26 avril 1855 avait fixé le minimum à trois ans, peuvent maintenant être contractés pour une durée de deux, trois, quatre, cinq, six et sept ans.

Je vous invite à assurer, chacun en ce qui vous concerne, l'exécution de ces dispositions.

Recevez, etc.

Le Maréchal de France
Ministre Secrétaire d'État de la guerre,

Signé BANDON.

Le Ministre de la marine et des colonies aux Préfets maritimes; Gouverneurs des colonies, Officiers généraux, supérieurs et autres, commandant à la mer; Commissaires généraux de la marine; Conseils d'administration des divisions, des bâtiments et des corps de troupes de la marine.

(2ᵉ et 5ᵉ directions, Personnel et Artillerie : 2ᵉ et 3ᵉ bureaux, Équipages de la flotte et Troupes, et 1ᵉʳ bureau, 1ʳᵉ section.)

Paris, le 4 mai 1866.

Application à la marine d'une décision du ministre de la guerre, du 27 février 1866, au sujet de la durée des rengagements. — Explications concernant le droit des rengagés aux primes, annuités, etc. sur la caisse de la dotation de l'armée.

Messieurs, ma dépêche du 6 avril 1866, insérée au Bulletin

officiel (p. 202), a rendu applicable aux troupes de la marine la
décision prise par M. le ministre de la guerre, le 27 février 1866
(*Journal militaire*, p. 66), afin de déterminer l'interprétation
qu'il y a lieu de donner au dernier paragraphe de l'article 11
de la loi du 26 avril 1855, d'après lequel la durée des engagements doit être réglée de telle sorte que les militaires ne soient
pas maintenus sous les drapeaux après l'âge de quarante-sept ans.

La décision du 27 février 1866 intéresse tous les corps de
la marine qui se recrutent dans les conditions des lois des
21 mars 1832 et 26 avril 1855, et l'on devra s'y conformer,
en ce qui concerne ces corps, sous les réserves indiquées ci-
après ;

Ainsi, les dispositions des quatrième et cinquième paragraphes
de la décision précitée ne concernent pas évidemment les corps
dont les conditions particulières d'organisation ont déjà permis
de reculer sans inconvénient, *au delà de quarante-sept ans*, la
limite jusqu'à laquelle les hommes peuvent être maintenus à
l'activité (officiers-mariniers, armuriers militaires, etc.).

D'un autre côté, d'après la dépêche du 14 décembre 1860,
portant notification aux autorités maritimes de la loi du 24 juillet
de la même année qui est rappelée dans la décision de M. le
ministre de la guerre, les rengagements d'une durée de *deux* ou
de *trois ans* ne sont pas admis dans les équipages de la flotte et
dans les troupes de la marine.

Bien qu'il y ait toujours lieu de conserver en principe les
restrictions de la dépêche précitée du 14 juillet 1860, on pourra
admettre exceptionnellement à se rengager pour deux ou pour
trois ans les marins et militaires qui, en raison de leurs services
antérieurs, pourraient compléter, pendant le cours de ces rengagements, le temps nécessaire pour acquérir des droits à la
pension de retraite.

On évitera, d'ailleurs, de donner des destinations lointaines
aux hommes dans cette position particulière, et ils devront être
proposés pour la retraite aussitôt qu'ils auront accompli vingt-
cinq ans de services.

Je rappelle en terminant, et pour résoudre des questions qui
m'ont été posées récemment à ce sujet, que tout rengagement
*régulièrement contracté dans les conditions de la loi du 26 avril
1855*, entraîne pour le marin, militaire ou autre qui le souscrit, le droit *aux primes, annuités ou hautes payes de 10 et 20 cen-*

times prévues par l'article 12 de ladite loi, encore bien que ce rengagement doive avoir pour effet de *maintenir l'homme sous les drapeaux au delà de l'âge de quarante-sept ans.*

Recevez, Messieurs, l'assurance de ma considération très-distinguée.

Le Ministre Secrétaire d'État de la marine et des colonies,
Signé P. DE CHASSELOUP-LAUBAT.

Le Ministre de la marine et des colonies aux Préfets maritimes, Officiers généraux, supérieurs et autres, commandant à la mer; Commissaires généraux et Chefs du service de la marine.

(2ᵉ direction, Personnel ; 2ᵉ bureau, Équipages de la flotte.)

Paris, le 9 mai 1866.

Rengagements et réadmissions des quartiers-maîtres et marins; application des articles 16 et 23 du décret du 22 octobre 1863. — 27 février 1866.

MESSIEURS, aux termes des articles 16 et 23 du décret du 22 octobre 1863-27 février 1866, les rengagements et réadmissions des quartiers-maîtres et marins ne sont définitifs qu'après que l'aptitude du rengagé ou du réadmis a été dûment constatée par une commission spéciale.

J'ai décidé que cette commission sera composée comme suit :

Un capitaine de frégate désigné par le major général,

Un lieutenant de vaisseau, capitaine de la compagnie dans laquelle le marin devra être admis,

Le médecin chargé du service de santé de la division.

Il sera adjoint à ces officiers pour les épreuves d'aptitude professionnelle :

2 premiers maîtres
2 seconds maîtres
Et 2 quartiers-maîtres
des diverses professions, désignés par le commandant de la division et aptes à examiner les hommes sur les connaissances professionnelles dont ils doivent faire preuve.

Cette commission, qui fonctionnera sous le contrôle direct du commandant de la division, se réunira sur l'ordre du major général, toutes les fois que besoin sera ; elle n'admettra à subir les épreuves que les hommes porteurs d'un certificat délivré par le commissaire aux armements et constatant que le marin réunit les conditions *administratives* (durée des services antérieurs, etc.) exigées pour être rengagé ou réadmis.

Tout quartier-maître ou marin demandant à être rengagé ou réadmis à titre définitif devra, suivant le cas, satisfaire aux conditions d'aptitude énoncées ci-après, savoir :

1° S'il appartient à la *manœuvre*, avoir servi pendant une année comme *chef de hune* ou *gabier* à bord de bâtiments pourvus d'un phare carré ;

2° Être titulaire du brevet de la profession, s'il appartient au *canonnage*, à la *mousqueterie* ou à la *timonerie* ;

3° Appartenir à l'une des spécialités professionnelles de *mécanicien, charpentier, calfat* ou *voilier* ;

4° Être titulaire d'un brevet ou d'un certificat constatant son aptitude s'il est *fourrier, tambour* ou *clairon* ;

5° Enfin les simples *matelots de pont* devront avoir la taille minimum de 1",56 et faire preuve de connaissances exigées par un arrêté spécial que je notifierai prochainement.

Toute condamnation antérieure à une *peine correctionnelle*, *l'ivresse*, *l'inconduite habituelle*, *la mauvaise tenue* sont des motifs *absolus* d'exclusion.

Il est bien entendu d'ailleurs que, dans tous les cas, les rengagements et réadmissions demeureront subordonnés aux besoins du service et aux ordres généraux du ministre.

Il ne vous échappera pas que les réadmissions et rengagements des quartiers-maîtres ne pouvant plus, aux termes de l'article 23 du décret du 22 octobre 1863-27 février 1866, avoir lieu, en cours de campagne, *qu'à titre provisoire*, les prescriptions de la circulaire du 17 mars 1864 (*Bulletin officiel*, page 210), ne sont plus applicables qu'aux officiers-mariniers. Les commissaires d'escadre et de division ou les conseils d'administration des bâtiments n'auront donc plus à établir d'actes de rengagement ou de réadmission pour des quartiers-maîtres ou marins ; mais ils leur délivreront, sur la production des pièces énumérées au deuxième paragraphe de ladite circulaire, un certificat constatant leur déclaration de vouloir continuer à servir. Le quartier-maître ou marin apposera sa signature sur ce certificat, dont il restera porteur, et sur un *duplicata* qui sera immédiatement transmis au commissaire aux armements du port auquel appartient le bâtiment. La délivrance de ce certificat sera, d'ailleurs, inscrite à sa date, au rôle d'équipage.

Les droits éventuels des hommes se trouveront ainsi sauvegardés comme l'a voulu le deuxième paragraphe de l'article 23.

A cette occasion, je rappelle, ainsi que la circulaire du 13 mai 1865 (*Bulletin officiel*, page 276) l'a établi, qu'en principe les marins rengagés dans les conditions de la loi du 26 avril 1855, doivent recevoir les allocations déterminées par l'arrêté en vigueur au moment où ils ont droit à leur libération.

Recevez, Messieurs, l'assurance de ma considération très-distinguée.

Le Ministre secrétaire d'État de la marine et des colonies,
Signé P. DE CHASSELOUP-LAUBAT.

Le Ministre de la marine et des colonies aux Préfets maritimes, *Officiers généraux et autres, commandant à la mer; Gouverneurs et* *Commandants de colonies.* (B. O. p. 35.)

(3ᵉ direction. Services administratifs : 3ᵉ bureau. Solde, Revues et Habillement.)

Paris, le 19 mai 1866.

Dotation de l'armée. — Allocation aux corps d'une indemnité supplémentaire pour frais de bureau et d'impressions concernant la dotation de l'armée.

Messieurs, une circulaire, en date du 8 avril 1865 (*Bulletin officiel*, page 195), a rendu applicables, de tous points, aux corps de troupes de la marine, et partiellement aux équipages de la flotte, les nouvelles instructions que M. le ministre de la guerre a publiées, le 4 décembre 1863, relativement à la comptabilité spéciale de la dotation de l'armée.

Afin de tenir compte aux corps de la première dépense qu'ils

ont eue à supporter, pendant les deux premières années, en
1864 et 1865, pour l'achat d'un assez grand nombre de registres,
le ministre de la guerre a décidé qu'une allocation supplémentaire de frais de bureau et d'impressions leur serait allouée. La
situation n'étant plus la même, à partir de la troisième année,
en 1866, M. le maréchal Randon a réduit proportionnellement
l'allocation accordée, attendu que les frais étaient moins considérables, puisque les corps n'avaient plus qu'à tenir à jour les
registres au fur et à mesure des nouvelles admissions de rengagés, d'engagés volontaires après libération, et de remplacements
administratifs.

La comptabilité spéciale de la dotation de l'armée n'ayant été
appliquée aux corps de troupes de la marine qu'à partir du
1er avril 1865, j'ai demandé à M. le ministre de la guerre de
fixer, à compter de cette époque, le point de départ de la période
de trois années donnant droit à une allocation supplémentaire
de frais de bureau et d'impressions.

M. le maréchal Randon ayant accueilli cette proposition, j'ai
l'honneur de vous indiquer ci-après les bases des allocations
supplémentaires auxquelles les corps pourront prétendre,
savoir :

INDICATION du nombre des rengagés ou engagés après libération.	ALLOCATION fixe par la circulaire du 29 décembre 1865.	ALLOCATION supplémentaire par année (pour la première et la deuxième année).	ALLOCATION supplémentaire pour la troisième année.
	fr. c.	fr. c.	fr. c.
De 1 à 20...........	25 00	10 00	5 00
De 21 à 50..........	50 00	20 00	10 00
De 51 à 100.........	70 00	30 00	15 00
De 101 à 150........	85 00	35 00	20 00
De 151 à 200........	100 00	40 00	20 00
De 201 à 300........	125 00	50 00	25 00
De 301 à 400........	145 00	58 00	29 00

Nota. — Au-dessus de 400 rengagés ou engagés, le total de
l'indemnité annuelle continuera de s'augmenter de 28 *francs pour
chaque centaine* ou fraction de centaine en plus pendant les deux

premières années, et de 24 *francs pour chaque centaine* ou fraction de centaine pendant la troisième année.

Veuillez, je vous prie, prescrire les mesures nécessaires pour assurer l'exécution des dispositions qui font l'objet de la présente circulaire, dont l'insertion au Bulletin officiel de la marine tiendra lieu de notification.

Recevez, etc.

Le Ministre Secrétaire d'État de la marine et des colonies,
Signé P. DE CHASSELOUP-LAUBAT.

Le Ministre de la marine et des colonies aux Préfets maritimes, (B. O. p. 337.)
Gouverneurs des colonies, Commissaires généraux de la marine.

(2ᵉ et 4ᵉ directions, Personnel et Artillerie : 2ᵉ bureau, Équipages de la flotte, et 1ᵉʳ bureau, 1ʳᵉ section, Personnel.)

Paris, le 8 juin 1866.

Explications concernant la position des armuriers militaires de la marine par rapport à la dotation de l'armée.

Messieurs, une circulaire du 2 novembre 1857 (*Bulletin officiel*, page 940) a fait connaître que les armuriers militaires de la marine, organisés par le décret du 23 janvier 1856, pouvaient, sous certaines conditions, prétendre aux allocations prévues dans la loi du 26 avril 1855, pour les rengagements et engagements volontaires après libération qu'ils seraient admis à contracter.

Depuis lors, les actes constitutifs de la dotation de l'armée ont été l'objet de plusieurs modifications importantes qui ont permis de donner auxdits actes une interprétation plus favorable aux intérêts des marins et autres admis à contracter des rengagements avec prime.

C'est ainsi qu'en ce qui concerne particulièrement les armuriers les dépêches des 14 septembre 1864 et 8 avril 1865 ont décidé que ces militaires pouvaient, comme les officiers-mariniers, se rengager avec prime, bien que mariés et sans qu'il y eût lieu de rechercher s'ils s'étaient mariés avant ou après leur premier engagement.

La décision impériale du 7 janvier 1865, admettant une exception à celle du 28 février 1863, a ensuite permis de leur payer la totalité de la première portion de la prime de rengagement, au lieu de l'employer à l'achat de titres de rente 3 p. o/o, et, par un arrêté ministériel du 18 avril 1865, le bénéfice de cette mesure a été étendu à tous ceux qui étaient titulaires de titres semblables.

D'un autre côté, à la suite d'un nouvel examen fait de concert entre les départements de la guerre et de la marine, relativement aux conditions particulières dans lesquelles se recrute le corps des armuriers de la marine, il a été décidé, par une circulaire du 12 avril 1865 (1), que ceux de ces militaires admis au corps conformément au deuxième paragraphe de l'article 6 du décret du 23 janvier 1856, qui étaient autorisés à se rengager, après avoir *accompli sept années de services militaires* en vertu d'un premier engagement, étaient aptes à recevoir la prime entière, même lorsqu'ils devaient atteindre l'âge de quarante-sept ans avant l'expiration de leur rengagement, puisque ledit article 5 permet de les conserver au service jusqu'à leur cinquante-cinquième année d'âge.

Enfin, cette doctrine vient d'être confirmée par la circulaire du 4 mai 1866, rendant applicable à la marine une décision prise par M. le ministre de la guerre le 27 février 1866, en vue de fixer l'interprétation à donner au dernier paragraphe de l'article 11 de la loi du 26 avril 1855.

Telles sont donc les dispositions qui régissent aujourd'hui la position des armuriers militaires de la marine par rapport à la dotation de l'armée, et il m'a paru utile de les rappeler sommairement ici, afin de résoudre les incertitudes qui se sont produites à ce sujet.

Recevez, Messieurs, l'assurance de ma considération très-distinguée.

Le Ministre secrétaire d'État de la marine et des colonies,

Signé P. DE CHASSELOUP-LAUBAT.

---

(1) Cette dépêche est insérée au Bulletin officiel de la marine, page 223.

Le Ministre de la marine et des colonies à M. le Préfet maritime (B. O. p. 345)
à.....

Paris, le 8 juin 1866.

Le nommé..... soldat d'infanterie de marine, ne peut être admis à rembourser la première portion de la prime de rengagement à l'effet de se présenter aux examens de commis aux écritures.

Monsieur le Préfet, vous m'avez transmis, le 3 mai 1866, une pétition par laquelle le nommé..... soldat d'infanterie de marine, rengagé pour sept ans le 7 octobre 1862, pour compter du 31 décembre 1864, et employé comme auxiliaire militaire au bureau des revues, sollicite l'autorisation de rembourser la partie non encore acquise sur la première portion de sa prime de rengagement, afin de pouvoir se présenter aux examens de commis aux écritures.

Cette demande n'est pas susceptible d'être accueillie.

Ainsi que je l'ai rappelé, le 3 avril dernier, les instructions arrêtées, le 26 janvier 1856, par le département de la guerre pour fixer l'interprétation que doivent recevoir la loi du 26 avril 1855 et le décret du 9 janvier 1856 sur la dotation de l'armée, établissent formellement que les sommes payées par anticipation aux rengagés demeurent acquises dans tous les cas à ceux qui les ont reçues.

Mais, si l'application de ce principe bienveillant ne présente aucun inconvénient lorsqu'un sous-officier est promu officier quelques jours seulement après avoir contracté un rengagement et avoir reçu par anticipation une somme de 1,000 francs qui n'aurait pas été acquise par lui avant plus de trois ans, il n'en est pas ainsi lorsqu'il s'agit d'un militaire qui, en passant dans un service civil, demeurerait propriétaire d'une somme qui lui aura été payée très-peu de temps auparavant, en vue d'un service militaire qu'il n'accomplira pas.

C'est cette sorte de spéculation, contraire au principe d'institution de la dotation de l'armée aussi bien qu'à ses intérêts, que les départements de la guerre et de la marine ont voulu préveuir, en décidant, d'une manière générale, que tout militaire qui n'aurait pas acquis la première portion de prime de rengagement reçue par anticipation, ne serait pas admis à l'un des emplois militaires ou civils qui peut lui être dévolu en vertu des lois et règlements.

Quant au remboursement de cette portion de prime, il ressort de ce qui précède qu'il n'aurait aucune raison d'être, puisque la somme touchée au moment du rengagement est, dans tous les cas, considérée comme acquise à celui qui l'a reçue.

Les mêmes règles n'ayant point été appliquées aux primes de réadmissions payées sur les fonds généraux du budget et non sur une dotation spéciale, il était naturel d'admettre, comme l'a fait la circulaire précitée du 3 avril dernier, que les inscrits pourraient rembourser avant de se présenter aux examens de commis aux écritures, la partie non encore acquise sur la première annuité de la prime de réadmission, de même qu'on a admis un remboursement semblable en cas de renonciation aux professions maritimes. (Dépêche du 12 mai 1863. *Bulletin officiel*, page 228.)

Recevez, etc.

Le Ministre secrétaire d'État de la marine et des colonies,

Signé Cte P. DE CHASSELOUP-LAUBAT.

Le Ministre de la marine et des colonies aux *Préfets maritimes;* (B. O. p. 12.)
Gouverneurs des colonies; Commissaires généraux de la marine; Conseils d'administration des divisions des équipages de la flotte et des corps de troupes de la marine.

(2ᵉ direction, personnel; 2ᵉ et 3ᵉ bureaux, équipages et troupes;
5ᵉ direction, artillerie; 1ᵉʳ bureau, personnel.)

Paris, le 7 août 1866.

Application à la marine de différentes mesures adoptées par M. le ministre de la guerre relativement à la dotation de l'armée.

Messieurs, vous trouverez reproduite ci-après une décision prise par M. le ministre de la guerre le 6 février (*Journal militaire*, page 21), concernant l'application de la loi du 24 juillet 1860 aux familles des militaires décédés à la suite de blessures reçues ou d'infirmités contractées en service commandé et aux militaires réformés pour les mêmes causes.

Cette décision devra être appliquée, le cas échéant, aux marins et militaires de l'armée de mer liés au service en vertu de la loi du 26 avril 1855.

1° J'appelle spécialement votre attention sur le deuxième paragraphe d'après lequel les militaires réformés avant d'être entrés dans le cours de leur rengagement, ainsi que les héritiers des militaires qui se trouvaient dans les mêmes conditions de service, au moment de leur décès, n'ont pas droit au complément de la prime. Vous remarquerez, en outre, que le dernier paragraphe de ladite décision reproduit, en le complétant, le principe posé dans ma circulaire du 27 septembre 1865 (insérée au *Bulletin officiel*, page 295).

2° Il y aura lieu également de tenir compte des prescriptions de la circulaire ci-annexée du 18 avril 1866 (*Journal militaire*, page 146), en exécution de laquelle on devra comprendre désormais les remplaçants administratifs sur les états à transmettre chaque trimestre à la caisse des dépôts et consignations, concernant les rengagés, etc., congédiables dans le trimestre suivant.

Cette circulaire fait suite à celles des 20 août et 2 décembre 1857, qui ont été portées à votre connaissance par une dépêche du 23 décembre de la même année (insérée au *Bulletin officiel*, page 1278).

3° Enfin il m'a paru utile de reproduire ici une note du 27 mars 1866, extraite du *Journal militaire* (page 88), et qui a trait au payement de la fraction de première portion de prime non employée en rente au nom des sous-officiers rengagés.

Recevez, Messieurs, l'assurance de ma considération très-distinguée.

Le Ministre Secrétaire d'État de la marine et des colonies,
P. DE CHASSELOUP-LAUBAT.

ANNEXES.

Décision ministérielle relative à l'application de la loi du 24 juillet 1860 aux militaires réformés ou aux familles des militaires décédés pour blessures reçues ou pour infirmités contractées dans un service commandé.

(1re direction, bureau de la dotation de l'armée.)

Paris, le 6 février 1866.

1° Conformément aux dispositions de la circulaire du 6 octobre 1866, le payement des sommes dues, en vertu de la loi du 24 juillet de la même année, aux militaires liés au service avec prime et qui ont été retraités ou réformés par suite de blessures reçues ou d'infirmités contractées dans un service commandé, est effectué par la caisse des dépôts et consignations, sur le vu d'un certificat d'origine établi par les conseils d'administration des corps.

Le droit au bénéfice de la loi précitée se trouvant suffisamment constaté pour les militaires admis à la retraite, ou qui, à la suite de leur réforme, ont obtenu une gratification renouvelable, le certificat d'origine ne devra plus être fourni pour ces militaires. Il suffira, dans ce cas, que les conseils d'administration donnent avis à la caisse des dépôts et consignations de l'admission à la pension ou de l'allocation de la gratification renouvelable.

2° Les militaires réformés, ou les héritiers des militaires décédés avant d'être entrés dans le cours de leur rengagement, n'ont pas droit au complément de la prime.

3° Par application des dispositions bienveillantes de la loi du 24 juillet 1860, et par analogie avec celles de la loi du 11 avril 1831 (*Titre III, Pensions des veuves et des orphelins*), le complément de la prime doit être attribué aux héritiers des militaires qui ont succombé aux influences d'une maladie épidémique ou endémique, toutes les fois que le militaire était présent au corps et entré dans le cours de son rengagement.

Le Ministre Secrétaire d'État de la guerre à MM. les Intendants militaires.

(1re direction, bureau de la dotation de l'armée.)

Paris, le 18 avril 1860.

Les états trimestriels des rengagés et des engagés après libération, libérables dans le cours du trimestre suivant, doivent comprendre les remplaçants administratifs.

Messieurs, les circulaires ministérielles des 10 août, 2 décembre 1857 et 22 mai 1861 prescrivent aux conseils d'administration des corps de me faire parvenir, par votre intermédiaire, dans les cinq premiers jours de chaque trimestre, les états nominatifs des militaires rengagés ou engagés dans les conditions de la loi du 26 avril 1855 et dont le temps de service expire dans le courant du trimestre suivant.

J'ai besoin d'avoir les mêmes renseignements au sujet des remplaçants administratifs.

En conséquence, je vous invite à donner aux conseils d'administration des corps placés dans votre division des ordres pour que les dispositions des circulaires ci-dessus rappelées soient appliquées à l'égard de tous les militaires, indistinctement, qui sont liés au service dans les conditions de la loi du 26 avril 1855.

Recevez, etc.

Le Maréchal de France
Ministre Secrétaire d'État de la guerre,
Signé RANDON.

Note ministérielle relative au mode de payement de la fraction
de première portion de prime non employée en rente au nom
des sous-officiers rengagés.

(1re direction, bureau de la dotation de l'armée.)

Paris, le 27 mars 1865.

Les titres de rente achetés au nom des sous-officiers rengagés, conformément à l'arrêté ministériel du 28 février 1863, sont remis aux ayants droit à l'expiration de leur rengagement par la direction générale de la caisse des dépôts et consignations. C'est également par les soins de cette caisse que doit leur être payée la fraction de première portion de prime qui n'a pu être employée en rente.

(B. O. p. 190.) *Le Ministre de la marine et des colonies aux Préfets maritimes; Gouverneurs des colonies; Commissaires généraux de la marine; Conseils d'administration des corps de troupes de la marine et des divisions des équipages de la flotte.*

2e direction, personnel : 2e et 3e bureaux, équipages de la flotte et troupes de la marine; 5e direction, artillerie, 1er bureau, personnel.)

Paris, le 22 août 1865.

Au sujet des militaires et marins nommés à un des emplois militaires ou civils auxquels ils peuvent être appelés en vertu des

*lois et règlements ; conditions auxquelles leur nomination est
subordonnée au point de vue de la dotation de l'armée ; part
proportionnelle à leur payer au moment de leur libération définitive, lorsqu'ils sont rentrés sous les drapeaux par suite de
démission ou de révocation.*

Messieurs, ma circulaire du 3 avril dernier, insérée au
Bulletin officiel, page 191, et relative aux auxiliaires militaires
nommés commis aux écritures de 4ᵉ classe, a fait connaître
que, par application des règles adoptées au département de la
guerre pour des cas analogues, aucun militaire ou marin rengagé ou engagé après libération ne doit être admis à se présenter aux examens de commis aux écritures s'il n'a accompli,
depuis le jour où il s'est lié de nouveau à l'État, un temps de
service suffisant pour lui donner droit à l'intégralité de la première portion de prime ou d'annuité qu'il a reçue par anticipation.

Les principes rappelés dans ladite circulaire doivent être
suivis, aussi bien en ce qui concerne les admissions dans le
personnel des commis aux écritures, que pour la nomination
des militaires ou marins à l'un des autres emplois militaires et
civils (surveillance des établissements pénitentiaires, etc.) qui
leur sont dévolus en vertu des lois et règlements.

La circulaire précitée a également prévu le cas où, par suite
de démission ou de révocation, les militaires et marins pourvus
d'un des emplois dont il s'agit seraient réintégrés dans un des
corps de la marine jusqu'à l'expiration de leur acte d'engagement après libération ou de rengagement.

On m'a demandé récemment à quelle allocation avaient
droit sur la caisse de la dotation de l'armée, et au moment de
leur libération définitive, les hommes qui sont revenus sous
les drapeaux dans les conditions indiquées ci-dessus.

Dans aucun cas, ces militaires ou marins ne peuvent recevoir le *complément intégral de la prime ; ils ont droit seulement à
une part proportionnelle au service accompli par eux depuis le jour
où ils ont quitté leur emploi militaire ou civil, jusqu'au jour de
leur libération définitive.* En d'autres termes, la somme des allocations qu'il y a lieu de leur payer en fin de compte doit, si
on l'ajoute à celle qu'ils ont reçue avant de quitter le service
militaire pour occuper ledit emploi, représenter le chiffre total

de la prime afférente à leur engagement, déduction faite du temps qu'ils ont passé hors des armées de terre ou de mer.

C'est donc dans ce sens que devra être réglée, à l'avenir, la position des hommes qui se trouveraient dans un des cas dont il est ici question.

Note de la présente circulaire devra être prise en marge de celle du 3 avril 1866.

Recevez, Messieurs, l'assurance de ma considération très-distinguée.

Le Ministre Secrétaire d'État de la marine et des colonies,

P. DE CHASSELOUP-LAUBAT.

(B. O. p. 48.) *Le Ministre de la marine et des colonies à MM. les Préfets maritimes; Gouverneurs des colonies; Commissaires généraux de la marine.*

(2ᵉ direction, personnel : 2ᵉ et 3ᵉ bureaux, équipages de la flotte et troupes de la marine.)

Paris, le 29 août 1866.

Il n'y a pas lieu de remettre aux sous-officiers des corps de troupes rengagés et qui passent dans la gendarmerie, à quelque titre que ce soit, le titre de rente à l'achat duquel a été employée la première portion de leur prime de rengagement. — L'obligation de compléter la masse en se rengageant n'est maintenue, dans la gendarmerie, que pour les brigadiers et simples gendarmes.

Messieurs, il m'a été demandé si un sous-officier d'un des corps de troupes qui abandonne ses galons pour passer dans la gendarmerie comme simple gendarme peut être mis en possession du titre de rente à l'achat duquel avait été employée la première portion de la prime acquise par lui pour un rengagement souscrit à son ancien corps dans la position de sous-officier.

D'après la décision impériale du 28 février 1863, dont les

dispositions s'appliquent aussi bien aux sous-officiers de gendarmerie qu'à ceux des autres corps se recrutant par la voie des appels, à l'exception toutefois des officiers mariniers et des armuriers militaires de la marine (décision impériale du 7 janvier 1865), les titres de rente dont il s'agit sont inscrits sur le grand-livre de la dette publique et doivent rester déposés à la caisse de la dotation de l'armée jusqu'à la fin du rengagement des intéressés.

Cette règle ne comporte pas d'exception et il n'y doit pas être dérogé, quel que soit le changement survenu dans la position du sous-officier rengagé, sauf, bien entendu, les mutations qui, aux termes de la loi du 26 avril 1855, nécessitent la liquidation d'une part proportionnelle.

Les sous-officiers des corps de troupes ne sauraient donc, en passant dans la gendarmerie, à quelque titre que ce soit, recevoir leur titre de rente, même s'ils en faisaient la demande afin de porter leur masse au complet, conformément à l'article 257 du décret du 18 février 1863.

En effet, les sous-officiers de gendarmerie peuvent être autorisés à se rengager sans être tenus de compléter leur masse, et il n'y a pas lieu d'imposer cette obligation aux sous-officiers venant des corps de troupes. Les prescriptions ci-dessus rappelées du décret du 18 février 1863 (article 257, 3° paragraphe) sont donc seulement applicables aujourd'hui aux brigadiers et gendarmes, puisque ces militaires reçoivent la totalité de leur première portion de prime au moment où ils se lient de nouveau au service dans les conditions de la loi du 26 août 1855.

Recevez, Messieurs, l'assurance de ma considération très distinguée.

Le Ministre Secrétaire d'État de la marine et des colonies,
P. DE CHASSELOUP-LAUBAT.

(2. D. p. 283.) LE MINISTRE DE LA MARINE ET DES COLONIES à MM. les Préfets maritimes; Gouverneurs des colonies; Commissaires généraux de la marine; Conseils d'administration des corps de troupes de la marine et des divisions des équipages de la flotte.

(2ᵉ direction, personnel; 2ᵉ et 3ᵉ bureaux, équipages de la flotte et troupes de la marine; 5ᵉ direction, artillerie; 1ᵉʳ bureau, personnel.)

Paris, le 10 septembre 1866.

Les fonctionnaires du commissariat seront désormais chargés de régler, au point de vue de la dotation de l'armée, les droits des hommes qui s'engagent après libération pour un corps de la marine dans les cinq ports militaires. — Indication à porter sur les certificats de bonne conduite et les congés définitifs des hommes libérés qui sont susceptibles de se lier de nouveau au service dans les armées de terre et de mer.

MESSIEURS, aux termes des articles 26 et 56 du décret du 9 janvier 1856, portant règlement d'administration publique pour l'exécution de la loi sur la dotation de l'armée, les droits acquis sur la caisse de la dotation par les engagés volontaires après libération sont constatés par les fonctionnaires de l'intendance militaire, sur le vu de l'ampliation de l'acte qui leur est adressé, avec les pièces justificatives, par le maire devant lequel a été contracté l'engagement. Les payements des premières portions de primes ou d'annuités sont effectués ensuite par les préposés de la caisse des dépôts et consignations, auxquels les sous-intendants transmettent une expédition de l'acte d'engagement après l'avoir annotée de la somme due à l'engagé.

Cette manière de procéder a été suivie jusqu'à ce jour, en ce qui concerne les hommes qui s'engagent pour le département de la marine, aussi bien dans les ports militaires que dans les villes de l'intérieur.

Cependant l'article 79 du décret précité prévoit l'intervention des agents du département de la marine lorsqu'il s'agit d'appliquer aux hommes des corps de l'armée de mer les dispositions du règlement d'administration publique de la dotation de l'armée; mais, si la concentration des services maritimes sur le littoral de l'Empire ne permet pas de remettre, sans inconvénients, aux fonctionnaires du commissariat, la constatation des droits acquis, au point de vue de la dotation de l'armée, par les hommes libérés du service qui s'engagent dans l'intérieur de la France pour un des corps de la marine se recrutant par la voie des appels, aucune difficulté ne s'oppose à ce que ces fonctionnaires interviennent toutes les fois que l'engagement après libération est contracté devant les maires de Cherbourg, Brest, Lorient, Rochefort et Toulon, ports chefs-lieux des cinq arrondissements maritimes.

Cette mesure ne peut être qu'avantageuse pour le service et pour les intérêts des hommes, puisque les fonctionnaires du commissariat sont plus à même de constater, conformément aux dispositions particulières adoptées dans la marine pour l'application de la loi du 26 avril 1855, les droits des hommes qui proviennent déjà du service maritime et spécialement des équipages de la flotte.

Par suite, j'ai décidé, de concert avec M. le ministre de la guerre, qu'à l'avenir les maires des cinq ports militaires devront adresser directement au commissaire général de la marine, dans chacun des cinq ports, les ampliations d'actes et les pièces justificatives concernant les engagements après libération qu'ils recevront pour un des corps de la marine, quels que soient d'ailleurs les corps dépendant, soit du département de la guerre, soit de celui de la marine, dans lesquels les engagés auront accompli un premier service.

Le commissaire général fera immédiatement constater les droits de l'engagé par le commissaire aux revues ou le commissaire aux armements, suivant le cas, et se conformera, pour le reste, aux prescriptions du décret précité du 9 janvier 1856 et de l'instruction de M. le ministre de la guerre en date du 30 décembre de la même année.

Les fonctionnaires de l'intendance demeureront donc chargés, comme par le passé, de régler les droits des hommes libérés qui s'engagent pour la marine dans les ports secondaires et dans l'intérieur de la France. Mais, afin de leur donner, autant que possible, les moyens d'apprécier exactement, par rapport aux services antérieurs, la position de ceux de ces engagés qui proviennent des corps de la marine, on devra indiquer soigneusement à l'avenir, sur les certificats de bonne conduite et les congés de libération remis aux militaires ou autres qui se sont fait congédier, si les services accomplis par eux jusqu'au jour de leur congédiement sont de nature à leur ouvrir des droits à la prime entière ou seulement à des annuités, dans le cas où ils seraient admis plus tard à s'engager après libération.

J'attache une grande importance à ce que cette prescription ne soit pas perdue de vue.

Je rappelle, en terminant, que, d'après une décision prise, le 1er mai 1856, par mon prédécesseur, Son Exc. l'amiral Hamelin, c'est uniquement dans les cinq ports militaires que les officiers-mariniers, marins, mécaniciens et chauffeurs de la flotte, libérés du service, peuvent être admis à s'engager de nouveau, au titre des équipages de la flotte.

Vous voudrez bien assurer, chacun en ce qui vous concerne, l'exécution de la présente circulaire dont l'insertion au *Bulletin officiel* tiendra lieu de notification.

Recevez, Messieurs, l'assurance de ma considération très-distinguée.

Le Ministre Secrétaire d'État de la marine et des colonies,

P. DE CHASSELOUP-LAUBAT.

TABLE DES MATIÈRES.

| SOMMAIRE. | DATES. | INDICATION des pages | | ANALYSE. |
		du Bulletin officiel ou Journal militaire.	du présent recueil.	
Trésoriers coloniaux. — Ils suppléent les agents de la caisse des dépôts et consignations.	Circulaire du 5 juin 1856.	B. O. p. 30 b.	116	Les trésoriers coloniaux agissent pour le compte de la caisse des dépôts et consignations quant à l'exécution de la loi relative à la dotation de l'armée. (Circulaire-annexe du ministre des finances du 29 mai 1856.)
Remplacements entre parents.	Circulaire du 5 juin 1856	B. O. p. 516.	123	Les remplacements entre parents, autorisés par la loi du 26 avril 1855, ne peuvent s'effectuer en faveur des militaires présents sous les drapeaux. (Modifié par la circulaire du 31 mars 1858, B. O. p. 485.)
Rengagements. — A quelle époque on peut les contracter.	Circulaire du 5 juillet 1856.	B. O. p. 584.	124	Les rengagements ne peuvent être contractés que par les militaires et marins qui sont dans la dernière année de leur service.
Gendarmerie maritime	Circulaire du 5 juillet 1856.	B. O. p. 556	125	Application à la gendarmerie maritime des nouvelles dispositions prises à l'égard de la gendarmerie de terre, en ce qui concerne la loi du 26 avril 1855. (Dépêche-annexe du ministre de la guerre du 19 juin 1856.)
Pensions de retraite. — Augmentation.	Circulaire du 18 juillet 1856	B. O. p. 634	127	Notification de la loi du 11 juin 1856, augmentant de 166 fr. les pensions des militaires, etc. au-dessous de grade d'officier. (Loi-annexe du 11 juin 1856, p. 173.)
Première portion de prime. — Payement aux hommes envoyés en permission, etc.	Dépêche du 29 juillet 1856.	B. O. p. 638.	131	Instruction relative au payement des portions de primes de rengagement susceptibles d'être payées. Après leur arrivée dans leurs foyers, aux rengagés envoyés en permission ou en congé temporaire. (Dépêche-annexe du ministre de la guerre en date du 16 juillet 1856.)
Exonération. — Pièces à fournir.	Circulaire du 28 octobre 1856.	B. O. p. 988.	136	Les demandes d'exonération devront être établies en double expédition.
Instructions générales sur la loi du 26 avril 1855.	Circulaire de la guerre du 31 décembre 1856	J. M. p. 534.	137	Instructions relatives à l'application de la loi du 26 avril 1855.
Comptabilité. — Remboursement des avances faites par les corps.	Circulaire du 30 juin 1857.	B. O. p. 534.	156	Envoi d'une circulaire de M. le directeur général de la caisse des dépôts et consignations, pour le remboursement des avances faites par les corps.
Comptabilité. — Envoi d'états périodiques.	Circulaire du 19 décembre 1857.	B. O. p. 7178.	157	Envoi d'une circulaire du ministre de la guerre, prescrivant l'envoi d'états périodiques destinés à faire connaître les sommes à payer, à leur libération définitive, aux militaires rengagés dans les conditions de la loi du 26 avril 1855. — Application de ces dispositions à l'armée de mer. (Circulaires-annexes des 1 décembre 1857 et 10 août 1857, Modèles, pages 157 à 189.)
Remplacement et substitution entre parents.	Loi du 17 mars 1858	J. M. p. 105	168	Le remplacement et la substitution ne pourront avoir lieu qu'entre frères, beaux-frères et parents jusqu'au sixième degré.
Pensions. — Armuriers et infirmiers. — Pièces à joindre aux mémoires de proposition.	Circulaire du 15 janvier 1858.	B. O. p. 16.	182	Ordre de joindre aux propositions de pension concernant les armuriers et infirmiers de la marine des certificats analogues à ceux prescrits par la circulaire du 13 mai 1856 pour les équipages.

SOMMAIRE	DATES	INDICATION DES PIÈCES		ANALYSE
		du Bulletin officiel ou Journal militaire.	du présent recueil.	
Chefs armuriers. — Application de la loi.	Dépêche du 5 mars 1858.	B. O. p. 81.	161	Les chefs armuriers doivent bénéficier des dispositions de la loi aux mêmes conditions que les autres employés du personnel des armuriers militaires de la marine.
Caisses d'épargne. — Versements exceptionnels.	Circulaire du 5 juin 1858.	B. O. p. 581.	164	Envoi d'un décret impérial, en date du 15 mai 1858, relatif aux versements exceptionnels faits aux caisses d'épargne par des militaires ou marins liés au service dans les conditions de la loi du 26 avril 1855. (Suit le décret.)
Versements volontaires à la caisse de la dotation. — Intérêts.	Circulaire de la guerre du 7 septembre 1858.	J. M. p. 361 et suiv.	167	Envoi d'un décret impérial qui porte à 5 1/2 p. 0/0 l'intérêt applicable aux versements volontaires faits à la caisse de la dotation. (Suit le décret en date du 18 août 1858.)
Exonérés. — Jeunes soldats.	Dépêche du 26 décembre 1858.	B. O. p. 992.	169	Dispositions relatives aux jeunes soldats qui demandent à se faire exonérer sans rejoindre leurs corps. (Dépêche annexe du ministère de la guerre du 20 novembre 1858.)
Gendarmerie. — Décompte des services.	Dépêche du 16 février 1859.	B. O. p. 164.	171	Au sujet du décompte des services des militaires de la gendarmerie impériale maritime qui demandent à s'engager ou à se rengager.
Inscription maritime. — Décompte des services.	Dépêche du 23 juin 1859.	B. O. p. 335.	172	Les services accomplis comme inscrit maritime n'entrent pas dans les décomptes de services donnant droit à la prime.
Exonération des militaires rengagés.	Circulaire de la guerre du 16 août 1859.	J. M. p. 126.	174	Dispositions relatives aux rengagés ou engagés avec prime, qui se font exonérer du service.
Caisse de la dotation. — Dépôts faits par les officiers.	Circulaire du 14 février 1860.	B. O. p. 85.	175	Envoi d'une circulaire du ministre de la guerre, portant instructions relatives aux dépôts faits par des officiers à la caisse de la dotation de l'armée. (Dépêche annexe du 1er février 1860.)
Caisse de la dotation. — Versements volontaires faits par des militaires.	Circulaire du 11 août 1860.	B. O. p. 95.	178	Envoi d'une circulaire du ministre de la guerre et d'un décret impérial relatifs aux versements volontaires faits par des militaires à la caisse de la dotation. (Dépêche annexe du 30 juillet 1860. — Décret annexe du 18 juillet 1860.)
Permissions avec solde à la suite du rengagement.	Dépêche du 30 août 1861.	B. O. p. 249.	182	Les permissions de six ou de neuf mois accordées aux rengagés donnant droit à la solde de congé pendant six mois.
Durée des rengagements. — Règlement des allocations.	Circulaire du 14 décembre 1860.	B. O. p. 347.	183	Instructions concernant l'application, dans la marine, de la loi du 14 juillet 1860 et du décret du 6 octobre 1860. (Dépêche annexe du 6 octobre 1860. — Loi annexe du 14 juillet 1860.)
Modifications à la loi du 26 avril 1855.	Loi du 14 juillet 1860.	B. O. p. 562.	186	Modifiant les articles 11, 13, 17 et 18 de la loi du 26 avril 1855.
Rengagements dans la quatrième année de service.	Décret du 6 octobre 1860.	B. O. p. 554.	191	La faculté de contracter un rengagement dans la quatrième année de service est accordée aux militaires de l'armée active ou de la réserve. — Les anciens militaires libérés depuis moins de deux ans et comptant quatre années de service sont autorisés à contracter des engagements après libération.
Rappel de haute paye de rengagement.	Circulaire du 11 mars 1861.	B. O. p. 132.	192	Mode à suivre pour le rappel des sommes acquises par les marins à titre de haute paye de rengagement sur les fonds de la dotation de l'armée.

SOMMAIRE.	DATES.	INDICATION DES PAGES		ANALYSE.
		du Bulletin officiel ou Journal militaire.	du présent recueil.	
Militaires sardes devenus Français.	Circulaire du 27 mai 1861.	B. O., p. 571.	193	Envoi d'un décret impérial et d'une circulaire du ministre de la guerre relatifs au payement des allocations dues aux militaires sardes devenus Français. (Circulaire-annexe du 16 mai 1861. — Décret-annexe du 24 avril 1861.)
Décès par suite de maladies endémiques.	Circulaire du 27 septembre 1861.	B. O., p. 296.	198	Le bénéfice de la loi du 24 juillet 1860 est assuré aux héritiers des marins et militaires morts des suites d'une maladie endémique contractée par le fait du service.
Pièces à annexer à la minute des actes de rengagement, etc.	Dépêche du 8 février 1862.	B. O., p. 84.	199	Les pièces produites par les marins admis à se rengager ou à s'engager après libération doivent rester annexées à la minute des actes de rengagement ou d'engagement.
Avances à la dotation de l'armée. — Remboursement.	Circulaire du 11 février 1862. (Guerre.)	J. M., p. 65.	200	Formalités à remplir pour le remboursement aux corps des avances faites à la dotation de l'armée.
Fixation des primes de rengagement et du taux de l'exonération (Colonies.)	Circulaire du 13 juin 1862 aux colonies.	B. O., p. 564.	201	Les arrêtés annuels fixant le taux des primes de rengagement, etc. seront exécutoires dans les colonies à dater du jour de l'arrivée de la dépêche de notification desdits arrêtés. Cette date est fixée par un arrêté spécial du gouverneur de chaque colonie.
Payement du complément de la prime.	Circulaire du 11 août 1862.	B. O., p. 139.	202	La portion complémentaire des primes et annuités n'est payable aux ayants droit qu'à l'époque de leur libération définitive du service.
Première portion de la prime. — Achat de route 5 p. 0/0 — Première mise de petit équipement.	Circulaire du 13 mars 1863. Idem annexe du 2 mars 1863. Arrêté-annexe du 28 février 1863.	B. O., p. 16.	203	Envoi de trois arrêtés du ministre de la guerre, déterminant, pour l'année 1863, les conditions d'exonération, de rengagement, d'engagement volontaire après libération et de remplacement par voie administrative, des marins et militaires liés au service dans les conditions de la loi du 21 mars 1832. — Dispositions nouvelles concernant les officiers mariniers et les sous-officiers admis à contracter des rengagements ou engagements volontaires avec prime.
Payement de la dernière portion de la prime.	Circulaire du 19 mai 1863.	B. O., p. 242.	213	Tout officier marinier ou marin qui, à l'expiration de son rengagement ou engagement volontaire après libération, continuera à servir en qualité d'inscrit maritime, pourra recevoir le complément des sommes acquises pour dernière portion de prime sur la caisse de la dotation.
Compagnies disciplinaires des colonies.	Dépêche du 27 juin 1863.	B. O., p. 303.	214	Application de la loi du 26 avril 1855 aux militaires des compagnies disciplinaires des colonies.
Hommes mariés. — Droit à la prime.	Dépêche du 6 juillet 1863.	B. O., p. 8.	215	Le second maître N..... est en droit de prétendre à la prime pour le rengagement de sept ans qu'il a souscrit à Brest le 3 février 1863.
Hommes liés au service avec prime reconnus impropres au service.	Circulaire du 31 août 1863.	B. O., p. 194.	316	Dispositions relatives aux militaires liés au service avec prime et reconnus impropres au service.
Hommes liés au service avec prime. — Ne peuvent être placés dans la réserve.	Extrait d'une dépêche du ministre de la guerre du 12 septembre 1863.	B. O., p. 194.	217	Le militaire lié au service avec prime ne peut être envoyé dans la réserve à titre de soutien de famille. Il ne peut recevoir qu'un congé ou une permission temporaire.

SOMMAIRE.	DATES.	INDICATION DES PAGES		ANALYSE.
		du Bulletin officiel ou Journal militaire.	du présent recueil.	
Engagements volontaires. — Nouvelles dispositions.	Circulaire de la guerre du 16 janvier 1865 et décret du 6 janvier 1866.	J. M. p. 28.	267	Envoi d'un décret impérial relatif aux engagements volontaires. (Décret-annexe du 6 janvier 1866.)
Engagements volontaires. — Règles particulières pour la marine.	Dépêche du 19 avril 1866.	B. O. p. 244.	272	Exécution du décret du 6 janvier 1866 en ce qui concerne les troupes de la marine. — Règles particulières adoptées.
Marins retenus d'office au service. — Allocations auxquelles ils ont droit en cas de rengagement, etc.	Circulaire du 11 mai 1866.	B. O. p. 276.	274	Les militaires et marins retenus au service d'office et qui sont autorisés à se rengager doivent recevoir les allocations déterminées par l'arrêté en vigueur au moment où ils ont eu droit à leur libération.
Inscrits maritimes. — Engagements ou rengagements.	Circulaire du 31 mai 1865.	B. O. p. 291.	275	L'inscrit maritime est libre de contracter un engagement ou un rengagement pour les équipages de la flotte.
Rengagés retenus d'office après l'époque de leur libération. — Haute paye de rengagement.	Circulaire du 11 novembre 1865.	B. O. p. 305.	276	Les rengagés ou engagés après libération, retenus d'office au service après l'époque de leur libération, n'ont pas droit à la haute paye de rengagement.
Frais de bureau.	Dépêche du 27 février 1866.	B. O. p. 101.	277	La gendarmerie et tous les corps de l'armée de mer ont droit au remboursement des frais de bureau et d'impression de la dotation de l'armée, d'après les bases de la circulaire du 30 juin 1865. (Dépêches-annexes des 29 décembre 1865 et 30 juin 1865.)
Choléra. — Payement du complément de la prime de rengagement	Circulaire du 2 mars 1866.	B. O. p. 154.	283	Le complément de la prime de rengagement dû aux marins, militaires des troupes de la marine, etc. morts en France du choléra régnant épidémiquement, sera payé à leurs héritiers, si ces marins et autres se trouvaient présents à leur corps et dans le cours de leur rengagement au moment où ils ont été atteints par la maladie.
Auxiliaires militaires nommés commis aux écritures. — Part proportionnelle de prime à payer.	Circulaire du 4 avril 1866.	B. O. p. 291.	285	Dispositions adoptées en vue de régulariser, vis-à-vis de leurs anciens corps et par rapport à la dotation de l'armée, la position des auxiliaires militaires nommés commis aux écritures de 4e classe.
Durée des rengagements. — Droit des rengagés aux primes, annuités, etc.	Dépêche du 6 avril 1866 et circulaire du 4 mai 1866.	B. O. p. 202 et p. 290.	286 287	Rengagement des militaires n'ayant pas vingt-cinq ans de services. Application de la circulaire du ministre de la guerre du 27 février 1866. — Explication concernant le droit des rengagés aux primes, annuités, etc.
Rengagements et réadmissions des quartiers-maîtres et marins.	Circulaire du 9 mai 1866.	B. O. p. 296.	289	Rengagements et réadmissions des quartiers-maîtres et marins. Application des articles 16 et 23 du décret du 22 octobre 1863 - 27 février 1866. (Modifications à la circulaire du 17 mars 1854.)
Frais de bureau.	Circulaire du 19 mai 1866.	B. O. p. 33.	291	Allocation aux corps d'une indemnité supplémentaire pour frais de bureau et d'impression concernant la dotation de l'armée.
Armuriers militaires.	Circulaire du 8 juin 1866.	B. O. p. 397.	293	Explications concernant la position des armuriers par rapport à la dotation de l'armée.

SOMMAIRE	DATES	INDICATION des pages du Bulletin officiel ou Journal militaire.	du présent recueil.	ANALYSE
Auxiliaires militaires demandant à entrer dans les commis aux écritures.	Dépêche du 5 juin 1866.	B. O. p. 375.	295	Le sieur N....., soldat d'infanterie de marine, ne peut être admis à rembourser la première portion de la prime à l'effet de se présenter aux examens de commis aux écritures.
Payement du complément de la prime. — États trimestriels des rengagés, etc. — Première portion de prime convertie en rente 3 p. 0/0. — Portion non employée.	Dépêche du 7 août 1866.	B. O. p. 181.	297	Application à la marine de différentes mesures adoptées par M. le ministre de la guerre, relativement à la dotation de l'armée. — Payement du complément de la prime aux hommes réformés ou retraités pour blessures, infirmités, etc. — États trimestriels des rengagés, etc. — Payement de la fraction de première portion de prime non employée en rentes pour les sous-officiers rengagés.
Militaires nommés à un emploi civil ou militaire. — Part proportionnelle de prime à payer.	Dépêche du 13 août 1866.	B. O. p. 191.	301	Au sujet des militaires et marins nommés à un des emplois militaires ou civils auxquels ils peuvent être appelés en vertu des lois et règlements. Conditions auxquelles leur nomination est subordonnée au point de vue de la dotation de l'armée. Part proportionnelle à leur payer au moment de leur libération définitive, lorsqu'ils sont rentrés sous les drapeaux par suite de démission ou de révocation.
Sous-officiers de gendarmerie. — Titre de rente 3 p. 0/0.	Dépêche du 19 août 1866.	B. O. p. 196.	302	Il n'y a pas lieu de remettre aux sous-officiers des corps de troupes rengagés et qui passent dans la gendarmerie, à quelque titre que ce soit, le titre de rente à l'achat duquel a été employée la première portion de leur prime de rengagement. — L'obligation de compléter la masse en se rengageant n'est maintenue, dans la gendarmerie, que pour les brigadiers et simples gendarmes.
Engagements après libération. — Constatation des droits des engagés par les officiers du commissariat.	Dépêche du 10 septembre 1866.	B. O. p. 215.	303	Les fonctionnaires du commissariat seront désormais chargés de régler, au point de vue de la dotation de l'armée, les droits des hommes qui s'engagent après libération pour un corps de la marine dans les cinq ports militaires. — Indication à porter sur les certificats de bonne conduite et les congés définitifs des hommes libérés qui sont susceptibles de se lier de nouveau au service dans les armées de terre et de mer.